원스톱
조선왕조

원스톱 조선왕조

초판 1쇄 발행   2021년 12월 20일
초판 3쇄 발행   2022년 10월 26일

지은이   이준구 · 강호성
펴낸이   김상철
발행처   스타북스
등록번호   제300-2006-00104호
주소   서울시 종로구 종로 19 르메이에르종로타운 B동 920호
전화   02) 735-1312
팩스   02) 735-5501
이메일   starbooks22@naver.com
ISBN   979-11-5795-626-5 03910

ⓒ 2022 Starbooks Inc.
Printed in Seoul, Korea

One-Stop

원스톱
조선왕조

● 한 권으로 끝내는 조선왕조 퍼펙트 지식사전 ●

이방원은 왜 정도전을 그렇게 죽였을까?

이준구·강호성 지음

스타북스

조선왕조 500년을 기획·설계한 최고의 브레인, 정도전

2000년대 들어 정도전에 대한 관심이 산발적으로 일어나더니 2014년 드라마 〈정도전〉을 기점으로 인간 정도전과 당시의 시대 배경, 그리고 그의 선택이 커다란 주목을 받고 있다.

정도전에 대한 관심은 시대사적인 면이 분명 있지만 그 기폭제는 한 편의 공중파 드라마였다 할 것이다. 요즘 인기를 끄는 드라마처럼 꽃미남 꽃미녀가 나오는 것도 아니고 근래 트렌드였던 퓨전 사극도 아닌, 중년의 배우들이 나오는 정통 사극이 의외의 선전을 하고 있다. 내공 가득한 배우들의 연기 대결에 역사에 기반을 둔 탄탄한 스토리를 보는 재미가 있다 할지라도 말이다.

사람은 자기와 닮은 사람을 보고 동질감을 느끼거나 반대로 혐오를 느낄 확률이 크듯이, 역사도 지금의 우리가 사는 시대와 닮은 면이 클 때 관심을 갖게 마련이다. 여느 때처럼 무심히 지나치지 않고 말이다.

그렇다면 '정도전'은 이 시대에 어떤 키워드로 작용하는 것일까?

우선 정도전은 14~15세기의 중세 시대를 뛰어넘는 진보적 지식인이었다. 시대 상황을 정확히 파악하는 혜안, 시대를 바꿀 역량을 가지고 있는 상대를 꿰뚫어 보는 안목, 변화에 대처하는 빠른 판단력. 그렇게 한 나라를 열어 정치 이념을 세우고 통치를 위한 법을 제시하고 새로운 왕조의 수도와 왕궁을 설계하여, 조선왕조가 500년 넘게 지속되도록 기획·설계한 인물이 바로 정도전이다. 겉으로 나라를 세운 건 태조 이성계였지만, 조선의 안을 채운 건 정도전이었다. 정도전이 아니었다면 조선은 금세 무너져 역사로만 기억되는 나라가 되어 있을지도 모른다. 그 정도로 정도전의 역할은 막중했다.

정도전은 궁궐의 위치를 선정한 다음 궁궐을 비롯한 수도 전체를 설계하였고, 수도가 완성된 다음에는 각 궁궐부터 시작해 한성부의 5부 52방까지 이름을 지어 넣었다. 지금의 서울에는 조선왕조의 건국이념, 나아갈 방향 등 유교적 왕도 정치에 입각하여 이상적 국가를 존속시키고자 한 정도전의 철학이 스며들어 있는 것이다.

가히 손에 꼽을 만한 천재임에 분명하다. 게다가 이 천재는 부패하고 집요한 지배층에 억울하게 당하며 삶을 제대로 누리지 못하는 백성들을 바라보는 따뜻한 시선까지 갖고 있었다. 정도전은 관직에 들어선 이후 관료들의 파렴치함을 보며 탄식했고, 정치적 대립으로 유배를 간 이후 기나긴 야인 생활을 하면서는 백성에 대한 미안함과 고마움을 가슴으로 안은 사람이다. 그렇게 된 원인을 분석하면서 서얼 출신 정도전의 선천적인 신분에 따른 결과라고 단순하게 이해해서는 곤란하다.

단, 정도전은 환경의 영향을 뛰어넘는 위대한 인물이었으나 한 가지 정치가로서의 피가 결여되어 있었다. 각자가 타고난 성향은 어쩔 수 없다는 말처럼 한 나라를 기획하며 진취적으로 진두지휘하던 정도전은 정치가가 되질 못했다. 그것이 정치적 욕망을 가진 주변인들로 둘러싸인 난세에 정도전이 순식간에 몰락한 이유가 되었다.

한편 정도전이 기획하고 설계를 마친 조선왕조의 시동을 건 사람은 다름 아닌 그의 목숨을 앗은 방원(후에 태종)이었다. 조선왕조 500년에는 이와 같은 아이러니가 수없이 존재한다.

변방의 무장 정도전을 세상으로 이끌어 낸 원동력은 무엇이었는지, 한 나라가 500년 이상의 역사를 지닐 수 있도록 정도전이 기획하고 설계한 조선왕조의 시작은 어떠했는지, 어떠한 사건들이 중첩되며 조선이 몰락의 길로 향해 가는지, 이제부터 조선의 역사를 따라가 보자. 조선왕조 500년의 역사를 지나고 나면, 어지러운 이 시대의 극복을 바라는 뜨거운 열망에 '정도전'이 개혁의 아이콘이 되어 돌아온 이유를 가늠하게 될 것이다.

제2장 장자 승계의 비극

TALK ABOUT 2
왕비에 대해 궁금한 것 10가지

제3장 복수 쿠데타

TALK ABOUT 3
궁녀에 대해 궁금한 것 10가지

제4장 독살 의혹

TALK ABOUT 4
궁중 생활의 비밀 10가지

제6장 북벌의 꿈

TALK ABOUT 6
궁궐에 관해 알고 싶은 것 8가지

제7장 치맛바람 세도정치

TALK ABOUT 7
조선의 정치사회 키워드 15가지

제8장 왕조의 황혼

TALK ABOUT 8
드라마에 자주 나오는 조선왕조 국가기관 11개소

정치 1번지에서 만난 정도전

서울 광화문에 있는 교보빌딩 동북쪽 이웃 수송동에 종로구청이 있다. 이 종로구청에 잡지를 창간하기 위해 등록 서류를 제출하러 갔다가 구청 건물 바로 앞에 있는 작은 표지석에 시선이 머물렀다.

표지석에는 '정도전 집터'라고 새겨져 있었다. 그리고 이 표지석에서 공평동으로 이어지는 길 이름이 '삼봉길'이었다. 삼봉三峰은 정도전鄭道傳의 아호다. 오랫동안 '정치 1번지'로 불려오던 종로구에, 그것도 종로구청 자리가 바로 정도전의 집터라는 사실이 신기하게 느껴졌다.

정도전이 수진방壽進坊이라고 불리는 이 집터에서 살고 있던 때는 당대 최고의 세도가였다는 것을 증명이라도 하는지 현재 종로구청이 들어설 만큼 큰집이었던 모양이다. 그런데 그 집을 헐고 그 자리에 궁궐의 가축 사육이나 맡는 하찮은 관청에 지나지 않는 사복시司僕寺를 들어서게 했으니 이방원이 그를 얼마나 미워했는지 짐작하고도 남는다.

얼마 전에, 청계천 복원공사를 하면서 광교 다리가 있던 부근에서 신

종로구청 건물 앞에 있는 정도전 집터 표지석

덕왕후의 묘지석이 발견되었다는 뉴스도 들은 적이 있다. 왕권王權과 신권臣權의 갈등의 중심에 서 있었던 정도전과 태종(이방원), 그리고 신덕왕후 세 사람의 흔적이 600여 년 만에 서울의 중심부에 다시 나타났다는 사실이 심상치 않아 보인다.

때맞춰 정통 사극을 표방한 KBS 역사 드라마 〈정도전〉이 방영되면서 죽은 과거의 역사가 아니라 정도전이 현실정치의 정치인으로 생생하게 되살아나는 것 같아 절묘한 타이밍을 느끼게 한다.

변화의 아이콘으로 등장하다

"하늘은 오래전에 고려를 버렸다. 나는 길고 길었던 방황을 여기서 끝내겠다. 이성계와 함께 고려를 무너뜨릴 것이다. 이성계와 함께 난세를 끝내고 새로운 나라를 만들 것이다."

KBS 1TV의 역사 드라마 〈정도전〉에 나오는 정도전의 대사 중 하나이다. 실제로 정도전이 드러내놓고 이런 말을 했을 것 같지는 않다. 하지만 가슴 속에 품은 생각은 이와 같았을 것이다.

〈정도전〉이 방영되기 시작하자 오랜만에 등장한 정통 사극에 시청자들이 채널을 고정하고 있다는 보도가 잇따르고 있다. 요 몇 년간 쏟아진 '퓨전사극'이라는 이름을 내건 역사 드라마들의 시대와 이야기 전개가 하도 아리송하고 정체불명이어서 피로감을 느끼던 시청자들이 그만큼 많았단 뜻이기도 할 터이다.

때마침 〈정도전〉 관련 책들도 여럿 출간되고 있다. 이 가운데서 가장 눈에 띄는 것은 KBS 드라마에 참여하는 스태프들을 위해 강연했던 내용을 모아 역사 저술가 이덕일이 『정도전과 그의 시대』라는 이름으로 책을 펴낸 일로, 이로써 정도전 신드롬에 기름을 붓는 형국이 되었다.

왜 드라마와 출판물에서 정도전이 시대의 아이콘처럼 등장했을까? 그것은 아마 고려 말기와 조선 초기, 국가의 쇠망과 개국의 격동적인 혼란의 시대와 오늘날의 사회·정치 현실이 오버랩되면서 그런 시대를 헤쳐 나간 사상가이자 정치가인 정도전을 새롭게 조명하자는 흐름을 탔기 때문이 아닐까 싶다.

말하자면 언제 걷힐지 모르는 정치적 현실에 답답해하던 많은 사람들이 600여 년 전 '개혁의 아이콘'이 정도전이라는 사실을 알게 되면서 큰

정도전 초상화

관심을 갖게 된 모양새다. 이런 문화현상은 결코 한 번 반짝했다가 사라지는 가벼운 관심 같지는 않다. 어지러운 현실이 하루 빨리 극복되기를 바라는 열망의 표현이 뜨거우니 정도전 또한 한동안 우리 곁에서 떠나지 않을 것이다.

새로운 세상을 꿈꾸는 신진 사대부들

정도전이 살던 고려 말의 정국은 안팎으로 혼란스러워 새로운 변화를 요구하고 있었다. 고려 정계의 내부에서부터 시작된 개혁의 흐름은 점점 속도를 더해 고려 왕조를 완전히 변화시키자는 역성혁명易姓革命을 도모하는 세력까지 등장하기에 이르렀다.

역성혁명을 주도하는 사람들은 고려 말에 급부상한 신흥 군부 세력 이성계李成桂와 그와 뜻을 같이하는 급진파 신진 사대부들이었다. 이 신진 사대부들의 리더는 다름 아닌 정도전鄭道傳이었다.

정도전은 부패를 척결하고 백성을 위한 나라를 세우는 데 있어서 역성혁명도 가능하다고 믿었는데 이는 『맹자』의 영향이었다. 이 책은 어린 시절부터 동문수학하며 특별한 친분을 유지했던 선배이자 벗 정몽주로부터 추천받아 읽은 것이다. '맹자'는 민본 사상을 중시하여, 백성을 아끼지 않는 폭군은 몰아내도 된다고 여겼다. 이는 곧 역성혁명을 뜻하는 말로 정도전은 그와 같은 맹자의 사상에 깊은 감화를 받았다.

정도전이 맹자의 사상에 깊이 공감한 이유는 앞으로 밝히겠지만 유년시절 서자로서 겪어야 했던 차별, 관직에 들어선 후 보게 된 관리들의 뻔뻔한 부패, 유배와 방랑 시절 백성의 삶을 가슴 아프게 바라본 경험 등이 크게 작용한 것이다.

정도전 사상의 변화는 그의 시에도 고스란히 드러난다. 그의 초기 시에는 백성을 교화의 대상으로 삼는 내용이 담겨 있으나 후기로 가면서 백성에게 부끄러워하고 고마워하는 마음을 표현하는 시들로 변모한다.

이성계는 신진 사대부들과 함께 고려왕조를 무너뜨리고 이제까지의 고려와는 전혀 다른 새로운 성격의 나라 조선왕조를 세우는 대장정에 나서게 되었다.

이성계는 고려 공민왕 시기부터 급부상한 신흥 무장 세력의 대표적인 인물이기는 했지만 처음에는 중앙 정부에 알려져 있지 않았다. 고려의 중앙 귀족 가문 출신의 무장이 아니라 원나라의 지배를 받고 있던 쌍성총관부雙城摠管府 지역에서 힘을 키워가던 변방의 무장에 지나지 않았기 때문이었다. 쌍성총관부는 원나라가 1258년(고려 고종 45)에 고려에 침입하여 철령 이북의 땅을 차지한 후 이곳에 설치한 식민지 통치 기구였다. 이 지역은 훗날 공민왕이 탈환하기 전까지 100여 년 이상을 원나라의 지배아래 있었다.

이성계의 고조부 이안사는 원래 전주에 살던 선비였는데, 오래 전에 가솔을 이끌고 쌍성총관부 지역으로 이주하였다. 그 후 이성계의 집안은 이곳에 둥지를 틀었고 아버지 이자춘은 원나라 정부에게서 '천호千

공민왕과 노국공주를 함께 그린 영정

万'라는 지방관의 자리를 얻기까지 하여 고려인과 여진족이 섞여 사는
이 지역의 세력가로 자리 잡았다.

변방의 무장 이성계가 고려의 조정 무대에 데뷔하게 된 것은 공민왕
의 반원反元 정책 덕분이었다. 공민왕은 중국 대륙이 원나라에서 명나라
로 교체되는 혼란한 국제 정세를 틈타 고려의 자주성을 되찾으려고 노
력한 왕이었다.

공민왕은 1356년(공민왕 5)에 원나라가 강점하고 있던 함경북도 영흥 지역의 쌍성총관부를 토벌하였다. 이때 결정적으로 활약한 인물이 이성계의 아버지 이자춘이었고 20대였던 아들 이성계 역시 아버지를 도와 원나라 세력을 몰아내는 데 큰 역할을 맡았다. 공민왕은 이자춘의 공을 높이 치하하여 그에게 고려의 벼슬을 내렸다.

비록 변방의 세력이지만 착실히 군사력을 키운 이성계 가문의 힘은 하루가 다르게 커졌다. 언제든지 동원할 수 있는 탄탄한 사병 조직을 가지고 있었고, 지역의 인맥과 경제력도 만만치 않았다.

아버지의 후광으로 고려의 중앙 무대에 명함을 내민 이성계는 자신의 능력에 힘입어 이내 두각을 나타내기 시작했다. 당시 잇따른 외적의 침입은 무장 이성계에게는 자신의 능력을 마음껏 뽐낼 수 있는 절호의 기회를 가져다주었다.

1361년(공민왕 10) 겨울, 얼어붙은 압록강을 건너 10만 명의 홍건적들이 수도 개경을 침공했을 때, 이성계는 고려인과 여진족으로 혼합 편성된 군대를 이끌고 수도 탈환에 참가하여 홍건적 두목을 모두 활로 쏴 죽이는 등 수도 개경을 지키는 데 큰 공을 세웠다. 이런 공적으로 이성계는 고려 중앙 조정의 누구도 넘볼 수 없는 탄탄한 입지를 확보할 수 있었다.

이성계는 북쪽과 남쪽 전쟁터를 오르내리며 근 20여 년간 고려 조정을 위해 크고 작은 전장에 나가 싸웠다. 전라도 지역에 상륙한 왜군을 무찌른 황산대첩이 대표적인 전투였다. 그는 모든 전투에서 승리하였으므로 그에게는 불패의 사나이, 난세를 구원하는 영웅이라는 명칭이 따라다니기 시작했다.

거듭되는 승전으로 이성계는 조정에서 탄탄한 입지를 만들어나간 것이다. 그야말로 벼슬길은 승승장구 탄탄대로였다. 자연히 그의 인기와 명성을 좇아 많은 사람들이 이성계 주변에 모여들었다. 그들 중에는 이미 운이 다한 고려를 뒤엎고 새로운 세상을 열자는 식의 발칙한 사상을 품은 신진 사대부들이 많이 섞여 있었다.

정도전과 이성계의 만남

신진 사대부들의 합류는 백만 대군의 지원군과 다름없었다. 무공이 출중한 장군으로 거침없이 진격하며 출세가도를 달리고는 있었지만 이성계에게는 항상 변방 지역 출신이라는 꼬리표가 붙어 있었다. 그러므로 여러 대에 걸쳐 뿌리내린 막강한 권문세족들이 버티는 고려 중앙 정치무대에서 그가 성장하는 데는 한계가 있었다.

1388년(우왕 14) 요동 정벌을 하러 떠났던 군대를 이끌고 위화도에서 회군한 이성계는 결국 쿠데타를 일으키게 된다. 그리고 이 쿠데타는 성공한다. 이성계는 고려 우왕을 왕위에서 내쫓고 마침내 고려 중앙 정계의 제1인자가 된다. 쿠데타 성공에 힘을 실어 준 세력은 바로 공민왕 시절에 중앙 정계로 진출한 신진 사대부들이었다.

당시 신진 사대부들의 성향은 크게 두 부류였다. 이들은 고려 말의 사회적 모순을 개혁하는 방법론이 달랐다. 고려 왕조의 골격을 그대로 유지한 채 점진적인 개혁을 추진하자는 온건파, 아예 고려 왕조를 무너뜨리고 새로운 나라를 세우자는 급진파….

온건파에는 정몽주와 이색 등이 있었고 급진파의 대표적 인물은 정도전이었다.

위화도 회군 당시, 우왕을 내쫓고 공양왕을 왕위에 앉히는 데까지는 신진 사대부 전체가 이성계와 행동을 같이했다. 하지만 새로운 왕조를 세우려는 급진파가 급격한 실행 방안을 추진하려고 하자 결국 두 세력은 갈라서게 되었다.

고려왕조는 귀족 중심의 사회로 권문세족들이 관직, 토지, 지위 등 사회 전 분야를 독점하고 있었다. 귀족 계급끼리 혼인하면서 사회적 지위를 유지하고 자신들의 권력을 강화해 나갔던 것이다. 사병까지 소유한 그들이었으니 왕권이 약해지는 건 당연한 결과였다. 백성들에게는 '송곳 박을 땅도 없다'는 말 그대로, 당시 농민들은 고생하며 농사지어 얻은 수확량 거의 대부분을 권력자들에게 강탈당해야 했다.

또 한쪽에서는 불교의 폐단이 극심했다. 불교는 종교로서의 역할을 수행하기보다는 면세·면역 특권을 기반으로 비대해져 부당한 권력을 행사하고 있었다.

신진 사대부들은 이렇게 고려의 기득권층이 힘을 틀어쥐고 있는 상황에서는 개혁이 불가능하다고 생각했다. 신진 사대부들은 지방 향리, 지방의 중소 지주 출신으로 과거 시험을 통해 중앙 정계로 진출해 있었다. 그런데 모든 권력은 부패한 귀족들이 갖고 있으니 신흥 세력들은 역량이 있고 좋은 뜻을 갖고 있어도 제대로 펴지를 못했음은 당연지사이다.

오늘날의 잣대로 보면 정도전은 '실천적 지식인'이었다. 때가 오기까지 긴 시간 시련을 겪어야 했으나 그 때가 온 순간, 정도전은 자신의 모든 역량을 쏟아부어 새 국가의 사상과 나아갈 방향을 정립하고 실질적인 국가의 모습을 기획하고 설계해 내었다.

1383년(우왕 9) 정도전은 총 9년에 걸친 간고한 유배와 유랑 생활을 청산하고, 당시 동북면 도지휘사로 있던 이성계를 직접 찾아간다. 정도전의 나이 41세, 이성계의 나이 48세였다. 둘은 새로운 국가를 세워야 한다는 의기를 갖고 있었고 큰 그릇은 큰 그릇을 알아보았다. 둘은 인연을 맺기 시작해 정도전이 이성계의 캠프에 브레인으로 참여하게 된다.

이성계는 정도전의 지략에 따라, 역성혁명을 반대하며 고려에 대한 충성을 주장하던 정몽주 등의 정치 세력을 제거해 왕조 창업의 발판을 마련하였다. 정몽주를 제거한 지 넉 달 만인 1392년, 정도전 등은 이성계를 추대하여 마침내 조선왕조 태조 왕위에 오르게 했다. 이성계는 고려 마지막 왕인 공양왕에게서 왕위를 선위받는 형식으로 즉위식을 통해 왕위에 오른다.

한편 이성계와 정도전 간에 다리를 놓아 준 인물은 바로 정몽주인 걸로 보인다. 정몽주는 그전에 이성계를 몇 번 만난 사이였고 정도전이 이성계를 만난 때에도 같은 지역에 머물고 있었다. 10년 가까이 능력을 펼

치지 못하고 힘든 시기를 보낸 정도전을 위해 정몽주가 길을 열어 주고
자 우정을 발휘한 것이 아닐까 싶다.

그러나 어린 시절부터 함께 자라며 서로의 사사로운 이야기까지 스스
럼없이 주고받던 정몽주와 정도전은 정치적 이데올로기 앞에서는 뜻을
모으지 못하였다. 정몽주는 국왕에 대한 충성을 버리지 않고 고려왕조
의 틀 안에서 개혁하고자 하였으나, 정도전은 왕다운 왕에 대해서라야
충성할 수 있는 것이라 여기며 민본 정치를 펴고자 했다. 고려 말 조선
초의 시대 분위기를 생각했을 때 정도전은 지금의 관점으로 보아도 참
으로 진보적인 인물이었다 하겠다.

서자 출신 정도전의 유배와 방랑 시절

앞서 잠깐 밝혔듯 정도전은 서자 출신이라는 이유로 권문세족들의 질시
와 음모를 받으며 젊은 시절 9년간을 유배와 방랑으로 흘려보내야 했다.
그간의 이야기를 잠시 살펴보도록 하자.

고려 말 개혁을 꿈꾸던 성리학자들은 대개가 명망 있는 가문 출신이
었으나 정도전은 그렇지가 못했다. 대대로 미미한 벼슬만을 해 오다가
정도전의 아버지 정운경鄭云敬이 비로소 직제학이라는 중앙 관리로 진
출하였으며, 게다가 정도전의 어머니는 서얼 출신의 노비였다.

하지만 다행히 정도전의 아버지가 이색의 아버지와 친구였던 덕분에,

그는 고려의 대학자 이색의 문하에서 공부하는 행운을 가질 수 있었다. 어쩌면 이 기회가 정도전의 일생을 방향 짓는 시초가 되었는지도 모른다.

정도전은 1342년(충혜왕 복위 3) 태어나 1360년(공민왕 9) 성균시에 합격하고, 2년 후 진사시에 합격해 관직에 나갔다. 1370년(공민왕 19)에는 성균관 박사가 되어 정몽주 등과 명륜당에서 성리학을 수업하고 유학을 강론하였으며, 이듬해에는 태상박사에 임명되어 5년간 전선銓選을 관장하였다. 정도전은 이색의 문하에서 정몽주와 동문수학하며 오랜 시간 특별한 관계를 이어 나간 것이다.

정도전은 조정의 관리로 있으면서 벼슬아치들의 부패와 그로 인한 백성들의 생활고를 면전에서 목격하게 된다. 변해 가는 외세는 아랑곳없이 부상하는 명나라의 존재를 인정하지 않고 몰락하는 원나라에 연연하는 일, 관리들의 공공연한 뇌물과 청탁, 왜구가 수도 개경을 노략질하는데도 막을 힘이 없는 무능한 정치력과 무력한 국방 등 어디서부터 어떻게 손을 대어 풀어야 할지 모를 문제들이 산재해 있었다.

나라를 위한 마음이라곤 없이 자신들의 배를 채울 궁리만 하는 관리에 분노하던 정도전이 고려왕조에 넌더리를 내게 된 것은 너무도 당연한 결과였다.

그러던 1375년(우왕 1) 권신權愼, 이인임李仁任, 경복흥慶復興 등 친원파들과 정치적으로 대립하는 일이 발생한다. 정도전은 북원北元 사신을 맞이하는 문제로 권문세족과 맞서다가 전라도 회진현(현 나주)에 유배되어 2년간을 있었다. 풀려난 이후에도 7년 동안 유랑하는 생활을 해야 했다.

유배 시절 폐부 깊숙이 느꼈을 가난한 서민들의 생활, 사회의 부조리로 인해 개인이 겪어야 하는 고통 등이 긴 시간에 걸쳐 정도전에게 누적되며, 그의 정치의식을 확고히 하고 개혁을 위해 단호히 결행하도록 만드는 계기가 되었을 것은 분명하다.

정도전을 필두로 한 신진 사대부의 지향점

이성계는 무인으로서 막대한 군사력과 사람을 다루는 탁월한 능력, 왕명에 반하여 새로운 왕조를 세울 만큼의 장대한 기개는 있었으나, 새 국가를 설계하는 기획력은 구체적으로 갖고 있지 못했다.

새 나라에 맞는 기치를 내걸어 그 기반을 닦기 위해서는 신진 사대부 내의 성리학자들 도움이 절대적으로 필요했다. 이때 성리학적 이념을 바탕으로 건국이념에서부터 일상의 풍속에 이르기까지 조선의 체계를 세운 대표적 인물이 정도전이다.

당대의 무인과 문인으로서 양대 산맥이라 할 수 있던 이성계와 정도전은 서로의 이 같은 점을 알아보았을 것이고, 때로 정도전은 자신과 이성계의 관계를 한漢의 고조(유방)와 장량의 관계에 비유해 말하곤 했다.

"한고조가 장량을 이용한 것이 아니라 장량이 한고조를 이용하였다"는 정도전의 표현에는 이성계의 물리력을 이용하여 자신의 이상을 설계해 냈다는 뜻이 들어 있다.

새 왕조를 창건하면서 정도전이 펼치고자 한 뜻은 그가 1394년(태조 3)에 지은 시문집 『삼봉집三峯集』에 소상히 적혀 있다. 시부 외에 『조선경국전』 『경제문감』 등 14권 7책으로 이루어진 『삼봉집』에는 민본 사상을 바탕으로 한 국가 통치 이론이 담겨 있다.

특히 『조선경국전』은 새 왕조의 통치를 위한 강령을 종합적으로 제시한 법전으로, 정도전이 주周나라의 육전六典을 조선 현실에 맞게 규정한 것이다. 『조선경국전』은 이후 제7대 세조 때 집필을 시작해 제9대 성종 대에 완성되어 간행된 『경국대전』의 모체가 되는 중요한 책이다.

『삼봉집』을 통해 알 수 있는 조선의 건국 사상은 민심이 중심이 되는 민본 사상, 재상 중심의 정치, 언관의 기능 강화 세 가지로 요약할 수 있다.

우선 민본 사상은 조선 개국을 정당화시켜 주는 핵심이나 마찬가지였다. 민심은 이미 덕德이 있는 새로운 통치자에게로 향해 있었으므로, 민심이 떠나 버린 고려왕조를 뒤엎은 일은 당연한 귀결이라는 논리이다. 민심民心은 곧 천심天心이며 민심을 얻은 사람만이 천명을 받아 천하를 통치할 수 있다는 것이다.

두 번째로 정도전은 왕위 세습 제도에 대해 부정적이었다. 세습이 된다면 성군이 나올 수도 있고 자질이 모자란 왕이 나올 수도 있고 폭군이 나올 수도 있는 등 격차가 크게 마련이다. 하지만 재상은 객관적으로 소양이 뛰어남이 증명된 자들이므로 마땅히 이들이 왕의 부족한 면을 보완하고 잘못된 점을 바로잡는 역할을 해내야 한다는 것이다. 정도전은 그중에서도 총재 한 사람을 중심으로 하는 관료 정치를 주장했다.

세 번째는 언관 기능의 강화이다. 언관言官은 간관諫官과 같은 말로, 간관은 사간원司諫院과 사헌부司憲府에서 일하는 벼슬아치를 함께 이르는 용어이다. 사간원은 임금에게 간언하는 일을 맡아 본 관아이고 사헌부는 행정을 논의하고 관리의 비행을 조사하여 그 책임을 규탄하는 일을 맡아보던 관아였다. 다시 말해 간관들이 목숨을 걸고 직언할 수 있는 언로가 보장되고 또한 활짝 열려 있어야 함을 강조하였던 것이다.

조선의 3가지 건국 사상에 이어 정도전을 필두로 한 신진 사대부들이 마스터플랜을 짠 조선왕조의 3대 기본 정책은 '숭유억불' '농본주의' '사대주의'였다.

고려왕조를 병들게 한 원인이 불교 때문이라고 단정하던 신진 사대부들이던 터였으므로 '유학을 높이고 불교를 누른다'는 숭유억불 정책의 추진은 당연한 일이었다.

두 번째 정책은 경제적 바탕이 되는 농업을 국가의 중심 산업으로 하는 농본주의이다. 정도전의 가슴에 새겨진 애민愛民 정신은 그의 모든 정책이 백성을 위한 정치로 향하게 만들었다.

농본주의에 있어 처음으로 정도전이 내놓은 정책은 토지를 전부 국가가 몰수하여 백성의 수에 따라 토지를 분배하는 계민수전計民授田과 실제 농사짓는 사람이 농지를 소유하도록 하는 경자유전耕者有田이었다.

이 급진적인 개혁안은 당대 분위기상 실현되지는 못하였으나 조준의 절충으로 퇴직 관리들이 사전私田을 소유하던 일을 폐지하는 데까지는 성공할 수 있었다.

　사전은 국가가 벼슬아치들에게 조세를 부여받을 수 있도록 내린 토지인데 고려 말에는 세금이 면제되는 토지를 관리들이 부당하게 소유하고 세습하는 일이 다반사였다. 이로써 국가가 거둘 수 있는 수확물이 줄어들어 국가 재정이 어려웠음은 물론 다수의 농민들은 토지를 상실하여 자작농에서 소작농, 소작농에서 노비로 전락해 있는 마당이었다.

　마지막으로 신진 사대부들은 '분수를 알아 큰 나라를 모시며 주변과 외교하는 성리학적 사대주의'가 되는 세상을 소망하고 있었다. 정도전이 새 나라의 국호를 조선朝鮮이라고 정한 것도 우리나라 최초의 국가인 고조선古朝鮮을 계승한다는 뜻을 담아 역사적 정통성을 확립하고자 한 의도도 있지만, 그보다 더 큰 이유는 은나라가 망한 후 기자箕子가 고조선에 망명하여 기자조선箕子朝鮮이라는 나라를 세웠다고 하는 설을 따라 조선의 권위를 높이고자 한 데 있었다.

개혁으로 고려왕조를 유지할 수는 없었는가?

조선은 유교를 중심으로 한 사회였다. 유교를 간단히 표현하자면 인仁을 중심에 놓고 자신을 다스려 가족을 화목하게 하며, 널리는 나라를 잘 다스리고 온 세상을 평안하게 한다는 것이다.

　조선은 그 뜻이 실천되는 듯 보이는 세종대왕의 시기도 있었고, 양심과 정의를 위해 자신의 목숨은 물론 가족의 안녕까지도 내걸었던 충신들도 있었으며, 기득권의 대의적 양보를 전제로 하여 대동법과 호포법이 실시되기도 했다.

정도전에 의해 성립된 수준 높은 제도에, 벼슬아치들의 백성을 향한 책임 의식과 도덕성이 더해져 조선은 세계에서 유례를 찾아보지 못할 500년의 긴 역사를 자랑하게 되었다.

그러면서도 자신들의 권력을 유지하기 위해 벌였던 권력층의 전횡과 권모술수 그리고 조선의 정치 체제는 너무 경직되고 답답하게 느껴진다는 생각이 크게 다가와 버리곤 한다.

반면 고려는 왕조 말 귀족들의 부패와 왕권의 몰락에도 불구하고, 열린 사회였다는 인식이 크다. 고려왕조는 상대의 의견을 존중하고 대화와 타협을 통해 세련된 정치력을 보였으며 한반도 역사상 가장 다원화된 사회였음이 사실이다.

고려 말 격동의 시대를 보내며 고려 또한 여타의 나라와 같이 권력 쟁취를 위한 피비린내 가득한 투쟁이 가시지 않았음은 당연히 부인할 수 없다.

그렇더라도 고려왕조를 유지하면서 부패를 척결하고 개혁할 방법은 없었던 것일까? 고려 말에는 뛰어난 능력을 가진 무인과 문인들이 많았다. 조선 초 나라의 기반을 닦는 데 공을 세운 이들은 대개가 고려 말의 인물들이었던 데서 쉽게 확인이 된다.

원나라의 속국처럼 전락해 있던 고려 말, 나라의 국권을 회복하고자 한 노력들을 살피면 그때의 선택을 조금 더 이해하게 되리라 본다.

원은 국권이 약해진 고려에 대해 나날이 무례함을 더하였고 권력을 움켜쥐려는 고려인들끼리의 다툼도 도를 넘어갔다. 이때 공민왕은 명나라의 건국과 원나라의 쇠약함을 기회로 고려의 주체성 회복과 국력 강화를 시도하였다. 이 시도는 일시 성공하는 듯 보였으나 노국공주의 죽음 이후 돌이킬 수 없이 변모해 버린 공민왕으로 인해 허무하게 무너져 버리고 만다.

우왕이 즉위한 뒤에는 친원파가 집권하면서 조선 국권의 회복은 점차 요원한 일이 되어 간다. 이 시기 명나라와의 국경분쟁이 일어나자 우왕은 요동을 정벌하여 승부를 하고자 했다. 그런데 왕명을 받고 출전했던 이성계가 이를 거역하고 회군함으로써 국권 강화의 바람은 다시 어긋난다.

무장으로서 이성계가 성장하도록 도운 최영은 공민왕이 반원 정책을 펴던 때까지는 같은 뜻을 갖고 있었으나 결과적으로는 자신의 목숨을 내어 주고 고려왕조를 사라지게 한 결과를 만들었다.

그리고 강경히 요동정벌을 반대한 주역들이 세운 조선왕조가 자주성 회복과는 멀어져 중국만을 바라보는 모화사상에 빠지고 말았으니 참으로 아이러니라 하지 않을 수 없다. 생활이 안정되면 욕심을 버리는 것이 아니라 오히려 자신들이 가진 것을 놓지 않으려는 것은 물론 조금이라도 더 가지기 위해 안달하는 것이 인간 속상의 하나이기 때문인지, 모든 시대를 두고 반복되는 양상을 보인다.

최영과 이성계라는 최고의 무장, 정도전·정몽주·이색·길재·권근·변계량 등 우수한 문인들이 뜻을 합해 고려왕조를 유지하며 개혁을 펼쳤더라면 역사는 어떻게 바뀌었을까? 영원히 풀리지 않는 물음으로 남아 있을 것이다.

한편 최영은 아직까지 청렴의 상징적 인물로 인식되고 있으며 '황금 보기를 돌같이 하라'는 것은 실제로 그의 집안 가훈이었다. 그러나 최영의 청렴함과 장수로서의 능력과는 별도로, 사회적으로는 고려 말의 권문세족들을 지탱해 주는 역할을 하고 있었다.

최영이 자신의 개인적 인격과 일치되게 신진 사대부의 편에 서서 부패한 세력을 저지하는 역할을 했더라면 역사는 어떻게 바뀌었을까 하는 안타까운 생각도 든다.

여기에서, 고려에서 조선으로 왕조가 바뀌게끔 한 데 외세의 분위기는 어떻게 작용했는지도 살펴보아야 한다. 조선 개국의 또 다른 공신은 여진족이라 할 수 있기 때문이다. 조선왕조를 개창하고 나라의 기획과 설계를 한 일등공신은 정도전 등의 신진 사대부였지만 다른 한 축은 명나라와 여진족의 지원이었다.

고려 말 우왕 이전부터 명나라는 친명親明을 표방한 이성계 세력을 자신들의 동맹 세력으로 만들고자 혈안이 되어 있었다. 또 『조선왕조실록』의 기록을 보면 여진족은 이성계가 원나라로부터 쌍성총관부를 회복할 때 큰 도움이 되었을 뿐 아니라 위화도에서 회군할 때에는 회군로 각지에 밀정으로 파견되어 개경의 사정을 이성계 측에게 알려 주거나 이성계의 사병 세력을 지탱해 주는 중요한 역할을 했다고 되어 있다.

여진족을 제어하는 데는 대륙과 만주의 정세에 능통한 이지란李之蘭의 역할이 컸다. 이지란은 송나라의 명장 악비의 자손으로, 그의 조상이 역적으로 몰려 부하 몇을 거느리고 압록강을 건너와 자리를 잡으면서부터 고려, 그리고 이후 조선과의 인연이 만들어진다. 이지란을 만난 이성계는 그의 뛰어난 활솜씨와 호방한 기개, 주도면밀함에 반해 의형제를 맺고 아내의 조카딸과 혼인하게 해 사돈을 맺을 정도로 이지란을 아꼈다.

이성계는 자신의 군사에 여진족의 군사력을 더해 고려 귀족 세력을 압도했으며, 조선 개국 후에는 강력한 여진족의 규합을 견제하고 여진족 거주 지역을 조선화하면서 왕권 안정을 도모하였다. 이를 통해 함길도(현 함경도) 지역이 조선에 편입되는 밑거름을 만들었고 뒤에 태종에 의해 권력에서 물러났을 때도 이 지역을 근거로 견제할 수 있었다.

정도전, 이성계에게 날개를 달아 주다

조선 왕조를 세운 이성계는 정도전을 어떻게 평가했을까? 이는 정도전의 역사적 역할을 바르게 평가하는 데 대단히 중요한 포인트이다. 이성계야말로 조선 개국 공신들의 '논공행상'에 대해 가장 '주관적이고' '정확하게' 책임 평가할 수 있는 주인공이기 때문이다.

1395년에 정도전이 『고려사』를 지어 바치자 이성계가 이를 치하하며 정도전에게 이런 글을 내렸다.

> 경의 학문은 경서와 역사의 깊은 문제까지 파고 들어갔다. 경의 지식
> 은 고금의 변천을 꿰뚫고 있다. 경의 공정한 의견은 모두 성인들의 말
> 에서 출발하고 명확한 평가는 언제나 충실한 것과 간사한 것을 갈라놓
> 았다. 경은 나를 도와 새 왕조를 세우는 데 공로가 클 뿐만 아니라 항상
> 좋은 계책을 내어 정사에 도움이 되었고, 뛰어난 글재주는 국가 대사
> 를 맡길 만했다. 게다가 고상한 선비의 기상과 늠름한 재상의 풍모를
> 갖고 있다. 내가 왕위에 오른 첫날부터 경이 유용한 학식을 갖고 있어
> 재상으로 임명하고 또한 역사를 맡은 관직까지 겸임하게 하였더니 재
> 상의 직책을 다하면서 이 책을 만드는 데 이르러 큰 업적을 내었다.

글뿐만 아니라 말로써도 정도전을 자주 극찬했다. 왕위에 오른 후 술
이 거나하게 취해 기분이 좋을 때마다 이성계는 "삼봉이 아니면 내가 어
찌 오늘 이 자리에 있을 수 있겠는가?"라며 정도전의 공을 치하했다.

정도전 역시 술이 취하면 이성계와 자신의 관계를 한고조漢高祖 유방
과 참모 장량(장자방)의 관계에 비유하며 "유방이 한나라를 세운 것이 아
니라 장량이 나라를 세운 것"이라고 말했다.

정도전을 키운 스승이자 나중에는 정적의 편에 서서 끝끝내 조선 개
국을 반대했던 이색李穡조차 제자 정도전에 대해서는 칭찬을 아끼지 않
았다.

"벼슬에 나가면 해야 할 일은 반드시 하고, 어떤 일을 당해서도 회피할 줄 몰랐으니 옛날의 군자도 정도전과 같은 인물은 많지 않다."

이색은 정도전의 출세와 학문에 큰 영향을 준 사람이었다. 이색은 요즈음 표현으로 말하면 정도전의 멘토였다. 정도전의 아버지 정운경은 이색의 아버지 이곡李穀과 학우여서 자연히 정도전은 이색과 친하게 지내게 되었던 것이다.

자주적이고 독립적인 성향의 임금 공민왕이 왕위에 오르자 정도전을 비롯한 신진 사대부학자들은 왕의 개혁정치에 참여하면서 미래의 경륜을 가다듬고 있었다. 그러나 1374년에 우왕이 즉위하고 친원파 이인임 일파가 집권하면서 정세는 크게 바뀌었고 신진 사대부들에게는 새로운 시련이 안겨졌다.

이인임 일파의 친원 반명 정책에 반대하던 정도전은 개경에서 쫓겨나 고달픈 유배의 길에 올랐고 유배에서 풀려나서도 한동안 고향에 은거했다. 그러다가 고려 우왕 9년에 함경도 함주咸州에서 세력을 키우고 있는 이성계를 만날 때까지 10년간에 걸친 유배·유랑생활의 고달픔을 참고 견뎌야 했다.

이성계와의 만남은 정도전의 인생을 확 바꾸는 터닝포인트였다. 어느 곳에도 뿌리를 내리지 못하고 떠돌던 정도전이 이미 고려의 전쟁 영웅으로 명성을 쌓고 있던 이성계를 만나면서 달라지기 시작한다.

젊은 시절부터 정도전은 유교적 왕도정치를 실현하기 위해서는 역성혁명도 가능하다는 생각을 품고 있었다. 특히 그는 부패한 권신과 조정 관료들의 횡포, 유배생활 동안 직접 보고 느낀 백성들의 고통스러운 삶을 본 뒤부터 고려 왕조를 전복하고 민본民本 중심의 유교적 이상국가를 실현하겠다는 결심을 더욱 굳히게 되었다.

이성계에게서 정도전은 자신이 그토록 열망하고 있던 유교적 이상국가를 현실로 만들 수 있는 인물이라는 강한 인상을 받았다.

이성계가 위화도에서 개경으로 돌아와 고려의 권력을 틀어쥐자, 정도전은 차근차근 자신의 계획을 진행시키기 시작했다. 전제개혁田制改革, 조민수 등 반대 세력의 제거, 공양왕 옹립, 정몽주 등 온건 개혁파 사대부의 제거, 이성계의 국왕 즉위…. 조선 개국으로 이어지는 숱한 어려움과 난관을 헤치고 결국 정도전의 스케줄대로 설계된 새로운 왕조의 모습이 완성되기에 이르렀다. 이제 정도전 앞에 남은 숙제는 조선왕조를 유교적 이상 국가, 즉 왕도정치王道政治의 나라로 만드는 일이었다.

정도전의 경복궁 설계에 담긴 뜻

태조는 1394년(태조 3) 수도를 천거하면서 정도전에게 명하여 한양의 건설 공사 총책임자의 역할을 맡겼다. 궁궐 역시 정도전의 머리에서 나온 건축물로 위치 선정, 건물의 설계, 성문과 건물의 명칭에 이르기까지 정도전의 이상 실현에 대한 바람이 들어 있다.

정도전은 북악산(백악산)을 북으로 둔 자리에 궁궐 위치를 잡고 설계에 돌입하여 750여 칸의 궁을 완성한다. 현재 우리의 경복궁 크기를 여타의 나라들과 비교하며 '에계 이게 전부야?'라고 생각하는 사람들에게는 참으로 터무니없는 크기로 여겨질지도 모르겠다. 지금의 궁궐은 임진왜란 때 불타 없어진 것을 흥선대원군이 주도하여 7,200여 칸으로 증축한 것이다.

하지만 정도전이 조선왕조 수도의 궁궐 크기로 750여 칸이면 충분하다고 여긴 데는 철학적인 깊은 뜻이 있다. 궁은 왕이 백성들을 위해 바른 정치를 하기 위해 고민하는 장소로써 만들어져야지, 왕이 편안하게 쉬려면 어떻게 해야 되는지를 염두에 두고 설계되어서는 안 되는 곳이라 생각했기 때문이다.

1396년(태조 5) 궁성 축조가 끝나자 정도전은 경복궁을 비롯한 궁궐 각 건물과 성문의 이름을 짓는다. 뿐만 아니라 수도 건설이 마무리되면서 정도전은 한성부의 5부 52방 이름도 지었는데, 그 이름들을 확인하는 것만으로도 조선왕조가 유교의 이상을 실현하는 나라가 되길 바랐던 정도전의 간절한 바람을 느끼게 된다.

정도전이 지은 궁궐의 모습과 명칭을 이야기해 보도록 하자. 지금의 궁궐 정문의 이름인 광화문光化門은 1425년(세종 7) 집현전 학사들에 의해 바뀐 것으로 '왕의 큰 덕德이 온 나라를 비춘다'는 의미를 갖고 있다. 궁궐로 들어서는 첫 관문인 광화문의 당시 이름은 사정문四正門으로 정도전은 '동서남북의 사방에서 어진 사람이 오가는 문'이라는 뜻에서 그와 같은 이름을 지었다.

그 다음으로 있는 외조外朝의 궐문은 홍례문弘禮門으로 '예禮를 널리 편다'는 뜻이다. 이어 지금의 이름인 흥례문興禮門으로 바뀐 것은 1867년(고종 4) 흥선대원군이 중건하면서 청淸 건륭제乾隆帝의 이름인 홍력弘歷 이름자를 피하기 위해서 고쳤다고 한다. 정문과 외조 사이의 공간에는 왕을 보호하기 위해 군대가 주둔하고 있었다.

이제 궁궐로 들어가 보자. 정도전이 완성한 궁궐의 이름은 경복궁이며 궁궐 건물은 근정전, 사정전, 강녕전으로 이루어져 있었다.

'경복景福'은 '큰 복을 누리라'는 뜻이다. 정도전이 『시경詩經』의 한 구절인 〈旣醉以酒 旣飽以德 君子萬年 介爾景福(기취이주 기포이덕 군자만년 개이경복): 이미 술에 취하고 이미 덕에 배부르니 군자 만년토록 그대의 큰 복을 도우리라〉에서 '경복'이라는 두 글자를 따서 지은 것이다.

경복궁慶福宮을 들어서는 두 문을 지나 나오는 첫 번째 건물은 근정전勤政殿이다. 근정전은 왕이 나와서 조회朝會를 하고 즉위식이나 대례 따위를 거행하던 궁전으로 '천하天下의 일은 부지런하면 잘 다스려진다'는 의미를 담고 있다.

북쪽으로 두 번째 건물은 경복궁의 편전便殿 사정전思政殿으로 근정전 뒤편에서 사정문을 지나 일직선상에 위치하고 있다.

임금이 평상시 거처하며 정사를 보살피고, 문신들과 함께 경전을 강론하고, 친림하여 문·무과를 치르는 공식 집무를 보던 곳이었다. 사정전에서는 종친들에게 주연을 베풀기도 했다. '사정思政'은 생각하고 정치하라는 뜻이다.

천하의 이치는 생각하면 얻을 수 있고 생각하지 않으면 잃게 되는 것이므로 임금이 깊게 생각해서 옳고 그름을 가리고, 한 번 더 생각하여 결정함으로써 백성을 굽어살필 수 있도록 촉구하는 내용이다. 곧 임금이 취해야 할 마음가짐을 의미한다.

다시 북쪽으로 세 번째 건물은 강녕전康寧殿으로 왕이 일상생활을 하고 침전으로 사용한 거처였다. 강녕은 오복伍福의 하나로, 『서경書經』「주서周書」홍범洪範편에 나오는 이야기이다. 다섯 가지 복이란 오래 사는 수壽, 부자가 되는 부富, 건강하고 편안한 강녕康寧, 좋은 덕을 닦는 유호덕攸好德, 하늘이 준 수명을 다 누리고 죽는 고종명考終命을 말한다.

그중 정도전은 세 번째 복을 가져와 임금이 먹고 자고 쉬며 생활하는 내전의 이름을 붙였다. 임금이 마음을 바르게 하고 덕을 닦아 황극皇極을 세우면 다섯 가지 복을 모두 누릴 수 있다. 정도전은 다섯 가지 복의 중간에 있는 '강녕'을 통해 나머지 네 가지 복 모두를 차지하고 천하가 강녕해지는 복을 받기를 바라는 마음에서 강녕전이라는 이름을 지었다고 한다.

황극이란 중용 상태의 지극히 올바른 도리로서, 요컨대 왕이 조용히 황극을 닦으며 인간으로서의 욕망을 이겨 내야 하늘이 내리는 오복을 받을 수 있다는 것이다.

유교적 왕도정치를 추구한 정도전에게 있어서 황극이란 매우 중요한 요소였다. 정도전은 침전의 위치와 공간 구조도 황극을 기준으로 하여 강녕전을 정중앙에 위치시킬 정도였다. 세종 대에 왕비의 침전인 교태전交泰殿이 세워지면서 강녕전은 더 확실하게 경복궁의 정중앙에 위치하게 되었다.

또한 정도전은 궁의 왼쪽에는 역대 왕과 왕비의 신위를 모신 종묘를 두고 오른쪽에는 토지와 곡식 신에게 제사를 지내는 사직단을 자리하게 했다.

이렇듯 정도전은 유교적 의미를 부여해 궁을 설계하였으며 누차 설명하였듯 대부분 유교의 덕목이나 가치를 그 안에 담았다. 정도전을 통하여 한양은 천도한 수도로서의 의미만을 갖는 데 그치지 않고 유교적 이상을 담은 곳으로 자리 잡게 되었다.

정도전은 왕이나 대신들이 각 궁의 이름을 보며 조선왕조의 정치 이념을 잊지 말고, 자신自身을 다스려 유교적 왕도 정치가 이 땅에서 실현되길 바라는 간절함을 담은 것이다.

갈등의 서막 그리고 정도전을 죽음으로 몰아넣은 실책

이성계와 정도전은 서로 맞닥뜨린 순간 각자의 소용이 널리 날개를 펴게 되리라는 사실을 직감하였고, 이후 이성계가 세력을 잡으면서 정도전은 개혁 정책을 신속하고 가차 없이 진행한다.

자신의 은사인 이색이 개혁에 반대하는 뜻을 비추고 이성계의 세력을 억제하기 위해 명나라를 이용하려 하자 바로 추방해 버렸으며, 어린 시절부터 각별한 우정을 나눈 정몽주 역시도 정적이 되었다.

반대파라면 누구라도 상관없이 제거하고 새로운 왕조를 여는 데 힘을 다한 정도전은 결국 그 일생의 꿈을 이룬다. 민심이 받들어지는 이상 국가를 현실 속에 세우고 합리적인 왕도 정치를 구현할 수 있는 바탕이 드디어 정도전의 눈앞에 펼쳐진 것이다.

부패한 왕조를 혁명으로 뒤덮고 백성이 중심이 되는 세상을 만들고자 열성을 쏟은 정도전은 이제 나라의 기틀을 확립하기 위한 설계 작업에 들어간다. 이성계가 무력으로 조선왕조를 세운 건 맞을지 몰라도, 이후 500년 동안 조선이 존속할 수 있게 만든 건 단연코 정도전의 역할이었다.

그렇게 일생 최고의 시절을 보내던 정도전이 조선왕조 개국 후 불과 7년 만에 목숨을 잃은 이유는 무엇이었을까?

직접적으로는 정도전과 태조의 다섯째 아들 이방원 사이의 권력 다툼이 원인이었다. 정도전은 왕을 견제하는 재상 중심의 정치와 중국에 의존하지 않는 자주국방을 펴려고 했고, 조선 개국에 혁혁한 공을 세운 왕자 방원은 그대로 자신의 권력을 확고히 하려 들었다. 둘 간의 충돌은 불가피한 일이었다.

이 시기 직접적 계기에 도화선이 되는 외교 갈등이 일어난다. 당시 명은 외부적으로는 조선의 내정에 간섭하지 않는다는 원칙을 표방하고 있었다. 여기에는 이성계와 정도전이 친명파라는 점, 명나라 내부가 안정되지 않은 사정 등의 작용이 있었다.

그러던 명나라가 조선 개국 이후 아직 안정되지 않은 그 취약함을 이용해 점차 조선의 내정을 간섭하려 들기 시작했다. 이에 정도전은 친명파임에도 불구하고 명의 뜻대로 휘둘리지 않을 뜻을 분명히 한다. 전부터 추진해 오던 요동 수복을 위한 구체적인 준비에 박차를 가한 것이다.

『진법陣法』을 발간하여 엄격한 군사훈련에 돌입하고, 사병私兵을 공병公兵으로 전환하여 군사력을 집중시키려 했으며, 군량미 비축에도 신경을 썼다. 고려는 개인이 병사를 소유하는 사병 제도를 갖고 있었기에 중앙의 군사력이 취약했다. 따라서 정도전은 새로운 국가 조선에서는 사병을 혁파해 왕의 휘하로 집결시키고자 하였다.

그런데 이 과정에서 사병 혁파를 둘러싸고 왕자 및 공신들과 갈등이 초래되었다. 정도전이 사병을 혁파하여 군사력을 중앙에서만 갖도록 하려 들자 방원의 위기감이 극대화된 때문이다.

개국에 큰 공을 세웠음에도 세자에서 탈락한 억울함과 불만이 함께 폭발하면서 방원은 제1차 왕자의 난을 일으켜 눈엣가시인 정도전을 제거해 버린다. 방원 입장에서는 정도전이 자신에게 충성하지 않고 왕의 권력을 약화시켜 권력을 장악하려 한다는 사실을 정확히 간파하고 신속한 대처를 한 것이다.

정도전은 학자로서 자신의 역량을 펴는 데까지는 성공했으나 정치가로서 지략을 펴며 자신의 입지를 굳히는 일에는 실패하고 결국 목숨을 잃었다. 이로써 유교적 왕도 정치를 구현해 새로운 세상을 만들고자 한 정도전의 꿈은 물거품이 되었다.

부패한 왕조를 뒤엎고 이상 국가를 건설하고자 반대파들을 냉정하게

경기 평택시 진위면 은산리의 정도전 묘소 묘비석.
1970년대에 세워졌다.

없애고 그 역시 목숨을 잃을 고비를 여러 번 넘기며 새 왕조를 설계한
정도전이 역적죄로 피살되었으니 인생의 허망함을 말해 무엇할 것인가.

　또한 정도전의 구상을 수용하여 중앙집권의 안정적 기틀을 마련한 인
물은 바로 정도전을 죽인 태종이었다. 태종 역시 정도전의 역량은 인정
하고 수용했던 셈이다. 앞서 고려왕조의 유지에 대한 의문이 남는 것처
럼 정도전이 적자 승계의 원칙을 따랐다면 어떤 결과로 나타났을지 생
각이 드는 건 어쩔 수가 없다.

왕자의 난, 한판 승부 끝나다

이성계가 왕위에 오르는 데 가장 큰 공을 세운 세력은 이방원과 정도전으로 대표되는 신진 사대부 세력이었다. 정도전을 대표로 하는 급진적 신진 사대부들의 힘도 절대적으로 컸지만 이성계의 집안에서도 개국하는 데 큰 공을 세운 사람이 두 사람 있었다. 이성계의 첫 부인 신의왕후 한씨 소생인 다섯째 아들 이방원(태종)과 이성계의 두 번째 부인 강씨 부인(신덕왕후)이었다.

아버지 이성계를 도와 나라를 세우는 데 가장 큰 공을 세운 이방원은 다음 왕위가 당연히 자기의 것이라고 생각했다. 그러나 이성계의 최측근 참모 정도전은 물론이요 이성계가 왕위에 오르도록 불철주야 내조한 신덕왕후 강씨의 생각은 달랐다.

왕권과 신권의 조화로운 정치를 추구하는 성리학의 골수 깊은 신봉자인 정도전이 조정에서 버티고 있는 마당에, 개성이 강하고 자기주장이 너무도 분명한 이방원이 왕위를 잇는 것은 위험천만한 일이었다.

강씨는 조선왕조 건국에 헌신적으로 내조한 자신의 공을 전혀 인정하지 않는 전실 자식 방원이 왕위에 오르는 것을 절대 원하지 않았다. 두 왕자를 낳은 강씨였다. 그래서 자신이 낳은 아들 중 하나가 다음 왕이 되어야 한다고 생각한 것이다. 이때는 이미 첫 부인 한씨가 사망한 뒤여서 이성계를 움직여 방원의 편을 들어줄 사람은 아무도 없었다.

세자 책봉을 위해 태조가 대신들과 얘기를 나누는 것을 바깥에서 듣고 있던 신덕왕후는 자신의 자식들을 책봉에서 제외한다는 말을 듣고는 대성통곡을 한다. 이에 마음이 약해진 태조는 자식들보다 더 의지하던 정도전까지 그 의견에 가세하자 결국 사랑하는 아내 신덕왕후의 뜻에 따르고 만다.

방원으로서는 너무나 억울한 일이지만 강씨 소생의 막내아들 방석이 세자로 정해졌다. 하지만 방원은 자기의 왕위가 세자에게 돌아가는 것을 가만히 앉아서 지켜볼 수가 없었다. 즉시 방원은 모든 지지 세력을 규합하여 신덕왕후의 최대 후원자인 정도전과 맞서 선제공격을 감행했다.

이것이 바로 '제1차 왕자의 난'이었다. 방원은 사병을 일으켜 정도전의 집을 급습해 그를 죽이고 이복동생 방석과 방번까지 살해해 버린다. 아버지 이성계가 시퍼렇게 눈뜨고 살아 있는 와중에 일어난 일이었다. 이성계는 이 변란 통에 두 아들과 사위를 잃고 말았다.

이방원은 어린 세자를 끼고 권력을 잡고자 친위 쿠데타를 꾸몄다는 죄명으로 정도전을 권세욕에 눈먼 모반자로 낙인찍어 참수했다. 1398년 (태조 7) 정도전의 나이 56세 때였다.

왕위를 둘러싼 자식들의 목숨을 건 권력 다툼의 소용돌이는 기어코 새로운 왕조의 정신적·사상적 체계를 설계하고 실행한 정도전의 목숨을 거두어 가고 말았다. 이성계는 이방원이 정종을 폐하고 왕위에 오르자 고향 함경도로 돌아가 다시는 중앙 정계에 나오지 않았다. 하지만 방원에게로 기운 천하의 대세는 다시 되돌릴 수가 없었다.

기록을 보면, 태조는 당시 세자 책봉에 계비의 자식을 선택한 것을 두고 훗날 말하기를 "내가 당시 사랑에 빠져 올바른 선택을 하지 못했다"
고 하여 자책하고 있음이 보인다.

정도전에 대한 오해

우리가 알고 있는 정도전에 대한 왜곡된 이미지는 TV 드라마의 잘못이
크다. 오래전에 방영했던 KBS 역사 드라마 〈용의 눈물〉은 이런 비판에
서 자유롭지 못하다. 이 드라마는 태종 이방원의 편에서 묘사한 점이 두
드러진다. 〈용의 눈물〉 속의 정도전은 왕도王道 정치와 민본民本주의 정
치가였던 모습보다는 태종의 반대편이었던 신덕왕후 편에 선 모략과 술
수에 능한 일그러진 정치인 정도전의 모습으로 그려졌다.

최근에 전5권짜리 역사소설 『정도전』을 펴낸 작가 임종일씨는 "정도
전의 생애를 한두 줄로 요약하자면 '고려 말 위기를 극복하고 조선을 설
계했으나 큰 뜻을 펼쳐 보기도 전에 이방원의 칼에 죽음을 맞이한 비운
의 혁명가'라고 주장했다. 그러나 작가는 정도전을 단순히 조선왕조의
설계자라는 설명만으로는 제대로 설명할 수 없다고 말한다. 즉 당시의
시대적 상황과 정도전을 세상으로 이끌어 낸 원동력을 이해하지 못하면
그가 이성계와 함께 조선이라는 새로운 국가를 세우려 한 이유와 그의
이상을 알 수 없다는 것이다.

정도전은 고려 왕조를 혼란의 구렁텅이로 몰아넣은 가장 큰 원인을

토지제도라고 생각했다. 당시는 토지가 모든 경제활동의 뿌리였는데도 불구하고 권문세족의 광범위한 토지 소유로 인해 백성들은 송곳 꽂을 땅 한 평도 없는 형편이었다. 정도전은 이 토지제도의 폐해를 없애는 것을 새 왕조 건국의 명분으로 삼았다. 권문세족의 토지를 몰수해 백성에게 분배하려고 실시한 과전법科田法은 새 왕조 건국의 정당성을 설파할 수 있는 가장 강력한 수단이었다.

사마천司馬遷의 역사서 『사기史記』에는 이런 구절이 나온다.

| 王者以民爲天 | 임금이 된 자는 백성을 하늘 섬기듯 섬겨야 하고 |
| 民以食爲天 | 백성들의 하늘은 식량임을 알아야 한다 |

즉 "임금이 된 자는 백성을 하늘 섬기듯 섬겨야 하고, 백성들의 하늘은 (임금이 아니라) 식량임을 알아야 한다"고 말하고 있는 것이다. 정도전 경제사상의 핵심은 사마천이 주장하는 말처럼 '밥이 백성의 하늘'이었다.

정도전이 세우고자 했던 것은 나라는 단순 명확하다. '백성을 근본으로 삼고' '백성은 먹을 것을 하늘로 삼는다'는 민본주의…. 그래서 온 세상 백성 누구에게나 땅을 나누어 주기 위해 토지개혁을 실시하려고 했다. 또한 나라의 권력의 형태는 '백성과 통치자의 계약'이라며 왕권과 신권의 조화를 통한 이상적인 왕도정치王道政治를 꿈꾸었던 것이다.

정도전이 생각한 유교적 이상국가는 쉬운 표현으로 말하자면 '신권정치臣權政治' 곧 유교적 이상과 정치철학을 겸비한 재상宰相이 통치의 중심이 되어 다스리는 나라였다. 부자 세습을 통해 이어지는 임금의 자리는 성군이 나올 수도 있지만 반대로 변변치 못한 임금이 나올 수도 있고 폭군이 나올 가능성도 전혀 배제할 수 없다. 그래도 임금의 자리는 천명天命에 따라 오르는 자리이므로, 함부로 폐廢할 수 없다. 그러나 재상은 수많은 유학자와 정치가들 속에서 가장 뛰어난 인물을 언제든지 고를 수 있다. 임금은 마음대로 갈아 치울 수 없지만 재상이 변변치 못하거나 잘못하면 얼마든지 갈아 치울 수 있는 것이다.

정도전은 변변치 않은 인물이 임금이 된다 하더라도, 훌륭한 자질을 갖춘 재상과 신료들이 있는 한 얼마든지 유교적 왕도정치가 가능하다고 생각했다. 또한 그는 유학의 이념으로 볼 때 왕은 천명(하늘의 뜻)을 받은 절대적인 존재이지만 현실 정치의 시각에서는 사대부士大夫를 대표하고 상징하는 존재에 불과하다고 보았다. 다시 말하자면 왕은 사대부로부터 위임받아 나라를 통치하는 존재라고 본 것이다. 따라서 왕은 국정國政과 정사政事를 독단해서 처리해서는 안 되고 오직 사대부들의 의견과 여론을 경청하고 수렴해야 한다고 주장했다.

조선왕조 건국의 쌍두마차

이방원에 의해 모반죄로 참수당한 후 정도전에게는 '역적'이라는 불명예가 뒤따랐다. 그래서 조선왕조 시대의 거의 모든 공식 정부 문서에서 그의 이름이 지워졌다.

정도전이 조선왕조의 국정 방향을 제시하려고 편찬한『조선경국전』에서 눈에 띄는 정도전의 정치사상이라고 할 만한 구절을 인용한다.

> 훌륭한 재상을 얻으면 6전典이 잘 거행되고 모든 직책이 잘 수행된다. 그러므로 '임금君主의 직책은 한 사람의 재상을 논정論定하는 데 있다' 하였으니, 바로 재상總宰을 두고 이르는 말이다.

"총재(재상)는 위로 임금을 받들고 밑으로는 백관을 통솔하여 만민을 다스리는 것이니, 그 직책이 매우 크다. 또 임금의 자질에는 어리석고 현명한 자질도 있으며 강력하고 유약한 자질도 있어서 한결같지 않으니, 재상은 임금의 아름다운 점은 순종하고 나쁜 점은 바로 잡으며, 옳은 일은 받들고 옳지 않은 것은 막아서 임금을 크게 하고 바르게 해야 한다."

이것이 정도전이 밝힌 재상의 역할이다. 임금은 현명함과 무능함의 차이가 있지만 재상은 가장 능력 있는 자가 선발될 수 있기 때문에 재상 중심으로 국가를 이끌어 가야 한다는 것이 핵심이다.

1394년에 정도전이 편찬한 이 책은 조선 건국의 이념과 통치 방향을 제시한 정도전의 대표적인 저서이다. 이 책에서 정도전은 무엇보다도 새로운 왕조를 이끌 중심은 왕이 아닌 신하가 되어야 한다는 점, 즉 왕권보다는 '신권＝재상권 강화'를 주장했다.

통치 기반 확보를 위해 정도전은 태조의 계비 신덕왕후와 연합하여 그녀의 소생인 막내 방석을 세자로 책봉시키는 데 일단은 성공했었다. 자기의 소신을 펼치기 위해서는 태조의 적자 소생의 아들(방원)보다는 계비 소생의 어리고 허약한 왕자가 그의 구미에 맞았는지도 모른다.

이렇게 신권을 강화하려고 도모한 행동이 정도전을 죽음으로 몰아넣은 것이다. 1398년 왕자들이 소유한 병권을 약화시키기 위해 정도전이 사병 혁파를 추진하자, 왕권 강화론자인 이방원은 오히려 자기의 사병들을 보내 송현松峴(현재 한국일보사 건너편) 산자락에 있는 남은의 첩 집에서 방심한 채 쉬고 있던 정도전을 찾아내 무참히 죽였다. 재상 중심의 조선을 꿈꿨던 정도전에 대한 왕권파의 한판승이었다.

500여 년을 이어간 조선왕조의 미래를 생각하면 정도전은 가장 큰 걸림돌이었는지도 모른다.

그래서일까? 정도전에 대한 평가는 아직도 의견이 분분하다. 조선왕조 최고의 충신이었는지, 왕조의 안위를 뒤흔드는 암적 존재였는지는 그 후의 역사 전개로도 설명하기가 쉽지 않은 미스터리로 남아 있는 까닭이다.

제1장

형제
전쟁

위화도에서 말을 돌리다

장군은 무거운 어둠이 짙어가는 강을 바라보고 있었다. 장대비가 강의 수면에도, 강을 바라보는 장군의 얼굴에도 사정없이 쏟아져 내렸다. 폭우로 갑자기 강수량이 늘어난 때문일까. 강은 어쩐지 으스스한 소리를 내며 어둠 속을 흘러갔다.

'강을 건너 진군한다는 건 무리다. 이를 어찌해야 하나. 절대 불가능한 일인데….'

비에 젖은 장군의 얼굴이 고통으로 일그러졌다. 장군의 이름은 이성계李成桂이다. 고려에서 가장 용맹하고 무술이 뛰어날 뿐만 아니라 전투마다 승승장구, 천하무적의 이름을 떨치고 있는 장군이었다. 그의 나이 이미 50대 중반이었다.

장군의 눈앞을 흐르는 강은 중국과 국경을 맞대고 있는 압록강이었다. 지금 진을 치고 있는 장소는 압록강 하류의, 신의주와 가까운 강 속의 작은 섬 위화도였다. 지금 이성계는 고려 군사 5만여 명을 이끌고 북쪽으로 진격하여 명나라 요동을 공격하려는 참이었다.

이성계는 결코 바라지 않던 진격 작전이었다. 할 필요가 없는 싸움이라 여겼고 승산이 없는 절대 불리한 작전이라고 생각했다. 그래서 이미 수도 개경開京(개성)의 우왕禑王에게 군대를 퇴각시키자는 상소문을 올렸었는데 받아들여지지 않았다.

압록강을 건너 명나라를 공격하기 전날 밤에 폭우가 쏟아지기 시작하여 강은 수량이 엄청나게 불어났다. 임시로 설치한 군막에까지 흙탕물이 스며들어 오는 상황이었다.

무리한 작전이었다. 이런 상황을 무시하고 그냥 군대를 진군시키면 막대한 피해를 입을 것이 분명했다. 하지만 군사를 되돌리면 왕명을 거역하는 셈이 된다. 고뇌를 거듭한 끝에 이성계는 드디어 한 가지 결론에 도달했다. 그리고 결론에 이르자마자 과감하게 군령을 내렸다.

"당장 군사를 돌려라. 우리들이 공격할 곳은 요동이 아니라 개경이다!"

승산이 없는 절대 불리한 진격 작전에 불만을 가지고 있던 병사들은 단번에 깃발을 휘날리며 기세등등하게 곧바로 개경으로 향하기 시작했다. 이 군사행동이 1388년(우왕 14) 5월에 벌어진 역사적 사건 '위화도 회군'이었다.

말을 돌려 개경으로 돌아온 이성계는 1392년에 고려를 없애고 새로운 왕조를 세운다. 그리고 스스로 왕위에 올라 태조가 된다. 국호는 조선.

그 후 조선왕조는 1897년(고종 34) 대한제국으로 국명을 바꾸고 1910

년(순종 3) 한일강제합병조약에 따라 사라질 때까지, 500여 년이라는 긴
세월 동안 왕조를 잇는다.

원나라 속국 고려의 굴욕

이성계는 왜 북진하여 명나라를 공격하라는 왕명을 받았을까. 그런데
왜 그 명령을 수행하지 않고 모반을 일으키면서까지 회군했을까.

조선왕조 탄생의 배경을 설명하기 위해서는 고려왕조 말기의 시대 상
황을 구체적으로 알아야 한다.

고려왕조는 918년에 왕건王建이 세웠다. 이어 936년(고려 태조 19)에 신
라를 멸망시키고 한반도에 통일국가를 탄생시킨 것이다. 불교의 전성기
를 노래할 만큼 번영했던 왕조였지만 13세기에 이르러 국내외 정세가
급변했다.

이 무렵 중국 대륙 북방을 지배하는 강력한 정치 세력이 탄생한 것이
다. 이것이 바로 칭기즈칸이 이끄는 몽골제국이었다. 몽골의 군대는 동
쪽으로는 중국과 조선, 서쪽으로는 동유럽까지, 용맹하고 과감한 군사
력으로 세력 판도를 넓혀 가고 있었다.

1271년(고려 원종 12)에는 중국의 화북 지방을 중심으로 '원元'이라는
제국을 건설했고 8년 후에는 장강長江(양자강) 이남을 통치하던 남송南宋
제국을 무너뜨리고 중국을 완전 통일하였다.

태조 이성계의 초상화, 보물 931호

고려 역시 몽골의 영향권에서 자유롭지 못했다. 1231년(고려 고종 18)부터 원나라의 침공을 받기 시작하여 결국 1258년(고려 고종 45)에는 속국이 되고 말았다. 그래서 원나라가 한반도 북동지방을 차지하고 함경도 영흥에 쌍성총관부雙城摠管府를 설치하면서, 철령 이북의 땅은 모조리 원나라의 세력권으로 들어갔다.

원나라의 지배 속에 들어간 고려는 몇 가지 굴욕적인 조치를 감수해야 했다. 우선 고려 임금이 원나라 황제에게 충성을 바친다는 증거로 왕명을 충렬왕忠烈王, 충선왕忠宣王 하는 식으로 이름 앞에 '충忠' 자를 붙여야 했다. 또한 왕이 결혼할 때는 싫든 좋든 반드시 원나라 왕족을 왕비로 맞아들여야 했다. 뿐만 아니라 고려의 태자는 왕이 되기 전 강제로 인질로 끌려가 북경 원나라의 궁전에서 살아야 했다.

굴욕은 여기에서 그치지 않았다.

고려의 왕족은 모두 호복胡服에 변발辮髮이라는, 몽골풍 의상과 풍속을 받아들여야 했다. 원나라에서 파견한 몽골인들이 계속 고려 임금과 조정에다 압력을 가한 것이다. 또 '공녀貢女'라는 명목으로 전국에서 미녀를 골라 원나라에 바치는 일까지 벌어졌다.

원나라가 한반도 점령에 만족하지 않고 바다 건너 일본을 목표로 대대적으로 공격할 때는 고려군이 충성스런 선봉장이 되어야 했다.

이렇듯 고려는 13세기 중반부터 시작하여 약 1백 년에 걸쳐 아시아의 패자였던 몽골에게 날개가 꺾인 채 묵묵히 모든 굴욕을 참을 수밖에 없었다.

공민왕의 반원 정책

천하에 몽골제국을 대적할 상대가 없다고 호언장담하던 몽골제국에도 백 년이 지나자 먹구름이 드리우기 시작했다. 14세기 중반으로 접어들면서 중국 각지에서 잇달아 반란이 일어난 것이다.

때맞춰 숨죽여 지내던 고려에서도 나라의 주권을 회복하기 위해 원나라에 대항하자는 기개를 가진 왕이 등장했다. 이 왕이 바로 고려 31대 공민왕恭愍王이었다. 왕은 우선 몽골 풍습인 호복에 변발부터 폐지했다. 1356년(공민왕 5)에는 원나라와 외교 관계를 끊었으며 고려를 지배하는 거점 역할을 했던 쌍성총관부를 토벌했다.

이 공격의 선두에 이성계의 아버지 이자춘李子春이 참가하여 무공을 세운다. 이자춘은 원래 쌍성총관부 소속의 천호千戶대장이었지만 공민왕의 명령에 따라 토벌에 참가한 것이다. 이로써 쌍성총관부가 점령했던 함경도 영흥은 백 년 만에 다시 고려 영토로 되돌아왔다.

그러나 이 지역은 편안한 날이 계속 이어지지는 않았다. 화북 출신 홍건적紅巾賊이 공격해 온 까닭이다. 이들은 백련교白蓮敎를 믿고 홍색 두건을 머리에 두른 농민 반란군이었는데, 1361년(공민왕 10)에는 10만 명의 대군을 이끌고 고려를 침공하여 수도 개경까지 함락할 만큼 위세가 대단했다. 고려는 군대를 재정비하여 총력전을 편 끝에 전세를 역전시켜 가까스로 홍건적을 몰아낼 수 있었다.

이 홍건적과의 싸움에서 활약한 젊은 무장이 바로 이성계였다. 그는 개경 탈환에 가장 큰 공을 세운 무인으로서 크게 명성을 떨치게 되었다.

이성계는 어릴 적부터 총명하였고 활을 잘 쓰는 명궁名弓으로 알려졌다. 1360년에 세상을 떠난 아버지의 뒤를 이어 20대 중반의 나이로 고려군 제일선에 등장했다.

홍건적을 격퇴하자마자 1362년에는 원나라 군대가 공격해 왔다. 빼앗긴 영흥 지역을 탈환하기 위해서였다. 고려군은 초기에는 원나라의 맹공을 받으며 패전을 거듭했지만 공민왕의 명령을 받은 이성계가 천여 명의 군사를 이끌고 출전하여 야습을 감행함으로써 단박에 원나라 군대를 격퇴하였다.

원나라는 1364년(공민왕 13)에도 고려를 다시 침공했다. 하지만 이번에도 다시 이성계가 격퇴, 원나라의 야심을 산산조각 박살내 버렸다.

그러던 중 예전처럼 강력한 힘을 보이지 못하는 원나라를 약화시키는 사건이 일어났다. 1368년(공민왕 17)에 주원장이라는 인물이 세운 명나라에게 원나라는 중국 땅에서 쫓겨나 원래대로 몽골로 돌아가고 말았다. 그리하여 중국에는 한족漢族이 세운 새로운 왕조인 명明나라가 들어서게 되었다.

그러나 원나라에 저항의 깃발을 높이 든 공민왕의 마음은 기쁘지 않았다. 기쁘기는커녕 슬픈 그림자가 드리워져 있었다. 이 무렵 사랑하던 왕비인 노국대장공주魯國大長公主가 세상을 떠났기 때문이었다.

이름에서 알 수 있듯이 공민왕의 왕비는 원나라 여성이었다. 하지만 고려로 시집온 뒤부터는 남편 공민왕이 펼치는 원나라 저항 정책을 지지하며 남편에게 힘을 보탰다.

공민왕은 왕비를 너무나도 사랑했다. 그럼에도 출중한 재능을 보인 공민왕은 자신이 그린 사랑하는 왕비의 초상화를 벽에 걸어 두고, 왕비가 숨을 거둔 후 밤낮없이 그 초상화를 바라보며 탄식을 그치지 않았다.

반원反元 정책의 기수였던 공민왕이었다. 그런데 사랑하는 왕비의 죽음과 함께 그만 정신이 나간 사람처럼 바뀌었다. 나랏일은 전부 승려 출신인 신돈辛旽에게 맡겨 두고 자신은 불교에만 매달렸다. 국정을 위임받은 신돈은 노비를 해방시키는 등의 선정을 펼치기도 했지만 권력을 탐해 결국은 왕을 없앨 계략을 진행하다가 발각되어 사형에 처해졌다.

고려의 국정은 혼란스러워졌다. 조정에는 다시 친원파가 득세하기 시작했다. 그리고 결국, 반원파 지도자였던 공민왕은 친원파 내시內侍에게 암살당하고 말았다. 1374년(공민왕 23)의 일이었다.

명장 이성계의 대활약

용맹한 무장 이성계는 여러 전장을 전전하며 그때마다 승전보의 주인공이 되었다. 북방에서 밀려오는 홍건적과 몽골군의 침입을 막더니 다음에는 남쪽에서 온 침입자 왜구들과 싸웠다.

왜구는 연안을 공격하는 해적이라는 이미지가 강하다. 하지만 고려를 습격한 왜구는 차라리 해적이라기보다 군대라고 부르는 편이 더 어울리는 막강한 규모와 조직을 갖추고 있었다. 이들은 거대한 선단으로 쳐들어와 말을 타고 내륙 깊숙이까지 침입하여 약탈을 일삼았다.

1376년(우왕 2)에도 황해에서 상륙한 왜구가 충청도에서 약탈을 거듭하고 개경까지 진격하는 사태로 발전했지만 이성계가 격퇴했다. 다음 해에는 또 전라도와 경상도 지방으로 침입하여 노략질하던 왜구를 섬멸했다.

1380년(우왕 6)에는 아지발도阿只拔都가 지휘하는 왜구가 5백 척 군선의 대규모 군대를 내세워 밀어닥쳤지만, 이성계는 남원 부근 가까이에 있는 황산 결전에서 왼쪽 다리에 화살을 맞는 큰 부상을 당하면서도 왜구를 격파했다.

아지발도는 아마 고려 조정에서 붙인 이름일 것이다. 일본어 원이름은 알려지지 않았다. 나이 스무 살도 되지 않은 미소년 장수로, 백마를 타고 전투를 지휘하는 씩씩한 젊은 무장이었다고 알려져 있다.

이성계는 부하 장수 이두란에게 아지발도를 생포하도록 명령했다. 하지만 이두란은 명령에 따르지 않았다.

"생포하고자 한다면 필시 우리 쪽 사상자도 많아집니다."

이성계는 포로로 잡으려는 생각을 포기할 수밖에 없었다. 아지발도가 갑옷과 투구로 몸을 감싸고 얼굴 전체를 감싸는 동제銅製 투구를 쓰고 있었기 때문에 공격할 빈틈이 없어서 활을 쏘아 사살하기도 어려웠다. 생포 명령을 반대하는 이두란의 지적이었다.

"그래? 그렇다면 투구는 내가 쏴서 떨어뜨릴 테니 너는 그 뒤를 활로 쏴라."

이 말을 마치자마자 이성계가 활을 당겼다. 보통 활에 비해 세 배 이상 강력하게 만들어 신궁神弓이라고 불리던 특별한 활이었다.

첫 번째 화살이 아지발도의 투구 끝에 적중하여 투구를 묶고 있던 끈이 끊어졌다. 이어서 이성계의 손을 떠난 두 번째 화살은 투구를 날려버렸다. 투구가 땅에 떨어져 얼굴이 그대로 드러난 틈을 타 이두란은 기회를 놓치지 않고 활을 당겨 아지발도를 쏴 죽였다.

군대의 상징이던 젊은 대장을 잃자 왜구는 완전히 무너지고 말았다. 이것이 바로 '황산대첩荒山大捷'이라는 이름으로 역사에 길이 남아 있는 전투였다. 이성계의 신궁 덕분이기도 했지만 전투를 승리를 이끌 수 있었던 요인은 이성계의 군대가 왜구에 비해 화력의 우세를 유지할 수 있었기 때문이다. 이는 전적으로 최무선崔茂宣이 개발한 화약을 사용한 화포 덕분이었다.

이성계는 북쪽과 남쪽 전방을 오르내리며 동에 번쩍 서에 번쩍 격전을 치르는 사이에 고려를 대표하는 무장으로 그 이름을 드높였다. 물론 조정에서의 위치도 확고해졌다.

새 왕조의 이름은 조선

고려 조정이 친원파와 친명파 사이에서 우왕좌왕 하고 있는 사이에 원

전라북도 남원시 황산대첩비지, 고려 말 이성계가 지휘한 황산대첩 승전을 기념하기 위한 것이다.

나라를 몰아내고 중국을 통치하게 된 명나라는 빠르게 새로운 왕조의 기반을 다지고 국력을 보강하고 있었다.

1388년(우왕 14), 건국 12년 후 명나라는 고려를 향해 철령 이북의 영유권을 주장해왔다. 명나라는 고려가 원나라에게 되찾은 토지를 자국 영토에 편입시키고자 한 것이다.

이때 고려군의 최고 권력자는 72세를 넘긴 최영 장군이었다. 친원파였던 그는 명나라의 요구에 불같이 화를 냈다. 최영은 우왕을 설득해 요동 지역을 공격하여 명나라의 부당한 압력에 대항할 것을 결정했다. 최고 지휘관은 이성계와 최민수에게 맡기려고 했다.

그러나 이성계는 이 원정 작전에 반대했다. 민심과는 전혀 다른 군사

작전이라고 생각했기 때문이다.

이성계는 마지못해 병사를 이끌고 압록강 하류에 있는 위화도까지 행군했으나, 때마침 폭우를 만나게 되면서 이 무리한 군사작전에 다시금 의문을 품게 되었다.

지휘관으로 임명된 최민수의 동의도 얻어 냈다. 이성계는 우왕에게 요동 공격에 반대하는 네 가지 이유를 들어 상소문을 올렸다. 이른바 사불가론四不可論이다.

① 작은 나라가 큰 나라를 거스르는 것은 옳지 않다以小逆大.
② 여름철에 군사를 동원하는 것은 옳지 않다夏月發兵.
③ 전국의 병사를 움직여 원정을 하면 왜적이 침범할 염려가 있다擧國 遠征 倭乘其虛.
④ 무덥고 비가 많이 오는 때여서 활의 아교가 풀어지고 병사들도 전염병에 시달릴 염려가 있다時方暑雨 弓弩膠解 大軍疾疫.

우왕은 최영의 의견을 들어 이성계의 상소를 받아들이지 않았다. 그 대신 왕은 이성계에게 날씨가 회복하기를 기다려 예정대로 진군할 것을 명령했다.

그러나 왕명을 거역한 이성계는 말 머리를 돌려 개경으로 향했다. 병사들도 회군에 찬성했다. 성난 파도와 같은 기세로 이성계 군대는 개경으로 들이닥쳤다.

노장 최영은 이 소식을 듣자마자 군대를 이끌고 이성계 군대를 막고자 했다. 하지만 따르는 병사가 너무 적었다. 결국 최영은 체포되어 유배형에 처해졌고 우왕은 쫓겨났다.

이 정변으로, 이성계로 대표되는 신진 세력은 조정의 낡은 세력을 밀어내고 쿠데타에 성공하였다.

그 후 고려의 조정은 두 번이나 왕이 교체되는 불안정한 상황이 계속되다가 결국은 신진 세력의 추대로 이성계가 왕위에 오르게 되었다. 마침내 1392년, 이성계가 새로운 조선왕조의 시대를 열었다.

아버지를 구한 아들의 지략

조선왕조를 세운 이성계는 초대 왕이 되었다. 하지만 이성계는 어디까지나 무인이었다. 전장에 어울리는 피가 흐르는 골수 무장이었다. 왕으로서 많은 관료들을 통솔하고 조정을 운영해 나가는 데는 전장과는 다른 지혜와 용기가 필요했다.

이성계에게는 숨은 조력자가 있었다. 온몸을 바쳐 태조를 보필하는 이 인물은 바로 이성계의 다섯 째 아들 이방원李芳遠이었다. 전쟁터를 내 집처럼 휘젓고 다니던 이성계였지만 무인 집안에도 문인이 필요하다고 생각했다. 그래서 그는 아들들 중에서 특히 머리가 좋은 방원에게 무예는 물론 글공부도 철저하게 시켰다. 방원은 아버지의 기대에 어긋나지 않고 착실히 공부를 하여 16세 때 고려왕조에서 시행하는 과거에도 합격했다. 문관의 관직을 얻은 것이다. 과거에 합격한 방원은 신진 세력 관료들과 어울리며 정치의 메커니즘을 익혀 나갔다.

방원은 아버지 이성계가 위화도에서 회군하여 개경을 향해 진격해 오고 있을 때 황해도 황주까지 나가 만난 자리에서, 노장 최영을 쓰러뜨려야만 정치적인 미래가 열릴 것이라고 설득하였다.

이성계 측이 세운 마지막 고려 왕인 공양왕에게서 왕위를 찬탈할 때도 모든 반대파를 제거해 버린 것은 방원이었다.

위화도회군을 지지한 신진 세력 중에는 이성계가 고려왕조를 몰락시키고 새로운 왕조의 시조가 되는 것에 반대하는 사람도 적지 않았다. 그 선두에 선 인물이 유학자로 명성이 드높은 정몽주였다.

정몽주는 문인이면서도 이성계의 원정에 여러 차례 동참했다. 왜구 문제를 해결할 때도 일본으로 건너가 큐슈 지방 장관을 만나 일본 정부가 왜구를 강력하게 단속할 것을 요청했는데, 정몽주의 조리 있고 날카로운 언변은 일본 관리를 꼼짝하지 못하게 압도했다고 한다.

공양왕의 왕위를 빼앗느냐 마느냐 하는 문제가 조정의 최대 이슈였던 1392년에, 이성계는 황주에서 사냥을 하다가 낙마하여 큰 상처를 입는다. 이 소문을 들은 정몽주는 이성계를 실각시킬 아주 좋은 기회라고 생각하여 병문안을 한다는 구실로 황주를 방문했다. 그는 필요하다면 부상당한 이성계를 죽여도 좋다고 생각하고 있었다.

정몽주를 맞은 사람은 방원이었다. 정몽주는 당대 최고의 학자였으므

정몽주

로 대접을 소홀히 할 수 없었다. 방원은 환영 연회를 열고 그 자리에서 시조를 한 수 읊는다. 이것이 바로 그 유명한 '하여가何如歌'이다.

> 이런들 어떠하며 저런들 어떠하리
> 만수산 드렁칡이 얽혀진들 어떠하리
> 우리도 이같이 얽혀져 백 년까지 누리리라.

이 시조에는 '인생에는 여러 가지 길이 있다, 만수산의 드렁칡이 뒤얽혀 살고 있는 것과 같으므로 자신들과 손을 잡고 백 년 동안 함께 영화를 누리자'는 뜻이 담겨 있었다. 다시 말하면, 고려에 대한 충성을 고수하는 정몽주에게 고집을 부리지 말고 이성계와 협력해 함께 번영을 이루자고 설득하는 내용이었다.

정몽주 역시 시조로 응수했다.

이 몸이 죽고 죽어 일백 번 고쳐 죽어
백골이 진토塵土되어 넋이라도 있고 없고
임 향한 일편단심이야 가실 줄이 있으랴.

'단심가丹心歌'로 알려진 정몽주의 시조이다. 자신의 몸이 백 번 죽어 백골이 흙으로 돌아가고 혼이 남지 않더라도 주군을 향한 단심을 버리지 않겠다는, 고려왕조에 대한 충성심이 가득 찬 내용이었다.

방원은 정몽주의 마음을 바꾸는 일이 불가능하다는 것을 알았다. 따라서 정몽주를 죽여야 한다는 판단으로 바뀌었다.

방원은 부하 조영규를 불러 정몽주를 살해하도록 명령했다. 조영규는 무기고로 가서 철퇴를 챙기고 선죽교에 몸을 숨겼다. 그러고는 시종 한 명을 데리고 연회에서 돌아오던 정몽주를 습격했다. 철퇴를 맞은 정몽주는 그 자리에서 쓰러져 절명했다.

정몽주의 죽음으로 이성계는 왕위에 오를 수 있었다. 하지만 내심으로는 당대 최고의 학자인 정몽주를 존경했고 새로운 국가를 함께 운영해 나갈 동지라고 믿고 있었다. 이성계는 아들 방원을 강하게 질책했다. 그러나 이방원은 한 발도 물러서지 않고 당당했다.

이방원에 의해 정몽주가 피살된 선죽교, 경기도 개성시 선죽동

"정몽주를 죽이지 않는다면 우리가 죽습니다. 사전에 그 위기를 예감하고 먼저 손을 쓴 것뿐입니다."

이성계가 왕위에 오르면서 새로운 왕조가 시작되었다. 수도도 개경에서 한성漢城(서울)으로 천도하여 새로운 체제를 갖추고 새 시대를 열었다.

조선왕조의 외교는 친명親明주의였다. 명나라가 유교 중에서도 주자학朱子學을 국가 학문으로 정한 데 따라 주자가 집대성한 새로운 유교 체계를 국시國是로 정했다. 불교가 국교였던 고려를 부정하는 의미로도 불교를 배제하였으며 그러면서 유교를 유일한 통치 이념으로 삼았던 것이다.

이렇게 시작된 조선왕조였지만 곧 형제들의 피로 피를 부르는 싸움이 일어나게 된다.

제1차 왕자의 난

이성계는 1391년(공양왕 3)에 세상을 떠난 첫째 부인 신의왕후神懿王后 한 씨 사이에서 여섯 명의 왕자를 두었다. 그리고 두 번째 왕비인 신덕왕후神德王后 강씨는 두 명의 왕자를 낳았다.

이 배다른 여덟 형제 사이에 왕세자 책봉을 둘러싼 대립이 격화되고 있었다. 왕세자는 왕의 뒤를 잇는 왕자이다. 누가 다음 왕이 될 것인가를 둘러싸고 한 치 앞을 알 수 없는 권력 싸움이 시작된 것이다.

살아 있는 왕비 신덕왕후는 정도전 등 유력한 개국공신들과 손을 잡고 왕에게 호소하여 자신이 낳은 둘째 아들인 방석을 왕세자로 책봉하는 데 일단 성공한다. 하지만 방석은 아직 어린 12세 소년에 지나지 않았다.

방원을 비롯한 전처(신의왕후)의 아들들은 이를 받아들일 수 없었다. 방원은 전부터 친하게 지내던 개국공신 하륜河崙의 지지를 얻어 반격을 꾀했다. 그러나 왕의 마음을 마음대로 움직일 수 있는 신덕왕후가 왕 옆에 붙어 있는 한 드러내 놓고 일을 도모할 수는 없었다.

그러다가 반전의 기회가 왔다. 1396년(태조 5)에 신덕왕후가 세상을 떠난 것이다. 판도가 바뀌었다. 방원을 비롯한 신의왕후의 아들들은 사병私兵 육성에 힘을 쏟았다. 그리고 이성계의 신임을 받아 조정의 실권을 쥔 정도전鄭道傳에 대해 공공연히 맞서기 시작했다.

정도전은 불안했다. 그래서 왕자들이 각각 키우고 있던 사병을 해산시켜 신의왕후의 아들들을 무력화시키고자 했다. 방원의 지지자인 하륜은 충청도 관찰사로 임명하여 수도를 떠나게 했다.

하륜의 송별연에서 일은 발생하였다. 정도전의 계략을 눈치챈 하륜은 이 사실을 어떻게든 방원에게 알리고 싶었다. 그러나 연회석에는 많은 사람들이 운집해 있었기 때문에 두 사람만 따로 밀담을 나눌 수 있는 상황이 아니었다.

하륜은 한 가지 꾀를 생각해 냈다. 방원의 잔에 술을 따르다가 일부러 그의 바지 자락에 술을 쏟았다. 방원은 예의에 어긋난 하륜의 행동에 크게 화를 내며 자리를 박차고 집으로 돌아가고 말았다.

그러자 하륜은 손님들을 향해 큰소리로 말했다.

"술에 취해 손이 떨려 그만 실수를 하고 말았습니다. 왕자님께 저지른 실수를 용서해 달라고 말씀드리러 잠시 나갔다 오겠습니다."

하륜은 급히 방원을 따라가 만난 자리에서 말했다.

"급히 알려드려야 할 일이 있어 일부러 술을 쏟고 왕자님을 밖으로 나가도록 꾸민 것입니다."

하륜은 정도전 일파가 은밀하게 진행하고 있는 신의왕후 소생 왕자들에 대한 제거 계획을 알렸다.

"먼저 손을 쓰셔야 합니다. 지금 곧 병사를 움직이십시오."

하륜의 말대로 방원은 바로 움직였다. 병사들을 보내 정도전과 그 일파를 모두 살해했고 신덕왕후 소생인 방석과 방번까지 죽여 버렸다.

이것이 1398년(태조 7)에 일어난 '제1차 왕자의 난'이었다.

"짐승보다 못한 놈!" 이성계 노하다

일이 마무리된 후 방원은 아버지 이성계에게 보고했다. 정도전 측이 먼저 음모를 꾸미며 군사를 움직였다고 설명했다. 당시 병상에 누워 있었던 이성계는 배다른 형제들을 죽인 이방원의 무자비한 행각에 진노했다.

"짐승보다 못한 놈!"

이성계는 방원을 크게 비난했다. 죽은 아들들이 너무나 불쌍해 견딜 수가 없었다. 그러나 방원은 조금도 동요하거나 후회하지 않았다.

왕좌를 사이에 두고 왕자들이 서로 죽고 죽이는 사태를 한탄한 이성계는 왕좌에서 물러나겠다고 말했다.

방원의 추종자인 하륜은 차기 왕으로는 방원이 적임자라고 주장했다. 하지만 방원 본인은 왕위에 오를 뜻이 없다는 것을 분명히 말했다.

그리하여 방원과 같은 신의왕후 소생 중에서 장남은 이미 죽었기 때문에 결국 차남 방과가 왕위에 오르게 되었다. 이 인물이 바로 조선왕조 제2대 정종이었다.

제2차 왕자의 난, 그리고

정종은 1398년 9월에 즉위했다. 그러나 허수아비 같은 존재로 실권은 없는 왕이었다. 이때까지의 경위로 보아 정권의 열쇠는 방원이 쥐고 있는 게 틀림없었다. 정도전 일파를 제거한 방원이 이성계 다음으로 왕위에 오르지 않은 것은 자신에게 쏟아질 비난의 화살을 피하려는 속셈이 있었기 때문이었다.

태조는 왕좌를 양위하고 상왕上王이 되었다. 그렇지만 국가 문서에 찍는 공식 도장인 국새國璽인 옥새玉璽만은 쉽사리 넘겨주지 않았다.

정종은 상왕 이성계와 실권을 쥔 방원 사이에 끼어 안절부절하지 못했다. 그 와중에 한성의 경복궁 바로 위 하늘에서 까마귀가 춤을 추고 궁궐 뒤 숲속에서 부엉이가 우는 등 불길한 변고가 연이어 일어났다.

정종은 즉위 1년이 되는 1399년에 수도를 다시 개경으로 옮겼다. 그럼에도 상황은 호전되지 않았다. 원래 왕의 자질이 없는 인물이 왕좌에 앉아 있는 셈이었다. 모든 권력은 방원에게 집중되어 있었다.

드디어 허수아비 왕권이 무너지는 날이 왔다. 1400년(정종 2), 방원의 네 번째 형인 방간이 무장 박포朴苞와 함께 방원에게 반기를 든 것이다. 박포는 '제1차 왕자의 난' 때 방원을 도와 공을 세웠지만 그 공로에 대해 충분한 대가를 받지 못했다고 생각해 불만을 품고 있던 인물이었다. 박포가 권력욕에 사로잡혀 있는 방간을 부추긴 것이었다.

이번에는 친형제들 간의 싸움이었다. 승리는 물론 방원이었다. 박포는 처형되었고 방간은 유배당했다. '제2차 왕자의 난'이라고 부르는 이 싸움을 끝내자 방원의 권력은 더욱 튼튼해졌다. 아무도 그의 행위를 제지할 사람이 없었다. 결국 방원은 이름뿐인 왕인 정종에게 퇴위를 종용하고는 1400년에 왕위에 올랐다.

건널 수 없는 부자의 강

그토록 오르고 싶어 했던 왕위에 오른 태종 이방원은 다시 수도를 한성으로 옮겼다. 이성계는 전전왕前前王을 뜻하는 태상왕太上王이 되었다. 이성계는 두 번에 걸쳐 일어난 왕자의 난으로 크게 상심하여 심복만을 데리고 서울을 떠나 함흥 별궁으로 낙향했다.

　태종은 아버지와 화해하고 아버지 이성계가 서울로 돌아오길 바라는 마음에서 몇 번이고 '차사差使'라고 부르는 사자를 함흥으로 파견했다. 그러나 태종을 향한 태상왕의 분노는 매우 격렬하여 차사는 대부분 살아 돌아오지 못했다.

　계속해 파견한 차사가 실패하자 태종은 비장의 카드를 꺼내 들었다. 무학대사無學大師였다. 무학대사는 이성계의 스승으로 일찍이 이성계에게 왕이 될 운명을 예언하고 왕도王道에 대한 조언을 알려 준 고승이었다. 무학대사라면 아무리 화가 단단히 난 태상왕이라도 무시할 수 없을 터였다. 생각했던 대로 함흥 별궁에서 무학대사를 맞은 태상왕은 조금도 의심하지 않고 오랜만에 만난 스승을 대접했다.

"왕이 편안하지 않으면 백성이 불안해합니다. 백성을 위해서 전하께서 마음을 여셔야 합니다."

무학대사의 진심이 담긴 고언에 태상왕 이성계는 서울로 돌아오기로 마음을 돌렸다. 하지만 마음속의 분노는 잠시 누그러졌을 뿐 완전히 없어진 것은 아니었다.

태종은 서울로 돌아오는 태상왕을 먼 곳까지 나가 맞으려고 했다. 하지만 하륜이 말렸다.

"태상왕의 분노는 아직 사라지지 않았습니다. 만약의 사태를 대비해 장막을 거는 기둥을 두꺼운 나무로 만드십시오."

태종은 그 말을 따랐다. 왕의 정장인 곤룡포를 입고 마중을 나간 태종의 모습을 보는 순간 태상왕의 가슴에는 또다시 분노가 솟아올랐다. 화를 누르지 못한 태상왕은 화살을 재어 활을 당겼다. 태종은 순간적으로 기둥 뒤에 몸을 숨겼다. 간발의 차로 활은 나무 기둥에 꽂혔다. 기둥이 두껍지 않았다면 사나운 화살은 필시 태종의 몸을 꿰뚫었을 것이다.

활이 빗나가는 것을 본 태상왕은 얼굴을 펴며 옥새를 꺼내 들고 말했다.

"이것도 하늘의 뜻이렸다! 네가 원하는 건 이것이겠지?"

태종, 왕조의 기반을 닦다

방원이 왕위에 오르기까지의 길은 정적을 차례차례 죽이고 매장해 버리는 피투성이 길이었다. 친형제에게도 칼을 겨누어야 하는 잔인함은 아버지마저 등을 돌리게 만들었다. 그러나 당사자 입장에서 보면, 이 모든 것은 새로운 왕조의 기반을 닦기 위한 행동이었다. 왕조를 위협하는 수상한 움직임을 발견하면 주저하지 않고 그것을 잘라 낸 것이었다.

방원은 태종으로 즉위한 이후에도 일관되게 왕권을 강화하고 중앙집권 체제 확립에 힘썼다. 행정기관 의정부議政府의 국정 기능을 축소했다. 행정 실무를 분담하여 처리하는 육조六曹를 국왕 바로 밑에 두었다. 왕명이 의정부를 거치지 않고 육조로 직접 전달되도록 조직 개혁을 단행했다. 또한 사병을 폐지하고 국왕이 다스리는 군대로 통일, 강화했다. 불교계에도 메스를 들이대 허가받은 사찰만 포교 활동을 하도록 제한을 두고 절에 소속된 토지와 노비는 국고에 회수했다.

왕권을 위협한다면 하물며 부인의 친족까지도 용서하지 않고 탄압했다. 태종의 왕비는 원경왕후元敬王后 민씨였는데, 민무구閔無咎를 비롯한 왕비의 친정 형제들이 권세와 부귀를 뽐내며 정권을 노리는 낌새를 보였다. 이를 예감한 태종은 그들을 추방했고 끝내 4형제 전원에게 사약을 내렸다. 왕권을 위협하는 악의 싹은 애초에 잘라 낸다는 태종의 원칙이 철저하게 적용된 결과였다.

하지만 태종은 백성을 향해서는 공명정대한 정치를 했다. 왕궁 앞에

태조의 어진이 봉안된 경기전, 전라북도 전주시 풍남동

신문고申聞鼓를 만들어 백성이 직접 왕에게 상소를 올려 백성의 목소리를 수렴하는 시스템을 구축했다. 또한 가뭄에 대비하여 관개 사업을 충실하게 이행하였으며, 흉년에는 왕이 앞장서서 술을 끊고 절제하였다.

왕권 강화와 민생 안정은 태종의 가슴속에 하나의 궤도를 그리고 있었다.

1422년(세종 4)에 태종은 55년간의 일생을 마감했다. 그의 나이 73세였다. 때마침 가뭄이 계속되던 때였다. 삶이 얼마 남지 않았다는 것을 안 태종은 다음과 같은 유언을 남겼다.

"가뭄으로 온 백성이 슬프구나. 내가 하늘에 가면 하느님께 아뢰어 비를 내려 주겠다."

그의 유언대로 태종이 붕어하자마자 비가 내리기 시작했다. 그는 혼백이 되어서도 백성을 지킨 것이다. 백성들은 이 고마운 비를 가리켜 '태종우太宗雨'라고 불렀다.

태종의 비 원경왕후 민씨

KBS 역사드라마 〈용의 눈물〉에는 조선왕조를 건국하는 시기의 인물들이 총출동한다. 이 시기는 그야말로 시대의 흐름이 소용돌이치는 격동의 시대라고 할 수 있다. 그런데 〈용의 눈물〉에 이런 장면이 나온다. 궁 안에 병사들이 숨어서 자기를 죽이려고 기다리고 있다는 사실을 눈치챈 방원(후에 태종)은 어떻게든 구실을 만들어 집 밖으로 나가려고 했다. 이때 절묘한 타이밍에 하인이 도착하는데, 하인은 "부인께서 지금 위독하십니다"는 보고를 했다. 덕분에 방원은 목숨을 건질 수 있었다.

사실 이 하인의 메시지는 부인 민씨가 남편에게 위기가 닥쳐온다는 것을 미리 알고 그 상황에서 피할 수 있도록 하기 위해 만들어 낸 거짓말이었다. 이것은 드라마의 재미를 위해서 꾸며 낸 허구가 아니라 실제로 있었던 역사적 사실 그대로였다. 민씨가 남편 방원을 내조한 이야기에는 이런 것도 있다.

제1차 왕자의 난이 일어나기 전에, 정도전은 왕족들마다 각각 키우고 있던 사병을 제한하는 조치를 내렸다. 이때 병장기들도 모두 폐기 처분하라고 명령했다. 그러나 무기가 없으면 유사시에 힘을 쓸 수 없다고 생각한 민씨는 무기를 친정에다 숨겨 놓고 있었다. 덕분에 방원은 이 무기를 사용하여 제1차 왕자의 난은 물론 잇따라 터진 제2차 왕자의 난에서도 승리를 거두고 왕위에 오를 수 있었다.

말하자면 민씨 부인은 방원의 조강지처이자 그가 왕위에 오를 수 있게 이끌어 준 최대의 은인인 셈이었다.

이런 과정으로 민씨 부인도 왕비가 되었지만 왕비가 된 후의 생활은 행복하지 않았다. 막강한 민씨 세력을 방치해 두었다가는 민씨 일족에게 권력이 집중될 것이라고 염려한 태종이 여러 명의 측실을 맞아들여 여러 가문과 외척 관계를 맺음으로써 권력이 한 곳으로 집중되는 것을 막은 까닭이었다.

이에 대해 민씨의 질투와 불평은 대단했다. 민씨는 조선왕조 건국에 결정적인 역할을 한 자기의 친정붙이에 대해 남편이 취하는 부당한 대우를 참을 수 없었던 것이다. 그래서 민씨 부인은 남편을 만날 때마다 노골적으로 불평을 터뜨리곤 했다. 이런 민씨의 태도는 왕위에 오른 태종의 기분을 더욱더 상하게 했다. 태종의 마음은 점점 민씨에게서 멀어져 갔다.

이런 정황을 민씨 일족이 모를 리 없었다. 그래서 새로운 방안을 추진했다. 즉 태종의 후계자로 장남 양녕대군을 왕위에 올리려고 한 것이다. 그러나 이 행동이 민씨 일족을 멸망시키는 원인이 될 줄이야. 양위讓位를 입에 올리는 것조차 대역죄가 되는 시대였기 때문이다.

민씨 일족은 차례로 숙청되었다. 태종은 민씨 부인의 친정 동생 민무구와 민무질이 자살하도록 몰아갔고, 그 밑의 동생 민무휼과 민무회도 스스로 목숨을 끊으라는 처분을 내렸다. 결국은 민씨 일족 중에서 남동생들은 모두 죽었고 그녀와 그녀의 자식들만 겨우 살아남을 수 있었다.

민씨 부인마저도 성격이 너무 과격하고 온전하지 못하다는 이유로 한때 폐비를 하자는 지경에까지 몰렸다. 하지만 아무리 마음이 돌아선 남편이지만 건국의 고통을 함께한 아내에게 그런 짓까지 할 수는 없었다.

민씨 일족이 왕으로 세우려고 했던 양녕대군은 품행이 불량하다는 이유로 결국 나중에도 왕위에는 오르지 못했다. 그 대신 태종의 셋째 아들인 충녕대군이 제4대 세종이 되었다. 민 씨 부인은 자신의 셋째 아들이 왕위에 오르는 것도 지켜보지 못한 채 병을 얻어 56세의 나이로 생애를 마감했다.

왕에 대해 알고 싶은 것 10가지

조선은 이씨 가문이 통치한 나라

조선왕조를 가리켜 '이씨조선'이라고도 부른다. 특히 한반도를 점령한 일본은 어떻게든 조선을 억누르려고 조선왕조 대신 이씨왕조라고 불렀다. 하기야 조선왕조의 왕위는 대대로 '이李씨'가 계승했으니 아주 틀린 말은 아니겠다. 드라마〈이산〉은 제22대 정조의 본명인 이산李祘을 그대로 제목으로 사용했다.

이씨 성은 한국에서 두 번째로 많은 대성大姓이지만 같은 이씨라도 다 똑같은 이씨가 아니다. 조선왕조를 세운 이씨의 본관은 전주 이씨로, 신라 시대 중신 자리에 있던 이한李翰이 시조이다.

아무튼 태조 이성계의 4대 선조인 이안사李安社는 기생을 둘러싼 하릴없는 싸움에 휘말려 원나라가 지배하고 있던 함경북도로 이주했다. 아

버지 이자춘李子春 대에 와서 다시 고려로 복귀하는데, 이자춘의 아들 이
성계는 고려의 무장으로서 이민족 토벌 등에서 큰 공적을 세웠다.

원나라가 망하고 명나라가 중국을 통일하는 흐름으로 정세가 변하자
국경 정세에 밝은 이성계는 강력한 명나라에 맞서 싸워서는 안 된다고
주장하였다. 그러나 고려 조정 내의 친원파들은 이성계를 명나라 침공
군 최고 사령관으로 임명했다.

하지만 원정군이 압록강의 하류에 있는 위화도에 다다르자 비로 물
이 불어나 오도 가도 못하는 지경이 되었고, 이성계는 위화도에서 군대
를 돌려 개경으로 돌아와 왕씨 집권 왕조인 고려를 없애 버린다.

조선왕조를 건국한 태조는 왕과 관리 재량에 맡긴 인치人治가 아니라
모든 것을 법에 따라 정하는 '법치국가'를 목표했다. 그래서 조선왕조 개
국공신 정도전이 창안한『조선경국전朝鮮經國典』을 기본법으로 정했다.

왕위를 놓고 싸운 형제들

조선왕조에는 27명의 왕이 있다. 장자인 왕세자에게 큰 말썽 없이 순
리적으로 왕위가 이어진 경우도 있지만 항상 조용하고 원만하게 왕위
가 승계된 건 아니었다.

원칙적으로는 적자인 장남이 승계하도록 되어 있었으나 실제로는 제
5대 문종, 제6대 단종, 제10대 연산군, 제12대 인종, 제18대 현종, 제

19대 숙종, 제27대 순종까지 7명만 장자 승계가 되었을 뿐이다.

몸이 극도로 약하거나 병 때문에 장남이 요절하고 차남이 왕위를 잇는 경우는 그나마 평화적인 쪽에 속한다. 왕위 계승 때문에 몇 차례 피로 피를 씻는 골육상잔 사태가 발생하기도 했다.

제7대 세조는 제5대 문종의 친동생이었다. 형이 죽고 조카 단종이 제6대 왕위에 오르자 조정의 실세였던 힘을 이용하여 어린 단종의 왕위를 빼앗았다. 태조 이성계만 하더라도 총애하던 여덟째 아들 방석을 왕위 계승자로 세우려고 했다가 '왕자의 난'의 빌미가 되어 형제간이 피를 흘리며 싸워야 했다.

직계 왕위 계승자가 없을 경우에는 2대 전이나 3대 전 선왕 대까지 올라가 선왕의 형제(후궁의 자손도 포함) 등 가장 가까운 혈연 속에서 후계자를 옹립하기도 했다.

권력을 쥐고 싶은 조정 대신과 외척들은 자기 집안의 딸을 왕의 후궁으로 들여보내는 등 왕실과 외척 관계를 구축하고자 애를 썼지만 스스로 본인이 왕위에 오르고자 한 사람은 없었다. 유교 국가인 조선은 특히 혈통을 중시했기 때문이었다.

설사 외척 관계를 이용해서 왕위를 계승한다고 하더라도 배척받기 십상이었다. 만약 악정을 펼치는 왕이라고 할지라도 그에 맞서 반란을 일으킨다면 이런 행위는 반역자 취급을 받을 뿐이었다.

현재 전주 이씨 혈족은 200만 명 이상이라고 한다. 그들은 '전주 이씨 문중'으로 가문이 똘똘 뭉쳐서 선조를 기리는 제사도 게을리하지 않는다. 전주에는 태조 외 조선왕조 역대 왕의 초상화가 걸려 있는 '경기전慶基殿' 등 이씨와 관련이 있는 사적이 곳곳에 산재해 있다.

'조'와 '종'과 '군'의 차이

예를 들어 제22대 정조 대왕처럼 역대 조선 국왕의 이름에는 각각 '조祖' '종宗' '군君'이 붙어 있다. 기본적으로 왕의 성씨는 이씨이기 때문에 각각 그에 따르는 이름을 가지고 있지만 왕의 이름은 지체 높은 사람의 이름이라고 하여 직접 부르는 것도, 쓰는 것도 금기시되었다.

그래서 세종 때부터 왕족의 본명에는 도祹(세종), 산祘(정조) 같은 어려운 한자를 썼다. 이는 동성동명이 나와도 잘못해서 왕의 이름을 함부로 쓰는 일이 없도록 하기 위해 서민들은 좀처럼 알 수 없는 어려운 글자를 골랐기 때문이다.

왕의 자리에 있는 동안 왕은 '전하'로 불린다. 왕이 죽은 후에는 시호諡號라는 '묘호廟號'를 붙이고 후세 사람들은 왕의 영예를 기리며 그 호로 불렀다. 그 시호에 붙는 것이 바로 '조'나 '종'이다.

조와 종의 차이는 왕이 재위 중에 세운 공적에 따라 정한다. 보통 왕조의 시조는 '태조'라고 부르고, 그 이후는 종을 붙였다. 왕 중에서 특히 공적이 큰 왕에게는 조를 붙였다.

그런데 한글을 창제한 위대한 성군으로 이름 높은 세종에게는 왜 조를 붙이지 않았을까?

이런 사실 때문이다. 세종의 한글 창제에 대해 당시 지배계급이라고 할 수 있는 양반들은 매우 부정적이었다. 그래서 치적이 높은 성군임에도 세종에게는 조를 붙이지 않은 것이었다.

한편 제23대 순조에게 조를 붙인 것은 체면을 살리기 위해서였다. 왕비의 외척이 권세를 휘두른 시대의 왕이었으므로, 왕권이 약해지는 것을 방지하자는 목적이 있었던 것이다.

또한 '군君'은 왕자들에게 붙인 호이다. 특히 정비가 낳은 적자는 대군大君, 다음 왕위 계승자로 선택되면 세자世子라고 불렀다.

조선의 역대 왕 중에서 제10대 연산군과 제15대 광해군만 조와 종이 붙지 않은 것은 폭군暴君과 암군暗君으로 폐위되었기 때문이다. 두 사람은 정식으로 제사를 받지 못하므로 시호를 붙이지 않은 채 왕자 시절 부르던 이름 그대로 군으로 부르는 것이다.

반대로 드라마 〈명성황후〉 등에 등장하는 흥선대원군興宣大院君은 적자가 아니었는데도 아들이 제26대 고종으로 즉위한 덕분에 왕의 부친으로 특별히 '대원군'이라는 호가 붙었다. 왕위에 오르지 못해도 아들이나 조카가 왕이 되면 사후에 종이라는 호가 부여되는 등 신분을 격상시키는 케이스가 있는데, 이를 추존追尊이라고 한다.

세자가 받는 영재교육의 내용

조선왕조는 특히 왕세자의 교육에 국가의 명운命運을 걸었다. 왕이 어린 시절 어떻게 교육을 받느냐에 따라 성공하는 임금이냐 아니냐가 결정된다고 본 것이다.

그래서 왕자에게는 아주 어린 시절부터 철저한 엘리트 교육을 실시했다. 즉 유아기에는 보양청輔養廳을, 아동기에는 강학청講學廳을 설치하여 왕자를 가르쳤다.

어린 왕자가 조금 자라 차기 왕으로 정해진 세자가 되면 이때부터는 시강원侍講院에서 왕위를 계승하는 사람이 갖추어야 할 교육을 받는다. 이것을 서연書筵 교육이라고 말한다. 왕에 어울리는 인덕을 갖춘 인물이 되도록 학문·무술·예절 교육을 철저하게 가르친 것이다.

시강원의 교육 스케줄은 다음과 같이 정해져 있었다.

아침에 일어나 왕(아버지)이 식사를 했는지 확인한 후 왕이나 웃어른들에게 문안 인사를 올린다. 그 후에는 식사를 겸한 아침 수업인 '조강'을 받은 다음 '주강' '석강'까지 하루 세 번 수업을 받는 것은 왕의 일과와 같다. 또한 수시로 시행되는 시강관侍講官들의 강의가 있었는데, 아침에 하는 '소대召對' 밤에 하는 '야대夜對'가 있었다.

이 시절의 세자 교육은 교본을 완전하게 암기하는 '배강背講'이 기본이었으므로 하루 전에 공부한 것을 모두 외운 후에야 다음날 수업에 임할 수 있었다.

시강원 상아패

게다가 한 달에 두 번은 '회강會講'이라는 시험이 있다. 이는 교육 진척 상태를 테스트하는 시험이었다. 회강은 많은 시강관이 지켜보는 가운데 이루어졌다. 때로는 왕이 직접 동석하는 때도 있었다.

이처럼 엄격한 왕자 교육을 따라가지 못하면 "왕이 될 자격이 없다"는 평가 속에 폐위될 수도 있었다. 때문에 왕자들은 모두들 머리를 싸매고 공부에 매달릴 수밖에 없었다.

또 왕은 무술에도 뛰어나야 했다. 따라서 왕자에게 무술을 가르치는 익위사翊衛司를 설치하여 이곳에서 무술이 뛰어난 무장들이 세자를 단련시켰다.

이런 왕세자 교육의 대표적인 성공 인물이 바로 MBC 드라마 〈이산〉의 주인공인 제22대 정조였다. 성군으로 이름 높은 정조는 어릴 적부터 총명했다. 얼마나 독서에 열중했는지 오히려 어머니가 막을 정도였다고 한다.

할아버지 영조 임금은 이런 정조를 매우 귀여워하여 아주 어린 나이 때부터 영재교육을 실시했다. 자신의 아들인 사도세자의 교육에 실패했기 때문에 더욱 더 손주인 정조의 교육에 올인했는지도 모른다.

영조는 사도세자에게 세 살 때부터 본격적인 교육을 받게 했다. 교재를 직접 만들어 줄 정도로 열심이었다. 그러나 영조가 너무 엄격한 스파르타식 교육을 강요한 탓으로 사도세자는 점점 코너에 몰려 정신적인 고통을 받았다.

사도세자에게 했던 이런 스파르타식의 조기교육을 반성하고, 영조는 손주 정조에게만은 사도세자 때보다 늦은 4살 때부터 교육을 시작했다. 교육 방식도 질책보다는 칭찬하는 방식으로 바꾸었다.

이렇게 소년 정조는 영조의 엘리트 교육을 통해 더 많은 지식을 흡수함으로써 마침내 문무를 겸비한 왕으로 성장했다. 정조는 정치력에서도 견줄 왕이 없을 정도로 수완을 발휘했을 뿐만 아니라 활 솜씨 또한 뛰어나서 신궁神弓이라고 불릴 정도였다. 게다가 글쓰기에도 힘을 쏟아 평생 180여 권의 문집을 남기고 4,000권의 책을 편집하는 등 학문에도 빼어난 솜씨를 발휘하였다.

왕들의 식성도 가지가지

조선 시대에는 신분에 따라 밥상에 오르는 반찬의 가짓수도 달랐다.

왕과 왕비는 12첩 반상이었다. 밥 두 공기와 국 종류 다섯 가지, 반찬은 열두 가지였다.

왕과 왕비에게 식사로 올리는 '수라상'은 하루 두 번이었다. 그 사이사이에 초조반初朝飯, 점심點心, 소반小盤이라고 하는 가벼운 식사를 차렸기 때문에 하루에 총 다섯 번 식사를 하는 셈이었다.

아침 식사 전에 먹는 초조반은 죽, 점심 식사 대신 먹는 점심은 면이나 만두, 떡 등을 준비하였다. 죽은 여러 가지 종류가 있어서 쌀을 돌절구로 빻아 만든 무리죽, 우유죽인 타락죽 등 여러 가지가 있었다.

아침저녁 수라상은 5즙 12채를 준비했다. 항상 왕 옆에는 독극물을 검사하는 기미氣味 상궁이 대기하여 생선 뼈 등을 임금이 먹기 쉽도록 발라내 주었다.

그러나 이런 많은 가짓수의 음식을 모두 먹는다는 건 불가능했다. 그래서 왕이 남긴 상은 퇴선退膳이라고 하여 퇴선간 상궁과 궁녀들이 나누어 먹었다. 퇴선간은 수라간(왕의 주방)에서 만든 요리를 다시 데우고 상을 차려 내는 장소이기도 했다.

당연히 왕에 따라서 식성이 달랐기에 그에 따라 밥상의 차림도 바뀌었다. 『한중록閑中錄』에 보면 근검절약을 실천한 정조 임금은 항상 서너 가지 반찬으로 식사했다는 기록이 있다. 제27대 순종 임금은 치아가 좋지 않아 깍두기도 무를 삶아 담글 정도여서 요리사들의 고충이 이만저만이 아니었다고 전해진다. 또한 고종과 순종은 매운 맛과 짠 맛에 약했기 때문에 양념을 하는 데 신중해야 했다. 고종은 김칫국으로 만든 냉면을 좋아하여 건더기와 육수에 배를 넣어 달게 만든 특제 냉면을 차리곤 했다.

그렇지만 조선왕조 때의 궁중 요리는 대체로 간이 약하고 매운 요리는 거의 없었다. 고추가 한반도에 전해진 게 겨우 17세기 초반이었으므

12첩 반상, 왕·왕비·왕대비·대왕대비에게 평소에 올리던 진짓상.

로 그때까지는 김치도 생강과 산초로 맛을 낸 맵지 않은 물김치였다. 육개장(소고기를 얇게 썰어 넣은 국) 같은 음식은 18세기 이후, 우리나라에 고추가 전래된 다음 탄생한 매운 궁중 요리 가운데 하나이다.

궁중 요리는 왕의 건강을 고려하여 야채를 사용한 요리가 많았다. 그런데 고기를 유난히 좋아한 왕도 있었다. 육류를 좋아한 왕으로 유명한 임금은 바로 세종대왕이었다. 얼마나 고기를 좋아했던지, 아버지 태종이 병으로 드러눕자 세종이 좋아하던 고기를 끊었다는 것을 알고는 그런 아들을 염려한 태종이 "내가 죽은 뒤에는 상중에도 고기를 먹으라"는 유언을 남겼다는 에피소드가 남아 있을 정도이다.

왕의 하루 일과표

왕의 하루 일과를 아침 점심 저녁으로 나누어 살펴보자.

왕이 처리해야 하는 업무가 만 가지에 달했다는 의미의 '만기萬機'라는 말도 나올 정도로 바쁜 일과였다.

아침에는 신하와 정치를 논하고, 점심때는 방문객을 만났으며, 저녁에는 조정의 법령을 검토하고, 밤에는 남은 업무와 개인적인 공부를 했다. 이 모든 일을 마친 후에는 왕비와 후궁과의 시간도 가져야 했다.

오전 5시(기상. 한 그릇 정도의 간단한 식사)

해가 뜨기 전에 일어나 대왕대비와 대비 전에 문안을 드린다. 직접 할 수 없는 경우에는 내시를 보낸다.

오전 6시(조회를 열고 조강에 참가)

조회에는 두 종류가 있다. 문무백관이 출석하는 조참朝參(정식 조회)은 매월 5, 11, 21, 25일에 열린다. 그 밖의 날에는 상참常參(약식 조회)을 연다. 이 자리에서 당상관은 왕에게 여러 가지 업무 보고를 한다.

그 후 신하들과 학문, 정치에 관한 토론을 하는 조강朝講에 참가한다. 강의는 아침 점심 저녁 하루 세 번 있다. 이를 모두 경연經筵이라 한다.

오전 10시(아침식사)

그 후 오전 시간(국정에 대한 보고를 받고 결재한다)

승지承旨(요즈음으로 치면 대통령 비서)에게서 국정에 대한 보고를 받는다. 고위직에서부터 말단에 이르기까지 관리들이 올린 공문서를 결재한다. 또한 전국의 양반, 일반 백성과 노비들이 올리는 상소문과 탄원서도 읽고 비답批答(회답문)을 적는다. 공문서 결재는 비교적 간단한 일이지만 탄원서와 상소문은 답을 써야 했기 때문에 시간이 걸린다.

정오(점심 식사를 하고 주강에 참가)

주강에서 학문을 연마한 후, 중앙관청 육조六曹의 당상관堂上官(정3품 이상의 관리)과 3사(조정의 감찰 기관인 홍문관·사헌부·사간원)의 관료, 중대한 현안이 있는 부서장 등과 면담한다.

오후 3~5시(군대의 일, 또는 무장들과 면담)

숙직 관료 명부를 확인하고 야간 암호를 정한다. 한가한 날은 이 시간을 이용하여 사냥과 활, 격구 등 체력 단련을 한다.

오후 5시(석강에 참가)

오후 7시(저녁 식사, 휴식 혹은 독서)

점심때 업무를 처리하지 못했다면 야간 집무를 하는 경우도 있다. 또 아침에 했던 것처럼 대왕대비와 대비에게 저녁 문안을 드린다.

오후 9시(정무 완료, 왕비나 후궁 방문)

이제부터는 왕비를 포함한 왕을 모시는 여성들에게도 관심을 기울여야 하는 시간이다. 후계를 잇는다는 것은 조정의 업무에 결코 뒤지지 않는 중요한 일이다.

오후 11시(취침)

이 밖에도 왕은 무수한 공식·비공식적인 행사와 제사, 제례에도 참가해야 한다. 그러나 수많은 업무에 쫓기는 왕도 한숨 돌릴 수 있는 기회는 있었다. 3정승三政丞(영의정·좌우의정)을 포함한 정1품 이상의 관료가 사망하면 3일간, 정경正卿(정2품 이상) 이상의 관료가 사망한 경우에는 2일간, 판윤判尹(정2품)이 사망하면 하루, 각각 모든 조정 업무를 중단한다. 그 밖에도 세시풍속歲時風俗에 속하는 명절에는 쉰다.

수라상은 함께, 침실은 따로

왕과 왕비, 대왕대비 등 왕족의 밥상은 수라상水刺床이라고 불렀다. 이는 왕과 왕비에게 올리는 식사를 가리키는 궁중 용어이다. 원래 몽골어라는 설이 있다. 설명을 덧붙이자면 아침 식사는 '초조반상', 점심 식사는 '낮것상'이라고 했으며 야식을 들 때도 있었다.

아침 식사와 저녁 식사는 밥과 반찬이 중심이었다. 수라상의 반찬은 12종류라고 정해져 있다. 반찬은 계절에 따라 달랐다. 기근이나 흉작 때는 식사를 간소화했다.

수라는 왕과 왕비가 같은 방에서 먹었다. '수라 상궁'의 직책을 맡은 궁녀가 각각 세 명씩 붙어 시중을 들었다. 요리가 준비된 후에 기미 상궁이 독극물을 검사하고 그 후에 왕과 왕비가 자리에 앉으면 상궁이 식기 뚜껑을 차례대로 열었다. 남은 요리는 상궁들이 먹었다.

창덕궁 대조전에는 왕이 마음을 편하게 보낼 수 있도록 여러 가지 배려를 했다. 예를 들어 보자. 침실인데도 가구 속에 폭발물을 설치하거나 자객이 숨어드는 빈틈이 생기지 않도록 침대와 의자를 없앴다. 그 대신 침실의 사방에는 여차하면 도망갈 수 있는, 또는 침입자를 따돌리고 밖으로 탈출하기 위한 여러 개의 작은 방을 딸려 놓았다. 또한 추운 겨울에 따뜻하게 지낼 수 있도록 방바닥에는 온돌을 깔았다.

왕은 절대로 혼자 자지 않는다. 왕의 잠자리는 항상 '경호'라는 이름으로 감시를 했다. 침실을 둘러싸는 듯이 딸려 있는 여덟 개의 작은 방에는 여덟 명 또는 네 명의 나이 지긋한 상궁들이 왕을 지키고 있었다. 게다가 여덟 개의 방문은 모두 열어 놓은 채였으며 상궁들도 서로 감시하는 입장이었다. 감시하는 쪽도 감시당하는 쪽도 신경이 날카로운 나날을 보내야 했다.

궁에는 왕과 왕비의 침전이 각각 따로 있었다. 이는 왕과 왕비가 한 침전에서 생활하는 것은 두 사람의 관계가 좋을 때뿐이었기 때문이다.

창덕궁 대조전

왕은 어느 궁, 어느 궁녀와 잘 것인지를 자유롭게 정할 수 있지만 그때
마다 왕비는 혼자 침전에서 잠들어야 했다.

왕은 황금색 옷을 입지 못했다

　궁중을 무대로 여러 부류의 인간관계가 그려지는 사극 드라마의 볼
거리 중 하나는 국왕과 왕비를 포함한 출연자들의 화려하고 아름다운
의상이다. 이러한 궁중 패션에는 사실 일정한 공통점이 있다. 유교 국가
인 조선왕조 때는 의상에도 유교 사상이 스며들어 있다는 점이다.
　먼저 왕의 의상 가운데 대표적인 것을 살펴보자.

우선 면복冕服은 가장 격식을 차린 왕의 옷이다. 면류관冕旒冠을 쓰고 곤복袞服을 입은 스타일인데, 명나라 황제가 입고 있던 옷과 비슷하게 디자인했다. 이는 조선왕조가 명나라의 속국과 같은 입장이어서 왕은 명나라 황제의 가신家臣이라는 의미가 들어 있기 때문이다. 왕은 면복을 혼례와 대사大祀 같은 국가의 중요한 의식에 참석할 때 입었다.

보통 일상적인 정무를 볼 때는 곤룡포袞龍袍를 입었다. 일반적으로 붉은색 비단으로 만들고 두 어깨에는 용龍 문양의 자수를 새겨 넣었다.

이 용 문양의 자수는 보補라고 부르는데, 잘 살펴보면 용의 손가락은 반드시 다섯 개이다. 다섯 개의 손가락을 가진 용은 왕의 지위를 가리키는 상징이다. 국왕과 왕비에 한해 이 문양을 달 수 있었는데, 세자나 세손이 착용하는 의상에는 네 개나 세 개의 손가락을 가진 용 문양 보를 달았다.

명나라 황제의 의상이 황금색이었기 때문에 스스로 가신이라고 자세를 낮추었던 조선왕조 국왕은 황제와 같은 색의 의상을 착용하지 않았다. 그러나 명나라가 망하고 청나라가 들어서면서 이런 제한도 없어졌다. 그래서 제16대 인조 때부터는 왕이 황금색 의상을 입게 되었다. 만약 조선왕조 시대 드라마에 등장하는 왕이 황금색 옷을 걸치고 있다면 그 드라마의 시대적 배경은 17세기 이후라고 보면 맞다.

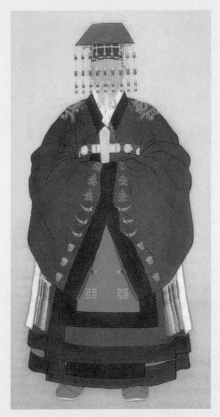

국가의 큰 행사가 있을 때 왕이 입던 면류관과 곤복

왕과 왕비는 어떻게 불렀을까?

중국에서는 신하가 황제를 부를 때는 폐하陛下라고 불렀다. 이에 비해 조선왕조에서 왕은 전하殿下라고 불렸다. "전하" 하고 짧게 끊어 말하는 게 아니라 반드시 "저-언하아-"라고 길게 말해야 했다. 이때, 왕의 얼굴을 직접 보면 안 되고 반드시 고개를 숙이며 눈을 내리깔고 말해야 했다.

고관이 되면 임금의 호칭을 다르게 불렀다. 전하라는 호칭 외에 주상主上이라고 부르는 때도 많았다. 이 호칭에는 '당신이 이 세상에서 가장 높다'는 의미가 담겨져 있다.

그렇다면 왕비는 어떻게 불렀을까. 호칭은 중전中殿이었는데, 부를 때는 '중전마마'라고 했다. 왕비가 사는 궁이 대궐의 중앙에 있었기 때문이었다.

왕의 소생들에 관한 호칭도 살펴보자.

아들일 경우 정실이 낳은 아들은 대군大君, 후궁이 낳은 아들은 군君을 붙였다. 이 가운데서 왕세자, 즉 후계자로 책봉된 아들은 동궁東宮이라고 불렀다. 이 호칭은 세자가 사는 궁이 왕궁의 동쪽에 있었던 데서 유래했다.

왕의 딸일 경우 정실이 낳은 딸은 공주公主, 후궁이 낳은 딸은 옹주翁主라고 불렀다. 이들에게도 왕비의 경우처럼 부를 때는 뒤에 마마媽媽라는 경칭을 붙였다.

왕이 조혼을 해야 했던 가장 큰 이유

조선왕조에서는 왕의 후계자인 세자를 책봉하면 일찍 결혼시켰다.

거의 대부분의 세자는 열 살 전후에 결혼했다. 세자의 나이가 어린 데 비해 세자의 부인이 되는 처자는 나이가 많았다.

세자를 일찍 결혼시키는 가장 큰 이유는, 후사를 잇는 아이를 낳는 일을 왕의 가장 중요한 의무라고 생각했기 때문이었다. 세자가 육체적으로 성숙한 단계가 되자마자 빨리 후계자를 만들 수 있도록 '누나 같은 부인'을 간택한 것이었다.

한편 왕가와 달리 일반 백성의 경우에는 법적으로 10대 초반에 결혼하는 것을 금지했다. 따라서 백성들은 보통 거의 모두 10대 후반에 결혼하였다.

그런데 유교가 생활 구석구석에 스며들어 있는 시대였기 때문에 '결혼은 집안과 집안이 하는 것'이라는 의식이 강했다. 결혼하는 당사자들 생각보다는 부모가 정해 준 배우자와 결혼하는 것을 당연하다고 생각한 것이었다. 따라서 당사자가 결혼 상대를 고를 자유는 없었다.

제2장

장자 승계의 비극

이것은 백성의 글자이다

조선왕조 제3대 왕 태종은 강력한 권력을 자랑하는 군주였지만 재위 중에 몇 번이나 왕위를 물려주겠다는 소동을 벌였다.

태종이 이복형제는 물론 친형제까지 죽이고 왕위에 오른 만큼 죽을 때까지 왕좌에 집착했을 것이라고 생각하기 쉽지만 실제로는 정반대였다. 아직 힘이 남아 있을 때 아들에게 양보하고 자신은 상왕 자리에서 정권을 조종할 계획을 갖고 있었기 때문이다. 실제로 양위 의사를 밝힐 때마다 신하들은 반대하곤 했다. 그래서 좀처럼 실현하지 못하였다.

그러다가 '이번에야말로 꼭 실행하겠다'고 생각한 1418년(태종 18)에 셋째 아들 충녕대군에게 왕위를 물려주었다.

원래 왕세자는 장남 양녕대군이었다. 하지만 태종은 양녕대군의 행실이 바르지 못하다는 이유로 폐위하고, 태어날 때부터 총명하고 학문이 뛰어난 셋째 아들을 지목했다. 이 왕자가 바로 우리나라 역사상 가장 위대한 왕이라고 평가받는 제4대 세종대왕이다.

왕위를 계승하는 데도 빈틈이 없었다. 태종은 인정에 휘둘리지 않았다. 그가 몇째 아들이든 아들 중에서 가장 우수한 아들에게 왕위를 물려주고. 그 후견인이 되어 왕조의 미래를 지켜본 것이다.

태종은 좀처럼 찾아보기 힘든 지도력으로 갓 태어난 조선왕조의 체제를 견고히 닦아 놓았다. 그런 의미에서 세종은 처음부터 아버지가 잘 깔아 놓은 궤도를 나아가는 형태로 정치에 관여할 수 있었다.

이렇게 안정적인 입장이 가능했으므로 학자적인 체질을 타고난 세종이 재능을 충분히 발휘할 수 있었던 것이다.

세종은 어릴 적부터 병적일 정도로 책 읽기를 좋아했다. 좋아하는 책이라면 백 번을 다시 읽고 또 읽었다고 한다. 너무 책 읽기에 열중해서 병까지 얻어 눕게 되자 아버지 태종이 화를 낼 정도였다.

"과거를 치르지도 않을 왕자가…. 도대체 정도껏 읽어야지 왜 그렇게 책만 읽어 대다가 몸을 망가뜨리는 것이냐."

태종의 이 한마디는 세종의 집요한 성격을 잘 표현하고 있다. '책벌레'가 왕이 된다면 그가 펼치는 정치는 당연히 문치주의文治主義(학문과 법 제도로 세상을 다스리는 일)가 될 것임이 분명했다.

세종은 유교 사상·역사·지리·풍습 등에 관한 서적의 편찬 사업을 중시했다. 이런 일들을 연구하는 학자들을 왕실 연구 기관인 집현전集賢殿에 집결시켰다. 이들 학자들 중에서 특히 우수했던 인재가 신숙주申叔舟, 성삼문成三問, 박팽년朴彭年 같은 이들이었다. 세종은 이러한 당대 제일의 인재들의 의견을 받아들이며 '문文을 존중하는 나라'의 골격을 세

세종대왕

갑인자 동활자본. 갑인자는 세종의 명으로 정밀한 관측기기를 제작하는 기술자들이 만든 것으로 그 활자의 모양이 바르고 글자의 크기가 고르게 조립되었다. 우리나라의 활자 인쇄술은 세종 때 이 갑인자에 이르러 고도로 발전하였다.

위 나갔다.

그 문치정치의 금자탑이 민족 고유 문자인 훈민정음의 창제였다. 신라 시대 때 일부 지방에서 이두吏讀 문자를 사용하기는 했으나 그때까지 주로 사용한 문자는 한자였다. 한자는 백성들이 사용하기에 많이 불편했다. 우선 입으로 하는 말을 정확하게 발음할 수 없었다. 그래서 일반 백성들의 학문 수준으로는 배워 이를 써먹기가 힘들었다.

결과적으로 한자는 특권계급이 사용할 수 있는 문자로 한정되었으므로 백성들에게는 일상생활에서 쉽게 사용할 문자가 없었다. 얼마나 불편한지는 지금 한글을 자유자재로 사용하는 우리들은 상상할 수 없을 것이다.

백성을 사랑하는 세종 임금은 무엇보다 그것이 가슴 아팠다. 그래서 세종은 배우기 쉽고 사용하기 편리한 고유문자 창제에 몰두했다. 그 성과는 바로 1443년(세종 25)에 완성하고 1446년(세종 28)에 공포한 훈민정음이었다. 이 문자는 그동안 사용해 온 한자와는 비교도 안 될 정도로 쉽게 배울 수 있었다. 정말 획기적인 문자였다.

그런데 창제 당시에는 세종의 소망과는 달리 일반 백성들에게 널리 퍼지지 않았다고 한다. 한자를 습득한 특권계층이 자신들의 기득권이 위협받는 것을 두려워하여 훈민정음의 보급을 막았기 때문이다.

오히려 훈민정음이 '위대한 문자'라는 뜻을 지닌 '한글'이라는 이름으로 국민들에게 널리 퍼지게 된 것은 컴퓨터가 도입된 디지털 시대부터이다. 컴퓨터 자판을 쳐서 마음대로 글을 쓰고 여러 가지 인식을 문자로

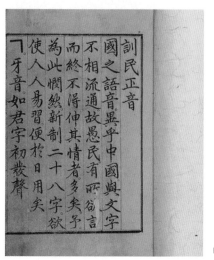
『훈민정음』 서문

입력하고 휴대전화로 메시지를 마음대로 보내는 일을 할 수 있는 언어
는 아마 전 세계에서 한글이 거의 유일할 것이다. 이 문자의 보급과 함
께 세종의 명성은 하늘 높은 줄 모르고 치솟아 올라 지금은 조선왕조 최
고의 성군이라는 존경을 받고 있다.

그러나 아직도 훈민정음을 창제하는 과정에서 세종이 어느 정도로 관
여했는가 하는 문제에 대해서는 정설이 없는 것 같다. 때문에 "세종이
단독으로 만들었다" "세종의 지시로 학자들이 만들었다"는 논쟁이 계속
되고 있다.

따를 것이냐 버릴 것이냐

1450년(세종 32) 2월, 세종은 53세의 나이로 세상을 떠났다. 세종의 뒤를 이은 왕은 세종의 장남인 제5대 문종이다. 문종은 36세 때 왕위에 올랐다.

문종은 아버지를 빼닮은 독서가이자 학식이 뛰어난 지적인 왕이었다. 그래서 세종의 만년에는 왕을 대신해서 정치에 관여하기도 했고 명군名君이 될 소질도 다분히 보였다.

그러나 결정적인 흠이 있었다. 병약한 체질이 문제였다. 실제로 왕위에 오른 후에는 하루가 다르게 몸 상태가 나빠지다가 겨우 즉위 2년 만에 자리보전하고 눕게 된다. 회복하여 일어날 가능성은 전혀 없었다. 죽음을 눈앞에 둔 문종에게 한 가지 마음에 걸리는 일이 있었다. 무엇보다도 뒤를 이을 세자의 나이가 아직 11살, 너무 어리다는 점이었다. 그 나이로는 안정적으로 왕권을 유지하기 힘들었다. 게다가 세종의 둘째 아들이자 문종의 동생인 수양대군이 권력에 대한 정치적인 야심을 노골적으로 드러내고 있었다.

'어떻게 해서라도 동생 수양을 견제해야 한다.'

이런 데 생각이 미친 문종은 병상에서 조정의 최고참이라고 할 수 있는 김종서金宗瑞와 황보인皇甫仁에게 아들을 지켜 줄 것을 당부했다.

이 인사는 현명했다. 김종서는 북쪽 야만족의 침공에서 국토를 지켜 낸 장군이자 영웅이었다. 당시 조선에서 가장 용맹한 무장이라는 평을

(위) 제사를 올리는 사당
(아래) 세종대왕릉

얼은 인물이기도 했다. 또한 황보인은 의를 지키는 전형적인 충신이었다. 그래서 더욱 후사를 믿고 맡길 수 있는 대신들이었다.

그들에게 후사를 맡긴 문종은 1452년(문종 2)에 숨을 거두었다. 그리고 곧바로 11세의 어린 장남이 제6대 왕이 되었다. 이 소년이 바로 단종 임금이었다.

그때부터, 문종이 염려했던 대로 수양대군은 의심스러운 행동을 하기 시작했다. 수양대군은 문종에게서 후사를 부탁받은 영의정 황보인과 좌의정 김종서에게 적의를 품고 있었다. 어리디 어린 왕의 보좌를 핑계 삼아 온갖 정치권력을 독점하고 있다고 간주한 것이었다. 그것은 수양대군 같은 왕족의 왕권이 약화되는 것을 의미했다.

수양대군은 스스로에게 다짐했다.

"왕권을 강화하여 관료들이 설치는 것을 용서하지 않겠다. 그러기 위해서는 내가 왕이 되는 것이 가장 낫다."

동성애자가 된 세자빈 문종의 비

문종(제5대)은 1414년에 세종(제4대)의 장남으로 태어났다. 나중에 현덕왕후 권씨에게서 아들을 얻지만 권씨 이전의 아내였던 여성들은 모두 불행하게 살았다.

문종이 첫 아내를 맞은 것은 13살 때였다. 상대는 4살 연상이고 미인이라는 평판이 높았던 김씨였다. 같은 10대라도 13살짜리 소년과 17살 난 소녀는 생각이 완전히 다른 법이다. 김씨는 성에 이미 눈을 떠 빨리 아이를 가지고 싶다고 생각하고 있었다. 그러나 문종은 아직 육체적으로 성숙하지 못한 소년이어서 아내인 김씨와 동침하려고 하지 않았다. 문종은 다음 왕위에 오를 세자의 신분이었다. 그래서 문종의 아이를 낳는다면 그 아이가 세손世孫으로 지명받을 게 틀림없었다. 그래서 김씨는 초조해하기 시작했고 그러다가 말도 안 되는 행동을 저지르고 말았다. 수상한 약에 손을 댄 것이었다. 이 일은 곧 발각되었다. 그것도 실제보다 훨씬 과장된 내용으로 번졌다. 이렇게 일이 커지자 왕실은 그녀를 더 이상 궁에 머무르게 하지 않았다. 그녀는 친정으로 쫓겨나고 말았다. 이 일에 대해 가장 크게 분노한 사람은 김씨의 아버지였다. 그는 가문의 수치라고 여겨 딸을 죽이고 자신도 자살했다.

두 번째 아내는 봉씨였다. 하지만 문종은 아직도 여자의 몸에 흥미를 가지지 않았다. 따라서 김씨 때처럼 봉씨를 가까이 하려고 하지 않았다. 봉씨는 오기가 있는 여인이었다. 처음에는 왕자가 곁에 오거나 말거나 씩씩하게 행동했지만 그녀도 여인인지라 독수공방을 견디지 못하게 되었다. 그 결과 시중을 드는 여인과 동성애에 빠지고 말았다. 당연한 일이지만 이 일이 발각되자 봉씨 역시 궁에서 쫓겨났다. 친정으로 갔지만 한 번 세자빈이 되었던 여성은 절대로 재혼도 할 수 없었다. 여인으로서 어떤 희망도 보이지 않았다.

그러면 문종에게 사랑받고 세자를 낳을 수 있었던 현덕왕후 권 씨는 행복했을까. 그렇지도 않았다. 그녀도 아이를 낳은 지 얼마 지나지 않아 세상을 떴기 때문이다. 문종에게는 여덟 명의 후궁이 있었다. 그러나 이 후궁 중에서 누구도 정비 권 씨가 죽은 후에 정실로 들이지 않았다.

김종서와 황보인의 거침없는 행보

수양대군은 호시탐탐 기회를 엿보며 권력을 휘어잡을 때를 노리고 있었다. 황보인과 김종서가 권력을 독점하는 상황에 불만을 품은 일부 고관들이 수양대군의 주변으로 모여들기 시작했다. 그중에는 한명회韓明澮와 신숙주申叔舟도 있었다. 계속 무시할 수 없는 인물들이 차례차례 수양대군 주위로 모여들었다. 그들은 공적을 세우는 데만 관심을 가지고 있었으나 수양대군은 그런 인물까지도 거두어들여 진영을 착착 가다듬어 갔다.

수양대군이 이런 움직임을 보이는 데 비해 황보인과 김종서는 안평대군이 뒤를 봐주고 있었다. 안평대군은 세종의 셋째 아들로 수양대군의 바로 아래 동생이었다. 형과 아우의 성격은 완전히 달랐다. 수양대군은 무예를 선호했지만 안평대군은 학문에 집중하는 조용한 인물이었다.

이렇게 하여 수양대군파와 안평대군파의 대립 구도가 형성되었다. 양쪽의 충돌은 피할 수 없었다. 수양대군은 언제 정치적 의도를 밖으로 공표하고 궐기해야 할는지 시기를 저울질하였다.

1453년(단종 1) 10월 10일 아침, 수양대군은 자택에서 동지들과 함께 심한 격론을 벌이고 있었다. 당장 무슨 일이라도 할 것 같다가도 막상 때가 닥치면 우유부단해지는 사람들이 많았다. 그들 중에는 실패했을 경우의 변명거리를 만들어 놓고 한 발 빼 도망치려고 하는 비겁한 인물들도 있었다. 예를 들어 권람이 천거한 한 선비는 이렇게 말했다.

"나라의 중대사에 도움이 되고 싶기는 하지만 지금은 어쨌든 상중이니 궐기에 참여하기는 어렵습니다."

권람은 이를 괘씸하게 여겼다.

"선비란 자신을 이해해 주는 사람을 위해 죽을 수 있는 사람입니다. 수양대군은 만 번 죽을 각오를 하고 계획을 단단히 세워 나라를 위해 의를 세우고자 하십니다. 충과 효의 길은 하나입니다. 물러나지 말고 큰 공적을 세워야 합니다."

이는 권람이 그 장소에 있던 모든 사람들에게 하는 말이기도 했다. 그러나 동지들의 결속이 단단하다고 말하기는 힘들었다.

수양대군은 스스로에게 말하는 듯한 강한 어조로 말했다.

"지금 간신 김종서가 권력을 휘두르고 정치를 자기 소유물인 양 행동하고 있소. 사악한 마음이 나날이 더해가는 형편이니 지금이야말로 충신들이 힘을 합쳐 대의를 발휘할 때입니다. 내가 앞장서서 놈들을 없애고 조정을 안정시키고자 하는데 여러분들은 어떻게 생각하시는가?"

수양대군이 이렇게까지 말하자 모두들 입을 모아 지당하다고 대답했다. 하지만 남몰래 도망치는 이가 아예 없는 것은 아니었다. 이런 애매한 분위기 때문에 수양대군의 결심도 흔들렸다. 한명회가 그런 표정을 놓치지 않고 수양대군을 강하게 몰아붙였다.

"길옆에 집을 세우고자 하면 몇 해가 지나도 완성하지 못합니다. 작은 일도 그러한데 대사는 어찌하겠습니까. 만약 논쟁이 정리되지 않는다면 그만두실 수 있습니까. 대군께서 먼저 움직인다면 분명 모두들 따를 것입니다."

그 말에 이어 홍윤성이 나섰다.

"군을 움직일 때 가장 나쁜 건 결단을 내리지 못하는 일입니다. 사태가 급박하게 돌아가는데 상의만 하고 있으면 어쩌실 겁니까."

궐기파가 이렇게 수양대군을 재촉하자 신중파는 그의 소매를 잡고 단념시키고자 했다. 그 순간 수양대군이 분노를 참지 못하고 버럭 소리를 질렀다.

"이제 너희들에게 의지하지 않겠다."

그렇게 딱 잘라 말한 수양대군은 자신을 막는 자들을 발로 걷어찼다. 그러고는 흥분한 어조로 말했다.

"지금 내 몸에 조정의 운명이 걸려 있다. 따를 자는 따라라. 도망치고자 하는 자는 가도 좋다. 강요하지 않겠다. 처음에 치는 천둥은 귀로 판단할 수 없다. 군은 신속함이 생명이다. 나는 바로 도적을 잡으러 갈 것이다."

이제 수양대군의 결심은 확고해졌다. 그는 종을 몇 명 데리고 김종서의 집으로 향했다. 그 뒤를 사람들의 눈을 피해 추종자들이 엄호했다.

수양대군, 드디어 칼을 빼다

해가 저물고 있었다. 김종서의 집은 서대문 부근에 있었다. 수양대군이 김종서의 집 문 앞에 당도하자 남자애들 몇이 모여 즐겁게 이야기를 하고 있었다. 그중에는 김종서의 아들 승규도 있었다.

수양대군은 종자 두 명을 거느리고 승규에게 다가갔다. 종자들은 검과 철퇴를 옷 속에 숨기고 있었다. 수양대군은 승규에게 김종서를 만나고 싶으니 연락해 달라고 말했다. 승규가 집 안으로 들어가고 잠시 후에 김종서가 안채에서 나왔다. 그는 수양대군이 집 안으로 들어오지 않는 것을 수상쩍게 생각했다.

"집 안으로 들어오시지요."

김종서가 권하는 말을 듣는 둥 마는 둥 수양대군은 고개를 저었다. 김종서의 집 안에는 필시 많은 무사가 있을 것이라고 예상하고 집 안으로는 들어가지 않는 게 좋겠다고 생각하며 머뭇거렸다. 수양대군은 해가 저물었다는 것을 변명 삼았다.

"날도 어두웠으니 안으로 들어가는 건 실례지요. 단지 한 가지 청이 있어서…."

수양대군이 그렇게 말했지만 김종서는 집 안으로 들어올 것을 몇 번이고 반복하며 권했다. 하도 거절하니까 김종서도 어쩔 수 없다는 표정으로 수양대군에게 다가갔다. 수양대군은 신중하게 주위를 둘러보고 말을 시작했다. 때마침 머리에 두른 사모紗帽의 각角이 떨어져 있는 것을 발견하고는 이를 화제로 삼았다.

"사모의 각을 잠깐 빌리고 싶습니다만…."

이 말을 들은 김종서가 자기가 쓰고 있던 사모에서 각을 빼어 수양대군에게 건넸다. 각을 건네받은 수양대군은 김종서 측이 일부 왕족들에 대한 예우가 소홀하다는 것을 화제로 꺼냈다. 김종서는 그 화제가 내키지 않는 듯 대답하지 않았다.

수양대군은 점점 초조해졌다. 김종서의 틈을 노려 데리고 온 종자들이 공격하려고 했지만 김종서가 의심의 시선을 거두지 않고 잔뜩 경계를 늦추지 않으며 수양대군에게 가까이 다가오지 않은 탓이었다.

문 앞에는 이 광경을 바라보는 김종서의 지인 몇 사람이 무료하게 서 있었다. 그들을 보고 더욱 조바심이 난 수양대군이 강한 어조로 말했다.

"장군과 단둘이 긴히 나눌 이야기가 있으니 너희들은 자리를 비키거라."

주위 사람들을 모두 물리고 수양대군은 김종서에게 다가갔다.

"실은 대감께 청하는 내용을 적은 서한이 있습니다."

김종서는 수양대군이 건네준 서한을 펼쳤지만 날이 어두워 잘 읽을 수 없었다. 그래서 달빛에 비춰 서한을 읽으려고 했다.

이때다! 수양대군은 이 순간을 놓치지 않았다. 그가 신호를 보내자 수양대군의 종자들이 숨기고 있던 철퇴를 꺼내 김종서를 향해 내리쳤다.

불시의 기습을 받은 김종서는 고목나무처럼 땅에 쓰러졌다. 이변을 눈치 챈 김종서의 아들 승규가 쓰러진 아버지의 몸을 몸으로 감쌌다. 그러자 수양대군의 다른 종자가 칼을 빼 김종서 부자에게 휘둘렀다.

한순간의 일이었다. '호랑이'라는 별명을 가진 백전노장이었지만 김종서는 설마 수양대군이 집 앞에서 자신을 공격하리라고는 생각하지 못했던 것이다. 아니, 어느 정도는 예측했더라도 날이 저물어 긴장이 약간 풀어지는 순간 허를 찔리고 말았는지도 모른다.

김종서 부자를 살해한 수양대군은 곧바로 왕궁으로 가서 단종을 만났다.

"황보인과 김종서는 전하가 어리다는 것을 빌미로 안평대군을 왕으로 세워 이 나라를 집어삼키려는 계획을 세우고 있었습니다. 따라서 제가 김종서를 처단했습니다. 그러나 아직 황보인이 남아 있습니다. 그자도 처벌해야 합니다."

수양대군은 이렇게 말하고 단종에게 문무 대신들을 모두 입궐하라는 왕명을 내리도록 요청했다. 김종서가 수양대군에게 살해당한 사실을 안 단종은 두려움에 떨며 수양대군의 손을 잡고 "숙부님, 살려 주세요"라고 간청했다. 이미 허울뿐인 왕이었고 겁먹은 소년일 뿐이었다.

왕명이 내려지자 조정의 실세들인 문무 대신들이 차례차례 입궐하기 시작했다. 한명회는 책략을 세워 일부러 좁은 문으로 대신들이 들어오도록 손을 썼다. 그렇게 한 명씩 문을 빠져나오는 사이 그동안 수양대군에게 비판적인 행동을 했던 대신들을 한 명씩 그 자리에서 처단했다. 황보인도 아무런 저항을 하지 못한 채 살해당하고 말았다.

그 결과, 조정은 수양대군에게 아부하는 추종 세력들의 차지가 되었다. 수양대군 본인도 영의정, 이조판서, 병조판서를 겸하게 되었다. 말하자면 조정의 요직을 독점한 것이다. 이미 수양대군에게 이의를 제기하던 관료들은 더 이상 궁에 머물지 못했다. 또한 김종서와 황보인에게

속은 책임을 물어 안평대군은 강화도로 유배했다가 결국 죽였다.

이것이 바로 역사에 기록된 '계유정난癸酉靖難'이었다. 계유는 1453년, 정난은 국난을 평정했다는 의미이다. 이 명칭은 아무래도 승자인 수양대군 쪽의 평가일 것이다.

실패할 수밖에 없는 단종 복위 운동

계유정난으로 사실상의 정권을 단숨에 잡은 수양대군은 1455년 윤 6월에 단종을 상왕으로 추대하고 자신이 왕위에 올랐다. 세종의 둘째 아들로 태어난 세조, 형이 제5대 문종으로 즉위한 시점에서는 세조가 왕이 될 가능성은 거의 사라졌었다. 그러나 세조는 강제적이고 불법적인 수단을 사용해서 어린 조카를 위협하여 왕위를 찬탈하였다.

세조가 왕위에 오른 뒤에도 그를 비판하는 세력은 줄지 않았다. 줄기는커녕 오히려 점점 커졌다. 그 중심에 있는 인물들이 바로 집현전 출신의 유능한 학자들이었다. 그중에서 특히 성삼문은 따르는 사람들도 많았다. 성삼문은 유교 사상적인 대의명분을 추구하는 동지들을 모아 단종 복위를 꾀하는 은밀한 집단행동을 시작했다.

세조를 암살할 준비도 했다. 그러나 암살 계획은 실패하고 주모자 격인 성삼문을 포함한 여섯 명의 젊은 선비들이 처형당하고 말았다. 여섯 명이 고문을 받을 때, 세조는 하나같이 유능한 이들의 재능을 아까워하

(위) 서울 노량진동 사육신공원 안에 있는 사육신묘
(아래) 강원도 영월에 있는 단종의 능 장릉

여 "나를 왕으로 인정하면 죄를 묻지 않겠다"는 조건을 내걸었지만 이들은 마지막까지 세조를 왕으로 인정하지 않고 죽음을 택했다. 이처럼 자신의 신념을 관철하고 처형당한 여섯 명을 후세에서는 사육신死六臣이라고 부르며 그 충성심을 기리고 있다.

단종 복위를 노린 것은 이들 사육신뿐만이 아니었다. 세종의 아들이자 세조의 동생인 금성대군도 형에게 반기를 들고 조카에게 왕위를 돌려주려고 움직였지만 사전에 발각되어 처형당했다.

그 후로도 단종 복위 소동은 몇 번인가 더 있었다. 하지만 이런 움직임은 오히려 단종의 입장을 더욱 불리하게 만들었다. 세조로서는 단종이 살아 있는 한 이와 같은 일들이 계속 일어나지 않을까 불안해하게 되었다. 결국 세조는 단종을 평민의 지위로 격하시키고 마지막에는 죽이고 말았다. 1457년(세조 3)의 일로, 단종의 나이 겨우 17세 때였다.

단종의 명예가 회복된 것은 사후 200여 년이 흐른 제19대 숙종 때였다. 그동안 단종은 역대 왕으로 인정받지 못하고 죄인 취급을 받았다. 우리가 '비운의 왕 단종'이라고 부르는 이유이다.

끝없는 현덕왕후의 저주

세조는 자신이 왕위에 오르기 위해 조정을 온통 피로 물들였다. 아무리 이유를 그럴싸하게 꾸민다고 하더라도 그의 행위는 정당화할 수가 없

『경국대전』의 표지

다. 그러나 이런 과정을 제쳐 두고 왕이 된 이후의 세조만 보자면, 백성들에게는 이해심 깊은 왕이었다. 백성들이 불만을 상소하기 쉽도록 제도를 정비한 것이 대표적인 예이다.

또한 세조는 모든 제도를 개혁하려는 열의에 불탔다. 그래서 관제 개편, 군비 증강, 민생 안정에 힘을 기울였다. 조선왕조의 기본 법전인 『경국대전經國大典』 편찬 사업도 세조가 시작했다.

단지 한명회를 포함한 계유정난 공신들을 너무 우대한 일이 훗날 두고두고 화근이 되었다. 대부분의 공신들이 권력을 이용해 정치 부패에 일조한 것이다. 그들을 가리켜 흔히 '훈구파勳舊派'라고 부른다. 훈구파를 규탄하며 합리적인 논리를 중요시하는 선비들은 '사림파士林派'였다. 이 훈구파와 사림파의 대립이야말로 조선왕조의 병폐로 대두된 당쟁黨

爭의 시작이라고 할 수 있다.

세조는 1468년(세조 14)에 51세의 나이로 세상을 떠났다. 만년에는 고약한 피부병 때문에 오랫동안 고생했다. 야담에는 세조가 꿈속에서 현덕왕후 권씨가 뱉은 침에 맞은 것이 원인이라는 이야기가 그럴듯하게 떠돌았다. 현덕왕후 권씨는 단종의 어머니이다. 그녀는 단종을 낳은 지 며칠 만에 죽었다. 그런데 그녀가 세조의 꿈속에 종종 나타나 세조를 꾸짖었다는 것이다. 불행하게도 세조의 아들 두 명은 모두 19세의 젊은 나이로 요절했다. 이것을 가리켜 '현덕왕후의 저주'라고 말하는 사람들도 많다.

공주의 남자는 진짜 누구?

드라마 〈공주의 남자〉의 모티브는 19세기 유학자 서유영徐有英이 지은 『금계필담錦溪筆談』에서 따왔다. 서유영 자신이 직접 들은 민간설화들을 정리한 책이다. 『금계필담』에 수록된 내용을 소개한다.

세조에게는 정의감이 투철한 딸이 있었다. 그녀는 아버지가 왕위에 오르기 위해 많은 사람들을 죽인 것을 납득하지 못하고 아버지의 행동을 조목조목 비판했다. 이 사실을 알게 된 세조가 크게 화를 냈고 그때부터 아버지와 딸의 관계는 나빠지기 시작했다. 이를 걱정한 어머니 정희왕후는 유모에게 패물을 주며 차라리 딸과 함께 도망치라고 명령했다.

두 사람은 한양을 벗어나 깊은 산속으로 들어갔다. 배고픔을 견디지 못해 고통스러워하던 때 쌀을 갖고 있는 젊은이와 만나게 된다. 남자의 정체를 묻자 그는 정변을 피해 숨어 사는 사람이라고만 대답했다. 두 사람은 품격 있는 젊은이에게 끌려 함께 살게 되었고 1년 후 결혼을 했다. 그때 처음으로 두 사람은 서로 김종서의 손자와 수양대군의 딸이라는 것을 알게 되었다. 그들의 집안은 서로 정치적 대립 관계의 원수지간이었지만 과거의 일은 묻지 않고 힘을 합쳐 살아갔다. 아이도 태어났으며 가정은 화목했다.

많은 세월이 흘러 늙어 가는 세조는 지난 날을 참회하며 살고 있었다. 그는 전국 각지의 절을 찾아다니며 불공을 드리던 도중에 자신과 빼닮은 소년을 보았다. 그래서 세조는 이 소년에게 어머니가 누구냐고 물었는데, 놀랍게도 자신의 딸이었다. 딸이 틀림없이 죽었다고 생각하고 있던 세조는 친딸과 눈물로 재회하며 기뻐했다. 세조는 딸의 남편이 김종서의 손자라는 사실도 알게 되었지만 아무것도 묻지 않고 오히려 사위를 관직에 봉하려고 마음먹었다. 다음 날 아침, 세조는 딸 내외와 함께 한양으로 가기 위해 가마와 말을 보냈다. 하지만 딸과 사위는 모습을 감춘 뒤였다. 그 이후 소식은 완전히 끊기게 되었다.

이상이 『금계필담』에 수록된 내용이다. '김종서의 손자와 수양대군의 딸이 부부가 되었다'고 분명하게 적혀 있다. 이것을 〈공주의 남자〉 작가는 '김종서의 아들과 수양대군의 딸'로 바꾸어 흥미진진한 가공의 스토리를 펼쳐 나간 것이다.

드라마 〈공주의 남자〉의 대히트로 새롭게 알려진 인물은 문종의 딸인 경혜공주다. 경혜공주는 문종이 살아 있을 때 궁중에서 화려한 생활을 누리다가 남동생 단종이 왕으로 즉위한 뒤에는 왕의 누이로서 강한 영향력을 가지고 있었다. 하지만 단종이 세조(수양대군) 때문에 죽은 뒤에는 경혜공주도 비참한 운명을 맞아야 했다. 세조는 경혜공주를 바로 노비 신분으로 전락시켰다. 엄격한 신분제도 사회인 조선 시대에 공주에서 노비로 떨어지는 일은 상상할 수도 없는 비극이었다.

순천의 관비가 된 경혜공주에게 그곳 부사가 사역을 시키려 하자 공주는 이에 굴복하지 않고 이렇게 외쳤다고 한다.

"나는 공주다!"

공주는 이런 당당한 행동 덕분에 구원받는다. 따라서 경혜공주가 노비였던 시기는 그리 길지 않았다.

경혜공주의 남동생인 단종을 죽인 세조는 이 때문에 노비로 전락한 경혜공주를 생각하면 양심의 가책을 느껴야 했다. 그래서 결국 노비 신분인 경혜공주를 용서하고 다시 궁궐 가까이에 살도록 했다.

경혜공주의 남편이 반역자로 유배당한 뒤 공주에게는 아들과 딸이 남았다. 아이들이 자라나 복수할 것을 두려워한 관료들은 아들을 처형해야 한다고 주장했다. 그러나 이미 세조가 죽은 뒤였다.

세조와 예종에 이어 제9대 왕이 된 성종은 1469년에 겨우 13살의 나이로 즉위했다. 따라서 세조의 정비였던 정희왕후 윤씨가 실질적으로 정치를 관장하고 있었는데, 그녀는 경혜공주의 아들에게 죄를 물어 죽여야 한다는 관료들을 꾸짖으며 명령했다.

"앞으로 다시 이 일을 언급한다면 그자에게 엄히 죄를 물을 것이다."

정희왕후 윤씨는 왜 남편 세조와 달리 경혜공주와 그 아들을 감쌌을까. 남편이 경혜공주의 남동생에게서 왕위를 빼앗은 일에 대한 사죄였을까. 그녀의 진의를 밝히는 기록은 없다.

경혜공주는 1473년(성종 4)에 39세의 나이로 세상을 떠났다.

왕비에 대해 궁금한 것 10가지

왕비를 뽑는 3단계 간택 절차

조선왕조는 왕비와 후궁을 어떻게 뽑았을까?

왕비를 결정하는 절차를 '간택揀擇'이라고 한다. 원래 간택은 왕비와 왕세자로 정해진 왕자의 세자비를 고르는 경우를 가리키는 절차였다. 그 이외에는 상궁 등을 관리들과 양반 집안으로 파견하여 선택하게 했지만 제14대 선조 때부터는 서자 출신 처녀들도 왕궁으로 불려 와 왕 스스로 왕비를 간택하였다.

왕비를 간택하는 절차는 다음과 같다.

우선 전국 양반 집안의 9살~17살 처녀들을 대상으로 결혼 금지령을 내린다. 그 다음 이 처녀들을 왕비 후보로 조정에 신고하여 명부를 작성한다. 그런 다음 조정에서는 날을 잡아 이 처녀들을 왕궁으로 불러들여

최종적으로 세 명의 후보를 고른다. 마지막 간택은 왕 앞에서 이루어지고, 그 이후 대신들도 포함한 협의를 거쳐 최종적인 판단을 한다. 이런 3단계 간택 절차가 끝난 뒤에야 비로소 결혼 금지령이 해제된다.

간택 대상이 되는 처녀를 조정에 신고하는 것은 자유의지가 아니라 의무였다. 만약 신고하지 않을 경우에는 엄중한 처벌을 받았다.

간택에 참여했던 처녀에게는 혹독한 미래가 기다리고 있었다. 최종 간택 과정까지 가서 떨어진 처녀는 다른 데로 시집갈 수 없기 때문이었다. 후궁으로 들어가거나 평생 독신으로 살아야 하는 인생을 선택할 수밖에 없었다.

왕과 인연을 맺는 것을 꿈꾸는 처녀들도 많았지만 반드시 모두 왕비가 되려고 하지는 않았다. 간택은, 국가적 대사라고는 하지만 여기에 참여했던 많은 처녀들에게 지울 수 없는 상처를 남기는 나쁜 제도이기도 했다.

예외도 있었다. 조선왕조의 왕가인 이씨 성의 여성, 대왕대비와 동성동본은 5촌 이내, 왕대비와 동성동본은 7촌 이내, 다른 성이라면 6촌 이내 등 일부 조건을 충족하는 자는 왕비 간택 대상에서 예외로 분류했다. 또한 처녀의 부모가 치료하기 어려운 중병을 앓고 있는 경우나 위독한 경우, 편부모인 경우도 대상에서 제외했다.

실제로 간택에서 선출되는 처녀들은 간택이 진행되던 당시의 정권 실세들의 의도가 반영되는 경우가 많았다. 간택이라는 공개 형식을 취하기는 했지만 말하자면 짜고 치는 고스톱처럼 '결과가 정해진' 케이스도 많았던 것이다.

혹독한 왕비 수업

최종적으로 간택된 처녀는 그날 안으로 왕실에서 준비한 별채에 들어가 혼례를 올리기 전까지 왕비가 되기 위한 사전 교육을 받는다. 무사히 혼례를 마친 다음에는 종묘에 들러 조상들에게 보고를 드린다. 그러고는 명나라 황제에게서 고명誥命(임명장)을 받고 왕비의 예를 올린 후에야 비로소 정식 왕비가 되는 것이다.

이처럼 왕비가 되려면 까다로운 여러 가지 절차를 밟아야 했다. 정식으로 왕비가 된 후에도, 왕의 아내로서 왕을 돕는 일은 물론이고 의례와 제사 등 궁중의 여러 가지 일을 도맡아 처리해야 했다.

선대先代 왕의 어머니인 대왕대비, 선대왕의 왕비인 대비 등 모셔야 할 왕실의 어른이 살아 있다면 그 시중을 들어야 함은 물론 왕자를 생산한 후에는 왕자의 교육을 수행하는 일도 게을리하지 않아야 했다.

이렇게 열거하다 보니 왕비가 해야 할 역할이 상당히 많다. 게다가 왕비의 입장에 따라, 다시 말하면 왕(남편)이 하기에 따라 역할이 달라지곤 했다.

후궁 중에서 왕의 총애를 받는다면 후계를 둘러싸고 불꽃 튀기는 싸움도 벌여야 했다. 질투의 대상이 되거나 정쟁政爭에 휘말려 목숨을 잃을 수도 있기 때문에 정세에 계속 신경을 쓸 필요도 있었다. 왕비라는 자리는 정신적으로 강한 여성이라야 소임을 다할 수 있는 험난한 자리였던 셈이다.

왕이 일찍 세상을 뜬 후 자기가 낳은 아들이 왕이 된다면 비록 치마 두른 여자지만 섭정을 통해 권력을 휘두를 수도 있었다. 실제로 조선왕조 때는 권력을 쥐고 정치를 좌지우지한 여걸 스타일의 왕비들이 몇 명 있었다.

다만 유교를 중시하던 조선왕조 시대는 어디까지나 남성 중심 사회였기 때문에 이러한 여걸 스타일은 훗날 '악녀'나 '요부'라는 낙인이 찍히게 되는 경우가 많았다.

왕비 간택을 위한 세 번째 테스트인 '삼간택三揀擇'에서 인덕과 가문, 외모를 겸비한 마지막 한 명을 골라 마침내 정실인 왕비가 결정되었다. 그러나 선택된 처녀는 기뻐할 새도 없이 바로 별궁으로 보내졌다. 그곳에는 왕비가 되기 위한 엄격한 훈련이 기다리고 있었다. 훈련은 상궁이 맡았다.

왕비가 결정되면 이내 결혼 금지령을 해제했다. 그리고 후보자로 나섰던 처녀들도 다른 남성과 결혼할 수 있었다. 최종 삼간택에 올랐다가 왕비가 되지 못한 다른 두 명의 처녀는 평생 결혼할 수 없어서 후궁으로 궁에 들어가는 케이스가 많았다.

왕비는 좋은 양반 집안의 딸들 중에서만 선택했지만 후궁은 서민의 딸이나 기생 같은 여러 계층의 여성들도 될 수가 있었다. 물론 궁 안에서 왕의 눈에 띄어 일약 후궁으로 발탁되는 궁녀들도 적지 않았다.

왕비(세자빈)를 정하면 그 처녀의 아버지는 부원군府院君이 된다. 그리고 친정어머니는 부부인府夫人으로 신분이 높아진다.

왕비의 결혼 초야

왕과 왕세자, 왕세손 등 왕위를 물려받는 왕족의 결혼식은 '가례嘉禮'라고 한다. 가례는 '납채納采''납징納徵''고기告期''책비冊妃''친영親迎''동뢰同牢' 등의 여섯 가지 순서로 이루어진다.

왕의 결혼이 결정되면 가례도감嘉禮都監이라는 임시 관청을 설치하고 맨 먼저 길일을 잡아 선대 왕들이 모셔진 사직社稷에 참배하고 '결혼한다'는 보고를 올린다.

그 다음에는 왕비의 친정에 구혼 메시지 성격의 납채, 결납품結納品(검은 비단 여섯 필·붉은 비단 네 필)을 보내는 납징 의식을 진행한다. 일반 가정에서 가례를 행하기에는 장소가 좁으므로 왕비가 가례 전에 왕비 수업을 받으며 생활하고 있는 별궁을 친정이라고 보고 가례 순서를 진행한다. 납채에는 반드시 원앙 모양의 장식품을 보내야 한다. 이유는 원앙이란 새는 한평생 상대를 바꾸지 않는 것은 물론, 설령 상대방이 죽더라도 죽을 때까지 새로운 상대를 맞아들이지 않는다고 하여 부부애의 상징으로 인식되어 있었기 때문이다.

결혼 날짜가 정해지면 그것을 별궁으로 전하는 고기 의식과 왕이 왕비를 책봉하는 책비 의식을 진행한다.

이 모든 순서가 끝나면 비로소 왕은 별궁으로 행차하여 왕비를 맞아들이는 친영 예식을 갖는다. 친영은 결혼식의 모든 의식 중 가장 중요한 하이라이트인데, 왕의 친척과 문무백관들이 모두 참석한다. 왕자가 별궁에 입장하면 의식을 시작하여 두 사람이 부부가 될 것을 서약하고 합환주合歡酒를 나누며 평생의 동반자로 맞이할 것을 약속한다.

SBS 드라마 〈여인 천하〉에서는 문정왕후 윤씨가 제11대 중종의 세 번째 비가 될 때, 역대 왕 중 처음으로 이 친영 예식을 거행했다고 소개하였다. 첫 번째 왕비 단경왕후 추방, 두 번째 장경왕후의 별세라는 불행 끝에 문정왕후가 왕비의 자리를 잇는 첫 번째 친영 의식이라는 뜻이었다.

친영 예식이 끝났다고 해서 결혼식이 아주 끝난 건 아니었다. 문정왕후의 경우, 그 다음 날 대비의 명령으로 좁은 대조전大造殿(침실)이 아닌 선정전宣政殿(편전)에서 왕비 탄생을 축복하는 연회가 열렸다. 원래 선정전은 왕이 신하를 접견하는 집무실이기 때문에 이는 궁중 법도에 어긋나는 일이었다. 그런데도 연회를 할 수 있었던 것은 문정왕후가 젊지만 사람을 압도하는 위세를 지녔기 때문이라고 알려진다. 이때부터 '문정왕후가 국정을 좌지우지하고 권력을 장악할 조짐이 보이기 시작하였다'고 『조선왕조실록』은 적고 있다.

친영 예식을 마친 후 왕비는 궁중으로 출가하여 동뢰를 행한다. 동뢰

창덕궁 선정전, 왕의 집무실

는 신랑과 신부가 서로 식사와 술을 나누어 먹은 뒤 초야初夜(첫날밤)를 치르는 의식이다. 이 첫날밤에는 친정에서 신부를 따라온 유모가 왕비에게 성교육을 실시하고, 왕은 실전 교육이라는 명목으로 상궁을 상대로 하룻밤을 보낸다.

SBS 드라마〈왕과 나〉에서는 제9대 성종이 초야 교육을 받는 에피소드가 나오는데, 기생으로 하여금 궁중에서 전해져 오는 춘화春畵대로 부부 행위를 실전에 옮기는 생생한 장면도 있었다. 이 정도로 조선왕조 때 궁중에서는 철저한 성교육을 했다고 짐작할 수 있다.

왕자 생산은 왕비의 최대 이벤트

왕비와 후궁들의 가장 중요한 '일'은 자손을 남기는 일이었다. 그래서 이들이 임신을 하면 온 궁중이 긴장감에 싸이고 많은 궁녀들이 출산 준비로 바빠진다.

출산일이 다가오면 출산 의식을 관장하는 산실청産室廳을 설치한다. 그러나 누가 출산하느냐에 따라 임신부에 대한 대우가 달라진다. 왕비는 3개월 전, 빈궁(세자의 정실)은 1개월 전, 후궁은 산달産月에 산실청을 설치하는 것이다.

산실청을 설치하면 궁중 전속 무녀가 안전한 출산을 기원하며 기도를 올리고 임산부의 친정 부모가 함께 기거하며 영양가 있는 식사를 준비하는 일 등으로 궁중은 너나없이 갑자기 분주해진다.

하지만 출산을 위해 할 수 있는 일은 그리 많지 않았다. 의료 기술이 미숙했던 시대여서 의관들은 한방약을 처방하는 게 고작이었다. 게다가 의관은 왕비의 몸에 손을 댈 수 없으므로 진단할 때는 반드시 비단실을 손목에 감고 그 진동 수로 맥박을 잴 뿐이었다.

그 당시 궁중의 임산부가 침실로 사용하는 방, 예를 들면 경복궁의 경우에는 왕비의 교태전交泰殿을 산실로 사용하였다.

마침내 출산이 임박하면 안전한 출산을 기원하는 의식을 치른 후 방에 짚으로 만든 돗자리와 말가죽 등을 깔고 출산할 자리를 만든다. 이 돗자리는 출산을 한 즉시 방문 위에 걸어 임산부가 무사히 출산을 마쳤다는 사실을 궁중에 알리는 도구로도 사용하였다.

방에는 산모가 힘을 줄 때 이를 돕기 위해 손에 잡는 손잡이를 벽에 걸고 의관을 부르기 위한 종도 가져다 놓았다. 출산할 때는 의녀와 유모가 산파가 되어 아기를 받아 들고 탯줄 자르는 일까지 맡았다. 믿기지 않는 것은 왕이 출산에 입회했다는 사실이다. 드디어 아기가 무사히 태어났다. 그러면 왕은 벽에 걸어 둔 종을 울려서 출산을 알린다.

위와 같은 출산 순서는 왕비와 후궁이 거의 같았다. 다만 조선왕조 초기에는 후궁들은 궁에서 아기를 낳지 못하고 친정으로 돌아가서 낳아야 했다.

아기가 태어났다고 해서 누구나 마냥 기뻐할 수는 없었다. 이미 왕비에게 아들(세자)이 있는 경우 후궁이 아들을 낳았다면 더더욱 아기의 출

교태전, 왕비가 거처하는 내전

산을 마냥 기뻐할 수만은 없었다. 왕가王家에서는 설사 세자 이외의 남자 아이로 태어나더라도 왕이 될 가능성이 있기는 하지만, 그보다는 아들 때문에 당파 싸움에 휘말려 목숨을 잃는 케이스도 많았기 때문이었다. 그래서 후궁 중에는 아들보다도 딸이 태어나기를 바라는 경우도 많았다.

원래 왕비에게 세자가 없어서 후궁이 첫 번째 왕자를 낳아 궁 안에서 확고한 위치를 굳힌다고 해도, 태어난 아이는 모두 왕비가 길렀기 때문에 후궁 신세인 어머니로서는 외로울 뿐이었다. SBS 드라마〈왕의 여자〉에서 묘사한 광해군처럼 후궁의 아들이 세자나 왕이 되더라도, 왕비가 나중에 아들을 낳는 경우에는 결국은 후궁의 입지가 불안정해지는 예가 많았다.

제19대 숙종의 왕비인 인현왕후 민씨는 아이를 낳지 못해 희빈 장씨의 아들(후에 제20대 경종)을 양자로 맞아들인다. 원래 궁중 법도대로라면 왕비인 자신의 아들을 세자로 세우고 싶었을 것이다. 조선왕조 때는 왕비에게 후사가 없어 후궁이 낳은 아이를 일단 양자로 들이고 그 아들을 세자로 책봉하고 나면, 나중에 아들을 낳는다고 하더라도 양자를 제쳐두고 자신의 아이를 세자로 세울 수는 없었던 모양이다. 아들을 낳지 못하는 일도, 후궁의 아들을 양자로 맞아들이는 일도 모두 조선 시대의 왕비들에게는 인생의 행불행을 결정짓는 큰 문제일 수밖에 없었던 이유이다.

왕비는 왕과 따로따로 생활했다

아무리 바빠도 왕은 뛰어서는 안 되었다. 드라마 〈이산〉과 다른 사극들을 보면 알 수 있다. 왕은 항상 천천히, 느긋하게 걸으며 권위를 나타내야 했다.

또한 왕은 일반 백성들처럼 가벼운 농담을 섞어 가며 맞장구를 칠 수도 없었다. 왕의 한마디 한마디는 모두 가까이 있는 사관史官이 기록하여 사후에 사서史書로 편찬했기 때문이다. 왕은 사관이 기록하는 내용에 일체 관여할 수 없었다.

물론 왕은 자유롭게 외출할 수도 없었다. 자유롭게 궐 밖으로 나가는 것도 금지되었다.

왕은 할 일이 태산처럼 많았다. 따라서 일반 백성들처럼 자유롭게 신체를 움직일 권리도 제한받았다. 그랬기에 왕은 만성적 운동 부족에 시달렸다. 운동을 하고 싶어도 "왕의 체통이 서지 않는다" "다치기라도 하면 큰일"이라고 해서 신하들이 막았다. 왕은 자신을 위해 아무것도 할 수 없었던 것이다.

왕비와 왕은 서로 따로따로 생활해야 했다. 그것이 궁중의 법도였다. 각각에게 시중 드는 궁녀가 따로 붙여져 있었다.

왕비 역시 왕처럼 해가 뜨기 전에 일찍 일어나 왕처럼 대왕대비와 대비전에 문안 인사를 드려야 했다. 식사할 때도 그분들의 상대가 되어야 했고 왕의 친족들도 접대해야 했다.

왕비가 왕보다 오래 살았다

조선 시대 왕과 왕비의 평균수명을 비교해 보자. 27명 왕의 평균수명은 46.1세였다. 이 27명 왕의 부인이었던 41명(제8대 예종의 두 번째 왕비였던 안순왕후 한씨는 태어난 해가 불분명하므로 통계에서 제외)은 평균수명이 48.7세였다. 평균수명은 왕비 쪽이 2.6세 정도 더 오래 산 셈이다.

왕과 왕비는 최고의 식사를 하고 가장 좋은 의술을 받을 수 있었는데도 평균수명이 50세에 이르지 못했다. 아마도 경제적인 면이나 생활 조건이 썩 좋지 않았던 일반 백성들은 이들보다도 평균수명이 짧았을 것이다.

한편 27명의 왕 가운데서 가장 장수한 왕은 83세로 천수를 누린 영조였다. 당시로서는 엄청나게 오래 살았다고 할 수 있다. 반대로 가장 어린 나이에 세상을 뜬 왕은 단종이다. 향년 17세. 삼촌인 세조가 자살을 강요하여 죽음에 이르렀으니 단종이 단명한 것은 제 명命이 아니었던 것이다.

왕비 중에서는 누가 가장 오래 살았을까. 아이러니컬하게도 왕 중에서 가장 단명한 단종의 왕비인 정순왕후 송씨이다. 단종이 세상을 뜬 후 틀림없이 외롭고 힘든 고난의 세월을 보냈을 텐데도 82세까지 살았으니 그저 놀라울 뿐이다. 남편 없이 청상과부로 무려 60여 년을 홀로 산 셈이다. 가장 짧게 생을 살다 간 왕비는 제24대 헌종의 왕비인 효현왕후 김씨로, 16세의 어린 나이에 세상을 하직했다.

폐비당한 왕비는 몇 명일까

조선왕조 법에 따라 왕이 정식으로 결정되는 것처럼 왕비도 엄격한 법을 적용해서 탄생한다. 그만큼 왕비를 폐비시키는 것은 쉬운 일이 아니었다.

그런데도 실제로는 여러 명의 왕비가 폐비가 되어 궁에서 쫓겨났다. 가장 비참한 왕비는 남편(왕)이 쿠데타로 왕위에서 쫓겨나는 통에 폐비가 된 경우이다. 연산군의 정실이던 신씨, 광해군의 정실이었던 유씨가 여기에 해당된다. 그녀들에게는 존호를 내리지 않았기 때문에 역사적으로도 '폐비 신씨' '폐비 유씨'라고만 부른다. 한을 품고 죽은 여인에게 '폐비'라는 관까지 영원히 씌워 놓은 셈이다.

정쟁의 희생양이 되어 강제로 폐비가 된 인물은 중종의 첫 번째 정실이었던 단경왕후 신씨이다. 자신에게는 잘못이 전혀 없었지만 그녀의 친정 쪽에 연산군의 아내와 측근이 있다는 이유로, 남편인 중종이 원하지 않았음에도 조정 대신들에 의해 폐비가 된 것이다. 그녀가 후세 사람들에게 많은 동정을 받는 것은 너무나 당연하다.

한편 왕의 총애를 잃고 이혼당한 후에 폐비가 된 인물은 성종의 두 번째 정실이던 제헌왕후 윤씨와 또 한 사람, 숙종의 두 번째 정실이던 인현왕후 민씨였다. 그러나 폐비가 된 운명은 같았지만 폐비가 된 이후의 운명은 전혀 달랐다. 윤씨가 사약을 받은 데 비해 민씨는 한 편의 드라마처럼 다시 왕비 자리로 복귀했다. 민씨가 왕비로 복귀할 수 있었던 것은 인덕人德이 있었기 때문이었다. 그녀는 폐비가 되어 친가로 돌아갈 때도 '죄인'이라는 이유로 외딴 곳에 있는 허름한 작은집에서 생활했었다. 이런 겸손한 태도가 훗날 숙종의 마음을 움직여 다시 왕비로 복귀할 수 있었던 것이다.

왕비 성에 김씨, 한씨, 윤씨가 많은 이유

조선 역대 왕들의 아내였던 왕비 42명의 성을 조사해 보니 가장 많은 성이 김씨였다. 김씨가 10명, 윤씨가 6명, 한씨가 5명 순이었다. 이 3개 성씨가 왕비 성 중에서 베스트 3이다.

김씨는 옛날이나 지금이나 한반도 인구의 20% 이상을 차지하는 '압도적으로 가장 많은 성'이기 때문에 김씨 성의 왕비가 많다고 해서 이상할 건 없다. 그러나 윤씨와 한씨의 경우는 인구가 많은 순서대로 따져도 5대 성씨에 들어가지 않는데도 의외일 정도로 많은 여성이 왕비가 되었다는 것을 알 수 있다.

특히 조선왕조 초기에는 윤씨와 한씨 일족에서 계속 왕비가 나왔다. 여기에는 어떤 이유가 있었을까. 사실 조선 초기에 윤씨와 한씨 가문은 많은 공신과 학자를 배출한 명문가 중의 명문가라고 할 수 있는 가문이었다. 유교 사회는 집안의 격을 중시하는 경향이 특히 강했으므로 윤씨와 한씨가 '좋은 가문'이라는 이유로 왕비로 간택되는 경우가 많았던 것이다. 또한 두 성씨의 일족에는 고관들이 많았다. 그들은 왕비가 간택되는 데 영향력을 미칠 수 있는 위치에 있었던 것이다. 그 점도 윤씨 왕비와 한씨 왕비가 많은 이유일 것이다.

그런데 이씨는 인구로 보면 김씨에 버금 가는 성이지만 이 성의 소유자는 한 명도 왕비가 되지 못했다. 이유는 간단하다. 왕의 성이 이씨였기 때문이다. 유교 국가 조선왕조는 '동성의 남녀는 결혼하지 못한다'는 유교적 사회 규범이 있었다. 그래서 이씨는 왕비가 되지 못한 것이었다.

왕비의 화려한 의상

왕비와 공주들은 왕에 비해 한층 더 호화로운 의상을 입었다. 그녀들도 의식과 제전 등 격식에 맞춰 의상을 골라 입었다.

다음에 소개하는 네 가지가 대표적인 왕비의 의상이다.

우선 왕비의 존재가 가장 빛나는 무대라고 할 수 있는 혼례식 때 입는 예복으로 적의翟衣가 있다. 이 옷은 음양오행에 따라 다섯 가지 색으로 꿩의 모양을 수놓았고 금박으로 장식했다.

공주의 혼례복은 '활옷'이라고 불렀다. 이 옷에는 장수와 복, 행복을 상징하는 자연과 동식물들의 그림을 수놓았다.

이 두 가지 의상 모두 궁중 최고 지위 여성이 착용하기에 잘 어울리는 아름다운 의상이다. 특별한 날이 아닌 일반 의식 때는 치마저고리 위에

공주의 대례복인 활옷. 국립대구박물관 소장

걸치는 당의唐衣와 원삼圓衫을 입었다. 왕족 외에 궁녀들과 고위 관료의
아내들도 이런 옷을 입었다. 황금색은 황후, 붉은색은 왕비, 자주색은
후궁과 세자비를 상징했다. 이처럼 입는 사람의 지위에 따라 옷 색깔이
엄격하게 정해져 있었다.

금혼령을 내리는 이유

왕이나 세자가 신부를 고를 때가 되면 금혼령禁婚令을 내렸다. 이는 최

고의 신붓감을 확보하기 위한 조치였다. 금혼령 기간에는 왕가에 신부를 출가시킬 자격이 있는 모든 양반 댁의 딸들은 결혼할 수 없었다.

하지만 실제로 금혼령의 적용이 되는 대상 연령은 정해 놓지 않았다. 세자가 보통 열 살 전후에 결혼하는 일이 많았으므로 금혼령은 대개 여덟 살에서 열두 살 사이 처자들이 대상이 되곤 했다. 왕세자가 아니라 왕이 결혼하는 경우에도 역시 10대 여성을 신부로 맞았으므로 이때에도 금혼령의 대상은 10대 처자들이었다.

금혼령이 내려지면 모든 양반 집안에서는 결혼 적령기를 맞은 딸이 있는지 여부를 스스로 신고해야 했다. 이렇게 신고한 서류를 심사하고 면접시험으로 비妃를 간택했던 것이다.

제3장

복수
쿠데타

1468

8대 예종睿宗

1469

9대 성종成宗

1494

10대 연산군燕山君

1506

『경국대전』은 법치국가의 상징

예종은 18세 때인 1468년에 제8대 왕으로 즉위했다. 세조의 둘째 아들이다. 원래 세조는 일찍이 세자로 지명한 장남 의경세자가 있었다. 그러나 19세의 나이로 요절했기 때문에 12살 아래인 둘째가 왕위에 오르게 되었다.

예종의 재위 기간은 겨우 1년 2개월이었다. 병약한 체질 탓이었다. 예종 역시 형과 같은 나이인 19세로 세상을 떠나고 말았다. 예종이 죽자 모두들 다음 왕위는 예종의 아들이 이을 것이라고 생각했다. 실제로 예종에게는 아들이 두 명이나 있었다. 그런데 큰아들은 어릴 때 죽었고 둘째는 예종이 세상을 떠날 때 겨우 세 살이었다. 이 나이로는 임금은커녕 아무것도 할 수 없었다. 하지만 불가능할 것도 없었다. 성인이 될 때까지 모친인 대비와 조모인 대왕대비가 보좌하여 왕위를 지키는 방법이 있었다.

그렇지만 예종의 어머니(세조의 비) 정희왕후 윤씨는 생각이 달랐다.

왕족 중에서도 절대적인 권위를 가진 그녀는 "예종의 둘째 아들은 아직 너무 어리다"는 이유를 들어 뒤를 잇지 못하게 했다.

그 대신 그녀가 천거한 인물이 있다. 19세로 요절한 큰아들의 아들이었다. 즉, 세조에게는 손자, 예종에게는 조카뻘이 되는 왕자였다. 세조와 정희왕후 사이에서 태어난 큰아들에게는 아들이 두 명 있었다. 장남은 15세 월산군, 차남은 12세 자산군이었다.

조선왕조는 적자가 왕위를 계승하는 것이 원칙이었으므로 많은 조정 대신들이 장남 월산군이 지명되리라고 생각했다. 그러나 정희왕후 윤씨가 추천한 인물은 의외로 차남이었다. 표면상으로는 "월산군은 병약하다"는 이유를 들었지만 실제로는 그렇게 단순하지 않았다. 아직 성년이 되지 않은 후계자가 왕위에 오를 경우에는 수렴청정垂簾聽政(발 뒤에서 모친이 정책을 결정하는 것)이 필요했는데, 정희왕후 윤씨로서는 자신이 다루기 쉬운 12살짜리 차남을 고른 것이다.

결국 예종의 후계는 예상을 뒤엎고 예상 밖의 왕자로 정해졌다. 원래 예종의 아들이 제1후보임에도 정희왕후는 세상을 뜬 예종 형의 아들에게 권리를 이양했을 뿐만 아니라, 장남이 아닌 차남을 왕위에 앉힌 것이다. 중신들 사이에서 불만의 목소리가 불거져 나왔지만 정희왕후는 굳건하게 밀고 나갔다. 이런 일이 가능했던 이유가 있다. 정희왕후 뒤에는 정계의 실권을 쥐고 있던 한명회와 신숙주라는 거물 정치인이 있었기 때문이었다. 이들은 세조의 즉위를 도운 측근들이어서 이 시대까지도 아직 강한 권력을 휘두르고 있었다.

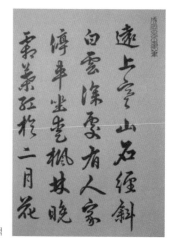

성종의 필적

　자산군은 이렇게 12세의 나이에 제9대 성종으로 즉위했다. 처음에는 정희왕후의 수렴청정을 받는 단순한 허수아비에 불과했지만 성종은 원래 총명한 왕자였다. 그리고 정치적 자질도 뛰어났다. 성인이 되어 수렴청정이 끝나자 젊은 나이임에도 불구하고 뛰어난 왕도의 정치를 실행하기 시작했다.

　성종이 펼친 정치 스타일 중에서 가장 획기적인 것은 세조 시대부터 권세를 자랑하던 훈구파 고관들을 견제하고 청렴한 기풍을 지닌 신진 사림파를 키웠다는 점이었다. 훈구파 신하들의 부패는 눈에 거슬릴 정도였다. 그래서 사림파의 대두는 정치 쇄신에 큰 공헌을 하게 되었다. 또한 훈구파와 사림파가 서로 대립하게 되자 이것이 오히려 왕권을 강화하는 계기가 되어 성종의 정치 기반은 점점 공고해져 갔다.

이와 같은 통치의 헌법은 모두 조선왕조의 기본 법전이라고 부르는 『경국대전』에서 나온 것이었다. 『경국대전』은 원래 세조가 1460년(세조 6)부터 편찬을 시작했다. 그동안 미비한 점이 많아 몇 번이고 수정을 거듭하여 성종이 왕이 될 때까지도 완성하지 못하고 있었다. 그리하여 왕위에 오른 성종은 통치의 기본이 되는 법전의 정비에 열중한 것이다. 마침내 편찬을 시작한 지 25년 만인 1485년(성종 16)에 성종은 『경국대전』을 완성했다. 이 법률집의 완성에 따라 모든 분야의 법률제도가 확정되어 조선왕조는 명실상부한 법치국가 체제를 갖추게 되었다.

연산군의 폭정

성종은 많은 정치적 업적을 이룩하여 성군聖君의 반열에 오를 만한 평가를 받는다. 다만 한 가지 흠이 있다면 여자 문제로 궁중에서 소동을 몇 차례 일으켰다는 점이다.

이 가운데서 가장 큰 파장을 일으킨 사건을 예로 들라면 정비 윤씨를 폐위시킨 사건이었다. 1479년(성종 10)의 일이었다. 성종의 왕비 윤씨는 '질투심이 많은 성격'과 '임금(성종)의 얼굴을 할퀸 불경'의 책임을 지고 왕궁에서 추방당했다. 그리고 그로부터 3년 후에 사약을 받고 죽었다.

제헌왕후 윤씨의 사건은 훗날 큰 비극을 불러오는 화근이 되었다. 윤씨가 낳은 아들이 성종의 뒤를 이어 왕위에 오른 연산군이었기 때문이다.

어머니를 닮아 질투심이 많고 비뚤어진 성격으로 지혜로운 면은 아예 없었다. 우수한 교사가 옆에 있어도 사물을 이해하는 능력이 떨어졌다.

연산군에 대한 평가였다.

성종은 "세자는 어째서 면학에 전혀 힘을 쏟지 않고 항상 어리석은 생각을 하는가?"라고 세자(연산군)를 자주 꾸중했다. 그러자 세자는 아버지인 성종과 만나는 것을 꺼리게 되었다. 성종이 세자를 불러도 몸이 아프다는 핑계를 대며 가지 않는 일이 많아졌다. 성종이 측근을 시켜 왕자의 건강 상태를 보러 가면 세자는 "만약 아프지 않다고 고자질하면 죽여 버리겠다"며 날뛰었다.

성종은 세자를 폐위시키고 싶은 마음이 강했다. 하지만 아쉽게도 다른 적자가 없었다. 게다가 어미도 없는 어린 왕자가 의지할 곳이 없는 것을 항상 가슴 아프게 생각하여 그렇게도 하지 못했다. 이런 사사로운 인정에 매달려 결단을 내리지 못하다 세자를 바꾸지 않은 것이다. 이 선택이 훗날 일어날 대참극의 불씨가 될 줄 누가 알았으랴.

성종의 뒤를 이어 1494년에 제10대 왕이 된 연산군은 즉위할 당시에는 조용히 왕의 역할을 수행했다. 하지만 그 자리에 점점 익숙해지면서부터 기행을 하기 시작했다. 예를 들면 궁궐의 후원에 있던 사슴을 매일같이 쏘아 죽여 그 고기를 먹는다거나, 정체를 알 수 없는 여자들을 궁으로 끌어들여 방탕한 생활에 젖은 생활을 하는 등이었다. 물론 왕의 품위와 궁의 법도에 어긋나는 행동이라고 주위에서 간언을 했지만 연산군은 말을 듣기는커녕 분개하며 오히려 언동이 더 과격해졌다. 폭군 연산군이 눈엣가시로 여긴 사람들은 도의와 명분을 중시하는 사림파 관료들이었다.

연산군의 행동을 부추기는 세력도 있었다. 선대 왕 성종 시절에 냉대를 받던 일부 관료들이었다. 연산군은 이들의 꼬드김을 받아 여러 모로 껄끄러운 사림파 관료들을 철저하게 탄핵했다. 이 사건은 무오년(1498년)에 일어났다고 해서 무오사화戊吾史禍라고 부른다. 사화란 조선 시대에 당파 싸움이 발생하여 많은 관료와 학자들이 희생된 사건을 가리킨다.

무오사화가 발생한 지 6년 만에 또 한 번 참혹한 일이 일어난다. 갑자년(1504년)에 일어난 갑자사화甲子士禍였다. 이때는 연산군의 생모인 폐비 윤씨의 처형과 관련된 사람들이 송두리째 학살당했다. 이미 죽은 자는 무덤을 열어 시체의 목을 자르는 부관참시剖棺斬屍도 당했다.

악정이 이 정도였으니, 백성들도 가만히 있을 수는 없었다. 연산군을 비판하는 문서가 한글로 쓰여져 거리에 나붙었다. 이를 알고 화가 난 연산군은 한글 사용을 전적으로 금지하는 왕명을 내렸다. 연산군의 악행은 이미 인간의 정도를 벗어났다고밖에 말할 수 없는 지경이 되었다.

그런 폭군에게 아부하고 빌붙는 자가 많았다. 그중에서도 으뜸은, 기생에서 일약 연산군의 후궁이 된 장녹수였다. 그녀는 연산군의 방탕한 생활을 부추겨 국가 재정을 파탄으로 몰고 갔다. 장녹수는 조선왕조 3대 악녀 중의 한 사람으로 꼽힌다. 극악한 행동을 거듭했다는 점에서는 그녀가 최고의 악녀였을지도 모른다.

〈왕과 나〉의 여주인공 제헌왕후 윤씨

드라마〈왕과 나〉는 실제로 존재했던 인물인 내시 김처선金處善이 주인공인데, 처선 말고도 이 드라마에서 중요한 역할을 맡는 인물은 제헌왕후齊獻王后 윤씨이다.

윤씨는 교양이 있는 양반 집안에서 태어났으나 일찍이 아버지를 여읜 탓에 매우 곤궁한 생활을 해야 했다. 그래서 어렵사리 궁녀가 되어 궁에 들어가는데, 청순한 분위기와 빼어난 미모 덕분에 성종(9대)의 눈에 들게 되었다. 성종에게는 이미 정비가 있었고 윤씨는 열두 살이나 연상이었지만 성종은 그녀를 총애하여 정2품인 숙의淑儀에 책봉했다.

윤씨는 어렸을 때부터 근면하고 정이 많았다. 이런 점을 성종의 대왕대비 정희왕후도 대단히 마음에 들어 했다. 이런 와중에 왕비가 소생도 없이 세상을 뜨자 정희왕후는 윤씨를 강력하게 정비로 추천했다. 정희왕후의 강력한 추천으로 윤씨는 곧 왕비가 될 수 있었다.

윤씨는 2년 후인 1476년(성종 7)에 왕자를 생산했다. 윤씨는 대를 이을 왕자를 낳았으므로 남은 생애를 무사태평하게 보낼 수 있으리라고 생각했다. 그러나 현실은

그렇지 못했다. 성종은 윤씨가 왕비가 된 후에는 어쩐 일인지 그녀를 자주 방문하지 않았다. 대신 측실인 정씨와 엄씨를 총애하기 시작했다. 두 여인은 성종의 어머니인 인수대비 한씨를 자기들 편으로 만들어 정비 윤씨가 곤경에 빠지도록 왕에게 있는 말 없는 말을 만들어 일일이 고자질하곤 했다. 그 결과, 가뜩이나 정비를 마뜩지 않아 하던 성종의 마음은 점점 더 그녀에게서 멀어져 갔다.

독수공방을 지키는 날이 길어짐에 따라 윤씨의 고독감도 깊어졌다. 극도로 외로워진 윤씨는 마음의 평정을 잃어 가고 있었다. 점점 이상한 행동을 취하기 시작한 것이었다. 우선 방에 독약인 비소砒素를 숨겨 놓았다가 발각되었다. 이것은 사실 왕을 빼앗아 간 측실들을 독살하기 위한 목적으로 준비한 것이었다. 그 다음에는 요술을 부리는 책을 소지하고 있다가 발각되었다. 이 책 역시 측실들을 저주하여 죽이기 위한 목적으로 구한 책이었다.

이런 불상사가 계속되자 성종은 왕비를 두려워하게 되었다. 그 반발심으로 점점 더 정씨와 엄씨를 총애한 이유도 있었다.

결국 윤씨의 인내심도 한계에 다다랐다. 질투심을 참지 못하고 왕이 측실과 함께 있는 침소로 쳐들어가 성종의 얼굴을 손톱으로 할퀴고 만 것이다. 이 일은 인수대비의 격노를 불러일으켰다. 묵과할 수 없는 대형 국사國事가 되고 말았다.

이렇게 되자 정희왕후도 더는 윤씨를 감싸 줄 수 없었다. 이 죄를 물어 윤씨는 폐비가 되어 궁궐에서 쫓겨났다. 조선왕조가 건국한 뒤 왕이 왕비를 내친 것은 윤씨가 처음이었다.

연산군은 정말로 폭군다웠다

연산군은 조선왕조를 통틀어 대표적인 폭군이라는 게 정설이다. 본래 '군君'은 왕의 형제나 왕자를 부르는 이름이다. 그러니까 연산군은 신하들에게 '왕'으로 인정받지 못한 셈이다.

연산군은 어릴 적부터 많은 기행을 저질렀으며 잔혹하고 질투심이 많았다. 그리하여 왕으로는 확실히 적합하지 않다는 평을 들었다. 하지만 조선왕조는 장남이 대를 잇는 세습제가 절대적인 원칙이었으므로 부왕父王 성종이 승하하자 연산군은 자연스럽게 옥좌에 오를 수 있었다.

연산군에게는 폭군을 입증하는 여러 가지 사례가 전해져 오고 있다. 아버지를 미워하던 연산군은 즉위하자마자 부왕인 성종이 귀여워하던 사슴을 죽인 후에 그 고기로 연회를 열기도 했다. 게다가 성종 시절부터 조정의 실권을 쥐고 있던 사림파 관료들을 단지 잘난 척하는 선비들이라는 이유로 쫓아내고 숙청을 시작했다. 또한 성종 때 궁에서 쫓겨난 생모 윤씨가 사사賜死당한 것을 알고는 이 일에 관련한 사람들을 모조리 찾아내 처형했다. 이것이 연산군이 일으킨 갑자사화이다. 이 사건은 드라마 〈대장금〉의 첫 회에 그려지고 있다.

연산군은 술과 여자, 가무음곡을 좋아해서 얼굴이 반반하거나 춤을 잘 추는 여자는 노비와 유부녀를 가리지 않고 궁궐로 데려가기도 했다. 이런 말도 안 되는 폭정을 일삼다가 연산군은 왕의 자리에서 쫓겨난 것이었다.

쿠데타를 주도하는 세 사람

관료들 중에는 연산군에게 원한을 품게 된 사람들이 많아졌다. 특히 박원종朴元宗은 개인적인 일로 연산군을 증오한 대표적인 인물이었다. 박원종의 누이는 월산군의 아내였다. 월산군은 성종의 친형으로, 그 부인은 연산군에게는 숙모뻘이었다. 아무리 왕이라지만 연산군은 당연히 숙모를 최대한 존중해 주어야 했다. 그런데 하필이면 숙모를, 그 어여쁜 미모에 빠진 연산군은 그만 앞뒤 가리지 않고 범하고 말았다. 유교적인 규범을 떠나서라도 인간으로서 해서는 안 될 일이었다. 결국 치욕을 견디지 못한 그녀는 자결하고 말았다. 황당한 일로 누이를 잃은 박원종은 속으로 맹세했다.

"절대로 용서할 수 없다. 내가 반드시 이 원한을 갚아 주겠다."

박원종 역시 경기도 관찰사까지 출세한 고위 관리였지만 연산군에게 미움을 받아 관직을 박탈당하였다. 그런 박원종에게 접근하는 사람이 있었다. 성희안成希顔이라는 인물이었다. 그도 박원종처럼 유능한 관료였지만 연산군에게 비판적인 태도를 보이다가 좌천당해 울분을 참고 사는 중이었다. 성희안은 박원종에게 말했다.

"백성은 곤궁하네. 그런데도 나라의 안정을 도모할 수 있는 대신이 없네. 우리는 함께 선왕(성종)의 깊은 은혜를 받았는데 이런 상황을 보고 어떻게 가만히 앉아 바라볼 수만 있단 말인가. 마침내 우리가 조정을 바로잡을 때가 온 것일세."

성희안과 박원종은 의기투합했다. 그리고 극비리에 폭군을 추방할 계획을 세우기 시작했다. 두 사람은 새로운 인물 유순정柳順汀을 만나 계획을 설명하고 동참할 것을 권했다. 당시 유순정은 이조판서로서 조정에서도 매우 인망이 높은 인물이었다. 그를 동지로 끌어들인다면 틀림없이 강력한 팀을 형성하여 쿠데타에 성공할 수 있을 터였다. 유순정은 깊이 생각한 끝에 두 사람의 제안을 받아들였다. 그 역시 연산군의 폭정이 이대로 지속되어서는 안 된다는 의분에 불타고 있었기 때문이다.

세 사람은 쿠데타 실행 날짜를 의논한 끝에 연산군이 궁 밖으로 행차하는 날로 정했다. 1506년(연산 12) 9월 1일이었다. 그런데 무슨 까닭인지 연산군의 행차가 갑자기 중단되었다. 따라서 세 사람의 쿠데타 실행도 일단 연기되었다. 바로 이 무렵에 전라도 지방에서 반란이 일어날 것이라는 소문이 나돌았기 때문이었다. 이 소문이 사실이라면 박원종, 성희안, 유순정의 쿠데타 세력이 연산군 추방의 주도권을 잡을 수 있을지도 확실하지 않았다. 그래서 계획을 일부 변경해야 했다.

세 사람은 우선 연산군의 이복동생인 진성대군을 설득하기로 했다. 연산군을 추방한 후 새로운 왕으로 진성대군을 모시기 위해서였다. 하지만 쿠데타 계획에 대해서 전혀 모르고 있는 진성대군은 갑자기 수십 명의 건장한 무사들이 자택으로 몰려오는 것을 보고 하늘을 우러르며 탄식했다.

"나는 틀림없이 살해당할 것이다. 결국 내 인생은 여기까지인가…."

쿠데타를 주도하는 세 사람이 찾아가자 진성대군은 두려움에 몸을 떨고 있었다. 그는 지금까지 계속 연산군에게 견디기 힘든 협박을 받아 왔던 것이다. 성격도 약한 데다 겁이 많았던 진성대군은 자택으로 몰려오는 무사들을 보고 이복형 연산군이 보낸 자객들이라고 착각하였다.

이제 어쩔 수 없다고 각오한 진성대군은 무사들이 들이닥치기 전에 자결하려고 했다. 그런 그를 부인 신씨가 필사적으로 말렸다. 그녀는 무사들의 행색을 살펴보고는 그들이 결코 자객이 아니라는 것을 알았다.

진성대군을 만난 박원종 일행은 진성대군에게 폭군 연산군을 추방하려는 거병擧兵 계획을 설명했다. 이 설명을 들은 진성대군은 애매한 태도를 보였다. 처음에는 자신이 차기 왕으로 추대되는 일조차 거부했다. 이쪽 편에게도 저쪽 편에게도 밉보이지 않으려는 기회주의자인 진성대군으로서는 이복형 연산군의 추방 계획은 실로 청천벽력 같은 일이었다. 그랬기에 박원종의 계속되는 설득에도 진성대군은 쉽게 고개를 끄덕이지 않았다.

"경들의 뜻대로 하시오"

쿠데타 세력의 주력부대는 연산군 편의 중신들을 개별적으로 공격해 살해하거나 체포하는 한편 궁궐 정문 밖에서 대기하고 있었다. 새벽이 밝아 올 무렵에는 궁궐 문을 지키던 호위병사들도, 왕족을 섬기는 환관들도 정변이 일어난 사실을 알게 되었다.

이 소식을 들은 그들은 어떻게 처신했을까. 왕을 지키기 위해 쿠데타 세력에게 반격했을까. 정반대였다. 그들은 소식을 듣자마자 누가 먼저 랄 것도 없이 너도나도 담장을 넘어 줄행랑을 쳤다. 궁궐은 텅 비게 되었다. 몸을 내던져 왕을 지키려는 자는 한 사람도 없었다. 그 정도로 연산군은 조정 관료들의 신망을 잃었던 것이다.

연산군은 쿠데타 세력의 침입을 알고는 경악했다. 이 소식을 전하러 온 신하의 손을 잡고 부들부들 떨 뿐이었다. 이 광경을 본 측근들조차도 속으로 비웃었다. 연산군 주위에서 권력의 단물을 빨고 있던 측근들 역시 "밖의 상태를 살펴보고 오겠습니다"는 말을 남기고는 황망하게 도망쳐 버렸다. 너무 당황한 나머지 잘못해서 변소에 빠지는 자도 있었다.

박원종은 쿠데타가 성공했다는 것을 확신했다. 박원종은 당당하게 연산군에게 옥새를 넘겨줄 것을 요구했다. 박원종은 이날이 오기까지, 누이를 잃은 원한을 품고 연산군에게 복수하기 위해 살아왔다. 그 숙원을 푸는 순간 박원종은 뜨거운 감격의 눈물을 흘렸을 것이다.

왕을 증명하는 도장을 넘겨받은 박원종은 대비의 처소로 향했다. 이때의 대비는 정현왕후 윤씨로 연산군의 계비였다. 다시 설명하면, 연산군의 생모 윤씨가 폐비당한 뒤에 성종이 정실로 들인 여성이었다. 그녀는 1488년(성종 19)에 성종의 아들을 낳았는데 이 왕자가 바로 진성대군이었다. 진성대군은 연산군보다 12살 아래의 이복동생이었다.

대비에게 박원종이 말했다.

"전하께서 왕도를 크게 벗어나 조정을 지킬 수 없게 되었습니다. 이

지경에 이르러 모든 신하들은 황송하옵게도 진성대군을 모셔 왕가의 계통을 잇고자 합니다. 바라옵건대 윤허해 주시옵소서."

처음에 대비는 난색을 표했다. 처음에는 이 사태가 어디로 진전될지 알 수 없었으므로, 자신의 아들인 진성대군이 쿠데타의 소용돌이에 휘말려 들까 봐 걱정이 되었던 것이다. 대비 윤씨는 이렇게 대답했다.

"저렇게 심약한 아이가 어떻게 중책을 맡을 수 있단 말인가. 조금 더 성장하고 나서 대를 잇는 것을 생각하는 편이 낫지 않겠는가."

진성대군의 나이 19세였다. 대비는 다 자란 아들의 나이를 걱정하고 있었다. 그러나 쿠데타 세력도 물러서지 않고 계속 대비를 설득했다.

"많은 신하들과 이미 협의하여 만장일치로 결정했기 때문에 바꿀 수가 없습니다. 통촉하시옵소서."

계속되는 설득에 드디어 대비가 제안을 받아들였다.

"나라의 정세가 이 지경이 되었으니 다시 새롭게 시작하는 게 좋겠구나. 경들이 말한 대로 하시오."

대비의 허가를 받은 유순정이 진성대군의 저택으로 향했다. 하지만 진성대군은 유순정의 보고를 듣고도 태도를 바꾸지 않고 거절했다.

"조정을 위해서 이런 일을 일으키는 것은 당연하지만 나는 실로 부덕한 인간이다. 도저히 내가 맡을 수 있다고 생각할 수가 없소."

유순정은 인내심을 가지고 우유부단한 진성대군을 계속 설득해야 했다. 그럴 수밖에 없는 노릇이, 만약 진성대군이 왕위에 오르지 않는다면 이 쿠데타의 정당성이 뿌리째 흔들려 버리기 때문이다. 유순정은 필사적이었다.

마침내 진성대군도 거절하는 게 불가능하다는 것을 깨달았다. 결국 유순정의 요청을 받아들였다. 이로써 쿠데타는 완전 성공하기에 이르렀다.

강력한 중신, 허약한 임금

진성대군은 결코 왕이 되는 것을 원하지 않았지만 자신의 의사로는 어찌할 방도가 없었다. 진성대군은 궁으로 들어가 왕좌에 앉았다. 모든 문무대신들이 새로운 왕 앞에 모여 정렬한 후 대비의 교지敎旨가 내려졌다.

"조선왕조가 덕을 쌓은 지 100년, 마음을 가득 담은 은혜가 민심을 채우고 온 세상이 번영할 기초를 이루었다. 그러나 불행히도 오랫동안 왕이 지켜야 할 도리를 저버리는 통에 백성이 빈곤에 허덕였다. 신하들도 모두 조정을 중시하며 폐위를 바라고 있다. 진성대군은 인덕이 있어 민심도 그의 즉위를 바란다. 이에 따라 조정이 위기에서 벗어나 안정을 되찾을 것이다. 이보다 기쁜 일이 달리 어디 있으랴."

신하들은 모두 엎드려 교지를 받았다. 기쁜 표정이 얼굴에 번지는 순간이었다.

왕으로 추대된 진성대군은 바로 그날 제11대 중종으로 즉위하였다. 즉위식인데도 왕은 정복을 입지 못했다. 너무 갑작스러운 일이어서 미처 준비를 하지 못했기 때문이었다.

왕이 된 중종이 말했다. 왕의 첫 공식 발언이었다.

"근년에, 왕이 도리를 잃어 민심이 곤궁하였었는데도 이를 구제할 수 없었다. 그러나 다행히도 문무 대신들이 조정과 백성에 대한 중책을 짊어지고 대비의 말씀에 따라 즉위하게 되었다."

중종은 즉위하자마자 대대적인 은사령恩赦令을 내렸다. 흉악범을 제외한 많은 죄인들이 은사를 받아 사면되었다. 중신에서 서민에 이르기까지 모두 만세라도 부르는 심정으로 중종의 즉위를 환영했다. 연산군의 폭정이 끝났다는 해방감이 이토록 컸던 것이다.

이 쿠데타의 성공을 가리켜 역사적으로는 중종반정中宗反正이라고 부른다. '반정'의 원래 뜻은 '혼란을 바로잡는 일'이지만 역사적으로는 '나쁜 왕을 몰아내고 새로운 왕을 추대하는 일'을 뜻한다.

'나쁜 왕' 연산군은 폐위당한 후 곧 강화도에 딸린 아주 작은 섬 교동도로 유배당했다. 그리고 2개월 후에 그 섬에서 죽었다. 일단 병사病死라고 전해졌지만 너무나 갑작스러운 죽음이었으므로 여러 가지 억측을 불러일으키기도 했다.

연산군과 함께 방탕 생활을 즐기던 장녹수도 붙잡혀 참수당했다. 백성들이 시체에 돌을 던져 그 자리에 바로 돌무덤이 생겼다는 이야기도 전해진다. 이 돌무덤이야말로 백성들이 품은 원한이 얼마나 컸는지를 잘 말해주는 셈이었다.

연산군의 정비였던 신씨도 폐비가 되어 친정으로 쫓겨났다. 그녀의 친족도 연산군의 외척으로서 마음대로 권세를 휘둘렀으므로, 폭군의 몰

서울 방학동에 있는 연산군 묘

락과 함께 비참한 말로를 걸어야 했다. 특히 폐비 신씨의 친정 오빠인 신수근은 쿠데타가 일어날 때 가장 먼저 살해당했다.

한편 중종 즉위 후, 중종의 정비 단경왕후 신씨에 대한 처우가 큰 문제로 떠올랐다. 왜냐하면 그녀는 신수근의 딸이었기 때문이다. 새 왕비가 연산군 정비의 조카딸이고, 왕비의 아버지는 연산군의 측근이라는 사실을 새로운 정권의 중신들로서는 그대로 두고 봐줄 수 없었다.

중종반정을 성공시킨 반정공신 세 사람은 단경왕후 신씨를 폐비시키자고 주장했다. 하지만 중종은 강력하게 저항했다. 자기의 의사와 관계없이 추대를 받아 왕위에 오른 것도 부담이 되는데, 거기에 그치지 않고 사랑하는 아내와 헤어지라는 요구는 도저히 받아들일 수 없었던 것이다.

게다가 단경왕후 신씨는 쿠데타가 있기 전날 집으로 몰려오는 무사들을 보고 놀란 진성대군이 자결하려고 했을 때, 재치 있는 행동으로 그것을 막은 여인이 아니던가. 중종은 사랑하는 아내이자 생명의 은인을 왕비 자리에서 끌어내리자는 요구 같은 건 눈꼽만큼도 고려할 수 없었다.

평소라면 왕의 의사는 절대적이기 때문에 신하가 뒤집지 못했을 것이다. 그러나 중종의 경우에는 사정이 달랐다. 중종은 쿠데타 공신들의 주장을 거역할 수 없었다. 추대된 왕의 운명이었다. 중종은 결국 사랑하는 아내를 떠나보내야 했다.

절대적인 권력을 누린 요부 장녹수

연산군은 수많은 악행을 거듭함으로써 조선왕조 폭군의 대표로 거론되는 인물이다. 그리고 그런 연산군 곁에서 승은을 받을 만큼 받고 단물을 빨아먹은 여인이 있었는데, 이 여인이 바로 장녹수이다. 장녹수는 매우 가난하고 비천한 집안 출신이었다. 몸을 팔아야 겨우 입에 풀칠을 할 수 있는 궁핍한 생활을 하다가 성종(제9대)의 사촌 동생인 제안대군 댁 하인으로 일하는 노비의 아내가 되었다. 왕족의 집이었으므로 노비라고는 해도 생활은 그렇게 군색하지 않았다. 그러나 상류계급이 어떻게 사는지 바로 옆에서 보다 보니 그녀에게 참을 수 없는 욕망이 생기기 시작했다. 장녹수는 일개 노비의 마누라로 인생을 끝낼 생각이 털끝만큼도 없어졌다. 아들을 한 명 낳은 후 곧장 집을 뛰쳐나온 장녹수는 노래와 춤을 배워 기생이 되었다. 기생이라는 직업과 궁합이 잘 맞았다고 할까. 그녀는 노래를 정말로 잘 불렀다. 그래서 기생이 된 지 얼마 지나지 않아 곧 유명해지게 되었다. 그녀에게는 특별한 재능이 있었다. 입술을 움직이지 않고도 아름다운 소리를 내는 일이었다.

이 무렵 장녹수의 나이는 서른을 넘기고 있었는데, 보기에 따라서는 10대로 착각할 정도로 동안이었다. 아주 뛰어난 미모는 아니었지만 남성이 매우 좋아할 만한 특이한 얼굴의 소유자였다.

그녀의 소문을 듣자 연산군은 큰 관심을 가졌다. 여자라면 산전수전 겪을 만큼 많은 여자를 겪은 연산군이었으므로, 그녀의 단지 아름다운 용모만으로는 마음을 움직일 수 없었을 것이다. 장녹수에게는 그녀 나름대로의 미모 플러스 깊이를 알수 없는, 요즈음 표현으로 말하자면 섹시한 매력이 있었고 관객을 휘어잡는 재능이 있었다. 노래도 잘 부를 뿐 아니라 춤도 기막히게 잘 추는 매우 뛰어난 재능을 지니고 있었던 것이다. 이런 조건을 갖춘 여자라면 남자들을 홀리는 것은 문제도 아니었다.

연산군은 장녹수가 너무나 마음에 들었다. 그래서 궁으로 불러들였다. 그것도 그녀의 신분을 생각하면 애당초 불가능한 일이었다. 그렇지만 연산군이기 때문에 가능한 일이었다. 연산군은 당장 그녀에게 숙원淑媛이라는 종4품의 품계를 내렸다. 궁 안의 관례를 그냥 통째로 무시한 처사였다. 단박에 장녹수를 후궁으로 앉힌 것이었다.

그 후 장녹수의 인생은 180도로 바뀌었다. 연산군의 총애를 등에 업고 나라의 재물을 내 것처럼 쓸 뿐만 아니라 친오라비와 그 아들의 신분을 천민에서 양반으로 끌어올리는 등 제멋대로 행동했다. 마음껏 사치를 누렸고 본래 향락적인 연산군을 더욱더 퇴폐의 수렁으로 빠져들게 만들었다. 하지만 연산군이 왕위에서 쫓겨나자 장녹수의 운명도 끝났다. 그녀는 참수형에 처해졌고 시체는 한동안 저잣거리의 구경거리가 되었다. 장녹수의 주검을 향해 많은 백성들이 침을 뱉고 돌을 던졌다.

중종의 조강지처 단경왕후 신씨

단경왕후 신씨는 익창부원군益昌府院君 신수근愼守勤의 딸로 1499년(연산 5), 열 세 살 때 성종(제9대)의 둘째 왕자인 진성대군과 결혼했다. 둘째 왕자라고는 하지만 결혼할 때는 이미 진성대군의 이복형인 연산군이 왕위에 오른 후였고 연산군에게도 아들이 있었으므로 진성대군이 왕위를 이을 가능성은 거의 없었다. 신씨 역시 자신이 왕비가 될 것이라고 생각해 본 적이 없었다.

그런데 행운이 찾아왔다. 1506년에 중종반정으로 연산군이 쫓겨나니 당연한 수순처럼 진성대군이 즉위해 중종이 된 것이다. 정실正室이었던 그녀는 자동적으로 왕비가 되었다. 그러나 친정아버지가 걸림돌이 되었다. 신씨의 친정아버지 신수근은 쿠데타파에게 살해당했다.

신수근으로서는 목숨을 건질 수도 있는 기회가 있었다. 쿠데타파파의 리더인 박원종이 쿠데타를 결행하기 며칠 전에 은밀하게 신수근을 찾아와 물었다.

"대감은 누이동생과 딸 중 어느 쪽이 더 소중합니까?"

신수근의 누이동생은 연산군의 비였다. 이 질문에 만약 신수근이 "누이동생(연산군의 비)보다 딸(진성대군의 비)이 더 소중하다"고 대답한다면 신수근을 죽이지 않고 쿠데타를 진행하려고 했던 것이다. 하지만 신수근의 대답이 화를 자초했다.

"아무리 연산군이 난봉꾼이라지만 세자가 현명하니까 걱정할 것 없소이다."

신수근은 오히려 질문하는 박원종에게 면박을 주었다. 이로써 신수근은 연산군을 배반하지 않을 인물이라고 판단한 쿠데타파는 신수근을 죽이고 말았다.

쿠데타에 성공한 공신들은 자기들이 살해한 사람의 딸이 왕비가 되는 데 몹시 불안해했다. 혹시 딸이 죽은 애비의 원수를 갚으려고 하지 않을까 해서였다. 그 결과 쿠데타에 성공한 지 일주일 만에 단경왕후 신씨는 폐위당하는 운명의 주인공이 되어버렸다. 아내 신씨를 사랑하는 중종의 마음은 변함없었다. 그렇다고 해도 쿠데타 공신들을 거스르면서까지 자신의 의견을 관철할 수 있는 왕은 못 되었다. 눈물을 머금고 왕비의 폐위를 받아들여야 했다.

신씨를 폐위한 후 중종은 장경왕후 윤씨(제12대 인종의 어머니)를 정실로 맞아들였다. 그 후 1515년(중종 10)에 윤씨가 세상을 뜨자 신씨를 복위시키자는 상소가 한 차례 있었지만 이번에는 어찌된 일인지 중종이 반대했다. 결국 단경왕후 신씨는 20세 때 폐위된 후 생전에 복위하지 못한 채 한 평생을 외롭게 독신으로 살다가 세상을 떴다. 나이 71세 때였다.

궁녀에 대해 궁금한 것 10가지

궁녀 뽑는 처녀 판별 테스트

궁궐에는 600명 정도의 궁녀가 있었다. 처녀들이 궁녀로 왕궁에 들어오는 나이는 9살부터 15살 때이고, 견습궁녀(견습나인)가 궁녀의 최고 직위에 이르기까지에는 대개 20년 정도 걸렸다.

궁녀 중에서 왕과 왕비의 측근이 될 수 있는 궁녀는 극소수에 지나지 않았다. 그리고 일단 궁녀가 되기 위해 궁궐에 들어온 여성은 기본적으로 친가에 돌아갈 수도 없었다. 말하자면 궁녀는 궁궐이라는 폐쇄 공간에 갇혀 연금 생활을 하는 것과 다름없었다. 그래서 궁녀들 중에는 윗사람이 아랫사람을 괴롭히는 것으로 스트레스를 푸는 경우도 있었다.

궁녀가 되고 싶다고 해서 누구나 될 수 있는 것은 아니었다. 반드시 처녀여야 했다. 처녀여야 하는 까닭은, 궁녀들은 형식상으로 모두 왕에게 시집가는 것이기 때문이었다.

따라서 궁녀가 되려면 궁중에서 오랫동안 전해져 오는 방법으로 처녀인지 아닌지부터 판정받아야 했다. 이 테스트 중에서 가장 널리 사용한 방법으로는 앵무새의 생피를 후보자의 팔뚝에 올려놓는 방법이 있다. 앵무새의 피가 흐르지 않고 그대로 멈춰 있으면 합격, 팔에서 흘러 떨어지면 불합격이었다.

정말 납득하기 어려운 이상한 판정 방식이지만 왕비를 저주하는 의식을 했다는 사실만으로 후궁이 사형당하는 조선왕조 시대의 일이었으니 지금의 잣대로 옳으니 그르니 따질 수는 없다.

궁녀도 엄격한 품계가 있었다

조선 시대에 궁녀의 숫자는 어느 정도였을까. 영조 때 궁에 거주하는 궁녀의 숫자가 684명이었다는 기록이 남아 있다. 이 기록으로 추정해 보면 궁에 살던 궁녀는 대충 500~600명 정도였다고 볼 수 있다.

그런데 궁에는 살지 않으면서 출퇴근하며 일하는 궁녀도 있었다. 물과 불을 다루는 따위의 잡일을 담당하는 무수리와 계집종으로 불리는 비녀婢女, 왕과 왕비 등에게 간단한 진찰과 침을 놓는 일을 했던 의녀(약방기생)들이 그들이었다.

궁녀는 모두 왕의 후궁이라고 할 수 있다. 이들의 인원이 많다 보니 관리들처럼 직급이 필요하게 되었다. 궁녀의 직급에는 18품계가 있었다. 직접 왕과 만날 수 있는 궁녀는 정1품부터 종4품까지, 다시 말하면 측실로 한정되어 있었다.

상궁은 정5품이었기 때문에 왕과 직접 만날 수는 없었다. 그러나 직급으로는 후궁에 버금가는 최고 직급이었으므로 상당한 대우를 받았다. 자택에 노비도 둘 수 있었고 친척을 붙박이 가정부로 고용하는 상궁도 있었다.

보통은 견습나인에서 시작하여 나인, 상궁으로 올라가지만 하루아침에 직급을 뛰어넘을 수 있는 단 하나의 방법이 있었다. 왕의 눈에 띄어 단숨에 후궁이 되는 것이었다.

하지만 이러한 신분 상승은 상당히 특별한 케이스였다. 대부분의 궁녀는 외부 세계와 격리된 궁중에서 처녀인 채로 나이를 먹고 늙어 가야 했다. 그러다가 병에라도 걸리면 가차 없이 궁 밖으로 쫓겨났다. 궁에서는 왕과 그 직계 가족 이외의 중환자가 살 수 없다는 규칙이 있었기 때문이다. 왕의 총애를 받는 후궁이나 왕을 낳은 어머니라도 예외가 아니었다.

궁중에서는 밖으로 드러낼 수 없는 여러 가지 비밀한 일이 발생하는데, 그런 일들을 처리하는 기구가 바로 '지밀至密'이었다. 이곳에서 벌어지는 일은 모두 왕과 왕비의 신변 보호 및 의식주와 관련된 것들이었다. 그래서 지밀에 배속된 나인은 왕과 자주 접촉하므로 왕의 눈에 들어 후궁이 되는 경우가 많았다.

이 지밀에서 가장 높은 직위의 지밀상궁은 내시부 등 다른 부서와 중요한 교섭에 일일이 관여하는 역할도 맡았다. 그러므로 아무나 지밀상궁이 될 수는 없었다. 능력도 인품도 모두 탁월해야 했다. 지밀은 말하자면 '지엄해야 하며 누설은 허락되지 않는다'는 의미를 가지고 있는 궁중의 가장 은밀한 곳이었다.

궁녀는 높은 보수를 받았다

궁녀의 보수는 고정급이었다. 일반적인 견습궁녀(아기나인)의 경우 한 달에 백미 4말 이상, 포목(비단과 목견)은 한 해에 1필, 여름에는 마와 모시를 하사받았기 때문에 다 쓰지 못할 정도였다.

조선시대 말기에는 월급제로 바뀌었다. 상궁들은 정부 고관급 대우를 받았다. 제조상궁쯤 되면 판서(장관급) 대우를 받았다.

숙종 시대에 최고 관리였던 정1품 관리가 1년에 받던 녹봉은 쌀 180석, 포목 32필이었고, 가장 낮은 관리인 종9품 관리는 1년에 쌀 14석, 포목 4필이었다. 견습 궁녀인 경우에도 1년에 쌀 4.8석을 받았으니 상당히 높은 급료라고 할 수 있다.

국가 재정 형편상 지급되지 않은 경우도 있었지만 정기적인 보수보다도 왕궁의 행사가 개최될 때마다 딸려 나오는 하사품이 큰 비중을 차지했다.

정월이나 단오 같은 명절, 왕과 왕비의 생일, 세자의 입학 또는 혼인 때는 백미와 포목을 하사품으로 받았다. 궁중 생활에 필요한 물건들을 다 쓰지 못할 정도로 받았기 때문에 궁녀들은 받은 것을 대부분 친정으로 보냈다.

궁녀를 감찰하는 상궁

MBC 드라마 〈동이〉의 숙빈 최씨는 어디까지나 내명부, 다시 말하면 승은承恩 궁녀였지만 소속은 왕궁이었다. 그러므로 MBC 드라마에서처럼 실제로 감찰부에서 감찰을 행하지는 않았을 것이다. 그러나 궁녀 조직 중에는 실제로 '감찰상궁'이라고 불리는 감사역이 존재했다. 이는 드라마 〈동이〉에도 등장하고 있다.

조선왕조 시대의 대표적인 법률집 『경국대전經國大典』에는 '궁녀 조항'에 감찰상궁이라는 상궁의 직무가 구체적으로 정해져 있는 조항은 없다. 하지만 『조선왕조실록』에는 감찰상궁, 감찰시녀라는 문구가 나온다. 그러므로 비공식적으로는 감찰상궁이라는 직급의 상궁이 존재했다고 생각할 수 있고, 이 감찰상궁이 각각 다른 부서에 소속된 궁녀들의 부정과 풍기를 감찰하는 임무를 담당한 듯하다.

이 감찰상궁을 색장色掌(성균관 소속 관리)과 방자房子(노비)가 보좌했다. 색장은 왕궁 안팎의 연락책으로 활동했고 방자는 청소와 잡역을 담당하는 노비였다. 색장과 방자는 왕궁 이곳저곳의 세세한 정보를 줄줄 꿰고 있었으므로 감찰상궁은 이들에게서 상궁(정5품 이하 궁녀)들의 부정과 풍기를 감찰하는 데 필요한 정보를 얻곤 했을 것이다. 부정과 풍기 문란 사실을 발견하는 즉시 감찰상궁은 색장·방자와 함께 사실 여부를 조사하여 그 결과 사실이라고 판명되면 제조상궁에게 보고하였다.

이 보고를 받은 제조상궁은 각 부서장에게 통보했고, 각 부서에서는 다시 사건을 직접 조사하여 심각한 내용이면 내수사內需司라는 감찰 기관에 넘겨 조사하도록 했다. '인목대비의 저주 사건'처럼 심각한 문제는 임시 조사 기관인 국청鞠廳을 설치해 진상을 밝혀내고 처벌하기도 했다.

후궁과 궁녀가 늙고 병들면

조선 시대 왕이 만성적인 운동 부족에다 스트레스까지 많았음은 잘 알려진 사실이다. 그래서 왕들은 병에 대한 면역력이 약해 일찍 죽는 경우가 많았다. 왕의 사인 중에서 가장 많은 건 고혈압과 뇌졸중, 당뇨병이었다. 왕이 병에 걸리면 어의가 침을 놓거나 맥을 짚는다. 아니면 세조처럼 온천에 가서 탕치湯治를 하기도 했다. 왕의 최대 의무는 세자를 생산하는 것으로 이 역시 왕의 수명을 갉아먹는 일이었다. 한편 왕비가 병에 걸리면 여성의 질병을 담당하는 의녀가 치료를 맡는다.

그렇다면, 왕이 세상을 뜨고 나면 후궁과 궁녀들은 어떻게 살았을까.

상궁은 나이를 먹어 근무를 계속하지 못하는 상태가 되거나 중병에 걸리면 친정으로 돌아갔다. 개중에는 출가하여 절에 들어가는 이도 있었다.

궁녀가 죽으면 궁중에서 제례용 하사품이 내려지는데, 친정 식구들은 궁녀의 공로를 기리기 위해 이 하사품을 절에 공양하기도 했다. 지금도 궁궐 근처에 있는 절에 가면 상궁의 이름으로 기부한 물품이 남아 있는 것을 볼 수 있다. 조선 시대 때는 불교가 탄압의 대상이었지만 완전히 금지되지는 않았기 때문에 각 개인이 믿는 행위까지 권력으로 막지는 않았다.

친정이 없거나 일가친척이 없는 궁녀는 대부분 출가하여 절에 들어갔다. 궁녀들은 대부분 불교 신자가 많았다. 젊은 궁녀 시절부터 노후를 생각해 은퇴 후에는 절에 들어가는 사람이 적지 않았던 것이다.

서울 동대문구 숭인동에는 청룡사라는 작은 절이 있다. 이곳에는 영조 임금이 하사한 '정업원구기淨業院舊基'라고 새겨져 있는 비석이 하나 있다. 이 정업원 옛터가 있는 절은 원래 고려와 조선 시대에 도성 안에 있는 거의 유일한 비구니 사찰이었다. 양반 여성이 승려가 되거나 궁녀가 늙어 승려가 되던 절이었다.

조선 시대 때 이 절집은 여러 번 짓고 허무는 일이 반복되었다. 그러다가 1612년(광해 4)에 허문 후에는 다시 건립되지 않았다. '정업원구기'라는 비석은 제6대 단종의 비였던 정순왕후가 단종과 헤어진 뒤에 이곳에서 주지로 지낸 사실을 안 정조가 애통해하며 세운 비석이다. 이

청룡사. 서울 종로구 숭인동에 있다.

청룡사는 특히 궁에서 나온 궁녀들이 늙어 몸을 의탁한 절로 유명했다.

후궁만 15명을 거느린 연산군

왕비와 동침하는 것은 왕 스스로 정할 수 없었다. 나이 든 상궁이 길
일을 골라 '그날'을 정했다. 선택된 날에 왕비는 옅은 화장을 하고 복숭
앗빛의 상의와 감색 치마, 아름다운 장식품을 몸에 걸치고 왕의 방으로
안내 받아 들어갔다.

한편 동침할 상대가 궁녀일 경우에는 왕이 하룻밤을 함께 보낼 상대를 자유롭게 고를 수 있었다. 궁녀가 왕과 동침의 기회를 갖게 되는 것을 '승은을 입었다'고 한다. 그 후부터 해당 궁녀는 '승은나인'이라고 불리며 특별 대우를 받는다. 그 궁녀에 대한 왕의 애정이 계속 이어지면 그녀는 후궁이 될 수도 있었다.

왕과 왕비 중에서 가엾은 쪽은 당연히 왕비이다. 왕비는 왕이 후궁에게 가서 머물더라도 질투해서는 안 되었다. 왕과 관계가 나빠지면 정치에도, 신하에게도 악영향을 미치기 때문이다. 심한 질투 때문에 죽음을 초래한 연산군의 생모 폐비 윤씨가 좋은 예이다. 왕과 관계가 악화된 왕비는 '칠거지악七去之惡'으로 불경죄를 물어 왕비 자리에서 쫓겨나고 사약을 받는 일도 있었다.

궁중에서 출산할 수 있는 여인은 왕비와 동궁(세자)의 정실, 그리고 후궁밖에 없었다. 그때 출산을 돌보는 사람은 그녀들의 친정어머니이다. 출산이 임박하면 임산부의 방에 부적을 붙이고 주문을 읊는다. 이 모든 의식이 안전한 출산을 기도하는 것이다. 남자아이가 태어날 경우는 금종, 여자아이가 태어나면 은종을 울렸다고 하지만 실제로는 동종銅鐘을 울렸다.

정식으로 등재된 조선 시대 후궁 숫자는 117명에 달한다. 역대 왕별로 보자면 연산군이 가장 많았다. 연산군의 후궁은 무려 15명이었다.

당연한 결과이지만 역대 왕들이 낳은 자녀들의 숫자도 엄청나서 260명에 이르렀다. 왕비가 낳은 남자 즉 대군大君이 49명, 후궁이 낳은 남자,

즉 군君이 93명, 왕비가 낳은 여자 즉 공주公主가 36명, 후궁이 낳은 여자
즉 옹주翁主가 82명이었다.

빈에서 숙원까지, 후궁의 18계단 품계

궁녀는 정1품부터 종9품까지 18단계의 품계品階가 있다.

1품에서 9품까지 품계에는 각각 '정正'과 '종從'이 있어 모두 합하면
18개 품계가 된다. 종은 정보다 하위 지위이다. 이 가운데서 정5품보
다 밑에 있는 품계는 실제로 왕궁에서 일하는 궁녀들이다. MBC 드라마
〈대장금〉에 등장하는 상궁은 정5품으로 일하는 궁녀 중에서 최고위 궁
녀이다. 한편 정1품부터 종4품까지 품계를 가진 궁녀는 실제로 일하지
는 않았다. 그녀들은 모두 왕의 후궁(측실)이었기 때문이다.

궁녀의 품계와 명칭을 알아보자.

정1품 : 빈嬪, 종1품 : 귀인貴人, 정2품 : 소의昭儀, 종2품 : 숙의淑儀, 정3
품 : 소용昭容, 종3품 : 숙용淑容, 정4품 : 소원昭媛, 종4품 : 숙원淑媛….

이 품계를 보면 알 수 있듯이 후궁의 최고 지위는 정1품 '빈'이다.

기본적으로 후궁의 품계는 왕에게 어느 정도 총애를 받아 어떤 아이
를 낳았느냐에 따라 정해졌다. 왕자를 낳았을 경우와 공주를 낳았을 경
우, 아이를 낳지 못했을 경우 등에 따라 분명한 차이가 생긴다. 또한 친
정집의 신분에 따라서도 후궁의 품계가 달라졌다.

궁녀의 성인식은 평생 단 한 번뿐

궁녀는 내수사에 등록된 천민 중에서 선출했다. 앞서 말했지만 궁녀로 한번 궁에 들어가면 궁에서 일생을 독신으로 살아야 했다.

왕과 왕비를 모시는 지밀상궁은 1년에 한 번 네다섯 살 어린 소녀를 모집했다. 또한 좋은 손재주가 필요한 침방은 예닐곱 살, 밥을 짓거나 세탁하는 등 힘이 필요한 궁녀는 열두서너 살 소녀를 채용하는 등의 연령 제한이 있었다.

궁녀를 뽑는 데는 엄격한 조건이 있었다. 우선 부모와 조상 중에 범죄자가 없어야 할 것, 근친 중에 유전병을 가지고 있는 사람이 없어야 할 것, 그리고 무엇보다도 처녀여야 했다.

궁녀가 되기 위해 궁으로 들어가면 우선 맨 처음 왕을 알현하고 왕에게 직접 새로운 이름을 받았다. 이는 입궐하기 전 속세의 일을 모두 버리고 새로운 인생을 시작하라는 뜻이다.

궁녀들은 우선 아기나인이 되어 각 부서에서 일했다. 15세가 되면 성인식을 치르고 품계를 내려 정식으로 궁녀(나인)가 되었다. 관례(성인식) 때는 왕에게서 피륙을 하사받고 머리에는 꽃 관을 쓰며 화려한 신부 의상을 입었다. 그리고 양반만이 찰 수 있던 노리개를 찬 다음 가마를 타고 궁중으로 들어갔다. 후궁이 되지 못하는 많은 궁녀들에게 관례는 평생 한 번밖에 없는 경사스러운 날이자 절대 궁 바깥으로 나갈 수 없는 첫날이기도 했다.

궁녀가 하는 여러 가지 일들

궁에서 일하는 궁녀에게도 맡은 부서가 있다. 왕과 왕비를 모시는 궁녀도 있지만 궁의 가사를 담당하는 궁녀들에게는 모두 담당 역할이 있었던 것이다.

궁녀가 맡은 일은 크게 지밀至密·침방針房·수방繡房·세수간洗手間·생과방生果房·소주방燒廚房·세답방洗踏房 등 일곱 가지로 나뉘었다.

MBC 드라마 〈대장금〉의 주요 무대로 등장한 수라간은 조리 담당인 소주방 안에서도 특히 왕의 식사를 담당하는 부서이다.

궁녀가 맡은 부서 중에 지밀 궁녀가 가장 엘리트 부서였다. 이들은 왕과 왕비를 가장 가까이서 모시며 직접 시중을 들었다. 왕과 왕비의 하루하루 의식주를 처리하는 일에서부터 제례 진행까지 집행하는 중요한 부서였기 때문이다. 이들은 왕과 왕비의 은밀한 사생활까지 세세히 들여다볼 수 있었다. 그러나 이곳에서 벌어진 일은 절대로 비밀을 유지해야 했으므로 지밀至密이라는 명칭이 붙은 것이었다. 지밀궁녀는 채용 방법부터 다른 궁녀들과는 달랐다. 네다섯 살 아주 어린 나이에 궁중으로 들어가 엘리트 궁녀 교육을 받아야 했다. 지밀은 또 왕과 거리가 가깝기 때문에 후궁이 될 가능성도 많았다고 밝힌 바 있다.

지밀 다음으로 신분이 높은 궁녀가 침방과 수방을 담당하는 이들이었다. 침방은 왕궁 내에서 왕족의 복장을 시작으로 궁중에서 사용되는 의복을 담당했다. 수방은 보와 흉배, 병풍 등 자수 전반에 관한 일을 담당했다. 궁녀가 담당하는 일은 왕과 거리가 가까울수록 격이 높았다. 그래서 일곱 가지 중에서 가장 격이 낮은 부서는 세탁을 담당하는 세답방이었다. 일곱 가지 각 부서에는 감독하는 위치인 상궁, 실제로 업무를 진행하는 나인, 또 그 밑에 아기나인이 있었다.

MBC 드라마 〈대장금〉에 '최고 상궁'이라는 보직이 등장하는데 이는 픽션이다. 실제로는 '제조상궁'이 최고 지위의 궁녀였다.

흔히 역사 드라마에 등장하는 무수리는 궁녀 중에서도 가장 낮은 직급이었다. 물을 긷는 일을 담당한다고 해서 무수리라고 부른 것이다. 상궁의 하녀로 일하는 비녀는 궁에서 붙박이로 살며 일했지만 무수리는 통근을 했다. 그만큼 신분은 낮았지만 행동은 자유로운 궁녀였다.

궁녀가 '승은상궁'이 되면

드라마 〈동이〉에서 동이가 19대 임금 숙종의 승은상궁으로 지명되는 장면이 있다. 왕의 총애를 입어 이미 후궁처럼 대우받고 있음에도 '상궁'이라는 이름이 붙어 있는 것이다. 승은상궁은 어떤 위치였는지 알아보자.

결론을 먼저 설명하자면 승은상궁은 후궁 같아 보이지만 후궁은 아니었다.

조선 시대의 왕은 왕비를 포함해 여러 명의 후궁을 거느릴 수 있었다.

궁녀가 되는 순간 궁녀는 왕과 유사 결혼을 한 존재이다. 그렇기 때문에 왕은 자유롭게 궁녀를 후궁으로 지명할 수 있었다.

궁녀 중에서도 왕에게 총애를 받아 '왕이 손을 댄 궁녀'를 '승은나인'이라고 불렀다. 어떤 부서에서 일하는 궁녀이든 왕의 마음에 든 궁녀는 '승은상궁'이라 부르고 정5품의 지위를 부여받는 동시에 왕을 모시는 것 외의 일은 모두 면제받았다. '승은상궁' 또는 '승은나인'은 후궁의 바로 밑의 지위이다. 조선 시대 때 나인에서 상궁이 되기까지 약 20년 정도가 걸렸다는 것을 감안하면 고속 출세였다.

승은상궁이 되면 왕과 함께 밤을 보내는데, 그렇다고 후궁이 되는 것이 아니라 신분은 변함없이 궁녀였다. 그러다 승은상궁이 왕의 아이를 낳으면 정식으로 후궁이 될 뿐만 아니라 왕의 총애에 따라 후궁 중에서도 높은 위치까지 올라갈 수 있었다.

승은상궁으로는 희대의 악녀로 역사에 기록된 김개시가 가장 유명하다. 그녀는 제14대 선조의 승은나인이었다. 드라마 〈동이〉의 주인공 숙빈 최씨는 승은상궁에서 후궁이 된 궁녀들 가운데 가장 출세한 여인이라고 할 수 있다. 후궁 중에서 최고 위치의 빈嬪이 된 그녀는 조선왕조 역대 왕 중에서 가장 오래 임금을 지낸 제21대 영조의 생모였다.

제4장

독살
의혹

이상주의자 조광조

만약 왕비가 죽거나 폐위당하는 경우 젊은 10대 여성을 새로운 정실로 맞아들인다. 이것이 조선왕조의 전통적인 관례였다. 중종은 창자가 끊어지는 고통을 느끼며 사랑하는 아내 단경왕후 신씨와 절연하고 두 번째 정실로 16세인 장경왕후 윤씨를 맞았다. 그녀는 25세 때 왕자를 낳았다. 그러나 산후병으로 안타깝게도 6일 만에 죽었다. 중종은 다시 새로운 왕비를 맞아야 했다. 세 번째 왕비로 간택받은 이는 문정왕후 윤씨였다. 역시 17세밖에 되지 않은 소녀로 중종의 나이 30세 때였다.

중종의 가장 큰 고민은 중종반정을 성공시킨 후에 자신을 왕으로 추대한 공신들에게 큰소리를 칠 수 없다는 점이었다. 그래서 중종은 성종 때부터 시대의 흐름을 주도하고 있는 사림파 관료들에게 많은 것을 의지하였다.

사림파는 연산군 시절에 철저하게 탄압을 받다 세력이 쇠퇴한 상태였다. 중종은 이 같은 사림파 선비들을 복권시켜 왕을 보필하는 강력한 세력으로 만들고자 했다.

사림파 중에서 특히 주목받은 인물이 당대 최고의 지성이라는 평가를 받던 조광조趙光祖였다. 그는 이상주의에 심취한 유학자였다. 그랬기에 왕인 중종에게도 아첨하지 않고 바른말을 했으며, 왕은 진지하게 백성을 통치해야 한다는 왕도를 주장하기도 했다.

이런 조광조의 사상에 중종은 큰 매력을 느꼈고 점점 조광조를 신임하여 측근에 두게 되었다. 조광조는 중종반정의 공신들이 공적 이상으로 너무 과한 덕을 보고 있다고 공격하던 인물이었다. 조광조의 눈에는 공신들이 모두 '타락한 인물'로 보였다.

게다가 조광조는 순수한 관료였다. 설사 친한 친구라도 잘못하는 일이 있을 때는 결코 봐주지 않고 비판을 가했다. 당연한 결과지만, 이런 조광조에 대한 중종반정 공신들의 반발은 거셌다. 그들은 자기들의 안락한 여생을 위해 조광조의 실각을 노리고 있었다.

조광조를 실각시키려는 실행 계획은 무척이나 손이 많이 가는 일이었다. 이것은 중등학교 역사 교과서에도 나오는 이야기이다. 공신들은 야비하게도 궁궐에 있는 무성한 나뭇잎 중 하나에다 꿀을 묻혀 '주초위왕走肖爲王'이라는 글자를 써넣었다. 시간이 지나 벌레들이 꿀이 묻은 부분만 먹어치우자 선명한 글자 형태가 드러났다. 주초走肖는 조趙를 의미하며, 이 네 한자를 합하면 '조광조가 왕이 된다'는 의미가 되었다. 이 잎사귀를 확보한 자들은 의도적으로 떠들썩한 소동을 벌이기 시작했다.

"조광조가 왕위를 노리고 일부러 잎사귀에 이런 글자를 새긴 것이다."

이 소동은 중종의 귀에도 들어갔다. 나뭇잎을 본 중종 역시 '현재의 왕인 자신을 제쳐 두고 신하인 조광조가 왕위에 오른다'는 내용에 불쾌감을 느낀 것은 당연했다. 이런 분위기를 놓치지 않은 조광조의 반대 세력은 중종에게 상소를 올렸다.

조광조 일파가 정권의 요직을 차지하고 실제로 왕위를 노리는 듯한 움직임을 보이고 있습니다.

잔뜩 의심이 커진 귀가 얇은 중종은 결국 조광조를 단죄한다는 결단을 내리게 되었다. 자신이 가장 신뢰하던 측근 신하였지만 마지막 순간까지 조광조를 감싸 주지는 못했다. 그러기에 중종은 너무나도 우유부단한 왕에 지나지 않았다. 중종의 비극이고 한계였다.

조광조 제거가 확정되자 전국의 유생儒生들이 대거 궁궐 문 앞으로 몰려와 조광조의 무죄를 호소했다. 그러나 조광조가 이토록 유생들에게 대대적인 지지와 존경을 받고 있다는 사실이 오히려 중종에게는 더 큰 공포로 다가왔다. 공신들 말처럼 이대로 조광조가 조정에 있게 되면 어떻게 될까. 본인이 원하지 않더라도 신망이 높으니 정말로 왕위를 빼앗길 수도 있겠다고 생각한 것이다.

유배형을 받은 조광조는 1519년(중종 14) 12월에 사약을 받고 세상을 떴다. 청신하고 새로운 세상을 꿈꾼 순수한 관리의 너무나 짧은 삶이었다. 그는 죽을 때 이런 시를 남겼다.

임금을 어버이처럼 사랑하고　　　　愛君如愛父

나라 걱정을 내 집 걱정하듯 하였노라　　憂國如憂家

밝은 해가 이 세상을 내려다보니　　　白日臨下土

나의 붉은 마음 환히 비추리　　　　昭昭照丹衷

　조정을 맑고 밝게 하려던 조광조의 개혁 정책은 비록 반대 세력에 의해 좌절되었지만 그의 사상은 후대의 정치가와 유학자들에게 절대적인 영향을 주었다. 그가 훗날 명예를 회복하고 이상적인 학자로 평가되는 것도 그의 고결한 인격을 생각해 보면 당연한 일이었다.

효자의 거울

반정공신들에게 등 떠밀려 왕이 된 중종이었지만 그는 38년 동안이나 왕위를 누렸다. 재위 기간으로는 조선왕조 역대 27명의 왕 중에서 다섯 번째였다. 그러나 만년에는 병에 시달려야 했다. 자리에 드러누울 때도 많았다. 중종이 병석에 누워 있는 모습은 MBC 드라마 〈대장금〉에 자주 등장하고 있다. 역사적 사실도 그랬다.

　병약한 늙은 중종을 장남인 호岵는 헌신적으로 간병했다. 그는 중종

중종 추존도

의 두 번째 왕비인 장경왕후가 낳은 왕자였다. 장경왕후가 출산 후 며칠 만에 바로 세상을 떠났기 때문에 호는 친어머니의 사랑을 받지 못한 채 자랐다.

이런 세자를 곤경에 빠뜨리려고 온갖 꼼수를 사용한 인물이 있었다. 문정왕후였다. 그녀는 중종의 세 번째 왕비이자 왕자 경원대군의 생모였다. 문정왕후는 자신이 낳은 아들을 왕위에 앉히고자 갖은 계략을 꾸몄다. 몇 번이고 세자의 목숨을 노리는 음모를 실행했던 것이다. 수단은 점점 과격해졌다. 궁에 불을 질러 세자 부부를 태워 죽이려고 했던 일도 있었다. 확실히 문정왕후는 냉혹하고 무자비한 계모였다. 그래도 착한 세자는 문정왕후를 어머니로 여기며 공경했다. 당연한 자식의 도리라고 믿었던 것이다.

이 정도로 효심이 깊었기 때문에 중종의 병세가 나아지지 않고 계속 나빠지자 세자는 애처로울 정도로 병석을 지켰다. 세자는 관을 벗지 않고 밤낮으로 계속 중종의 곁에서 간병했다. 게다가 식음을 끊은 아버지를 생각하며 자신도 수저를 들지 않았다.

이런 보람도 없이 1544년(중종 39)에 56세의 나이로 중종이 승하했다. 슬픔에 빠진 세자는 닷새 동안 아무것도 먹지도 마시지도 않았다. 이 이야기가 세간에 퍼지자 사람들은 세자를 '효자의 거울'이라고 칭송했다.

장금이가 맡았던 '약방기생'

'장금이'를 한자로 쓰면 장금長今이다. 장금이는 조선왕조 중종 때 살았던 실존 인물로서 직업은 의녀醫女였다.

'의녀'란 궁 안에 있는 신분 높은 여성들을 진찰하던 여관女官인데, 또 다른 별칭으로 '약방기생'이라고도 불렀다.

엄격한 유교 국가였던 조선에서는 여성이 외간 남자에게 피부를 내보이는 일을 극도로 꺼렸다. 이 때문에 궁에서 의관에게 치료를 받지 못해 세상을 뜨는 여성들도 있었다. 이러한 사태를 방지하기 위해 만들어진 관직이 바로 의녀, 즉 약방기생이었다.

'약방藥房'이라는 말은 이해가 되지만 여기에 왜 기생이 붙을까. 요즈음은 의사가 엘리트 직업에 속하지만, 조선왕조 때는 상류계급인 양반은 고사하고 서민들 중에서도 의사가 되고 싶어 하는 여성은 없었다. 어쩔 수 없이 최하위 계층인 노비들 중에서 재능 있는 인재를 찾아내 중국 의학인 한방漢方과 침술을 가르쳐 의녀로 만들어야 했다.

따라서 의녀의 지위는 낮았다. 일패一牌인 관기官妓의 지위와 같았다. 여기에 의녀는 가무음곡을 연기하는 기생의 역할도 겸했으며 게다가 때로는 연회 등에 참석하는 작부와 같은 역할도 맡아야 했다. 별칭을 약방기생이라고 부르는 이유이다.

MBC 드라마 〈대장금〉은 '궁정 요리사로 등장하는 주인공이 궁중에서 벌어지는 음모에 휘말려 제주도로 유배를 가게 되고, 그곳 유배지에서 의술을 공부해 의녀가 되어 궁으로 돌아온다. 그러고는 마침내 중종의 주치의관이 되어 대장금大長今이라는 칭호를 얻게 된다'는 파란만장한 조선왕조판 여성 석세스 스토리이다.

그렇다면 실존인물인 장금이는 어떤 인물이었을까 몹시 궁금해진다. 그런데 자료가 별로 충분치 않고 단편적인 기록밖에 남아 있지 않다는 것을 알 수 있었다.

『조선왕조실록』의 「중종실록」편에는 '중종의 주치의가 된 의녀가 있었다는 것', '그 의녀가 중용되고 대장금의 칭호를 받았다는 것' 정도의 간단한 기록만 남아 있다. 장금이가 실제로 어떠한 일생을 보냈는지에 대해서는 도무지 알 길이 없다.

드라마 〈대장금〉은 이렇게 얼마 안 되는 기록에서 아이디어를 얻어 작가의 풍부한 상상력으로 빚은 장대한 팩션 사극이라고 할 수 있다.

〈대장금〉의 전반부에는 장금이가 만드는 궁중 요리가 시청자의 눈을 즐겁게 하는데, 장금이가 요리사였다는 것은 사실 완전한 허구이다. 실재 인물 장금이는 어디까지나 의녀였을 뿐이다.

드라마는 대히트를 쳤다. 최고 시청률 50%를 넘는 괴물 프로그램이 되었다. 외국, 특히 일본에서 가장 인기를 얻은 한국의 역사 드라마가 〈대장금〉이다.

문정왕후의 계략도 모르고

세자 호가 너무 슬퍼했으므로 측근들은 세자마저 쓰러지는 것이 아닐까 하며 걱정했다. 실제로 세자는 중종에 이어 제12대 인종으로 즉위했지만 건강상태는 계속 좋지 않았다. 누구나 아버지를 간병하다 몸을 상한 때문이라고 생각했지만, 인종은 여전히 아버지가 돌아가신 것은 자식 탓이라며 자책을 계속했다.

문정왕후는 인종의 병약한 모습을 유심히 지켜보고 있었다. 그녀는 모든 상황을 자신의 아들을 왕위로 올리는 일과 결부해서 생각하였기 때문이다. 그래서 훗날 문정왕후는 인종 독살을 계획했다는 의심을 계속 받게 된 것인지도 모른다. 조선왕조의 역대 왕 중에는 '독살'의 의혹을 받는 왕이 상당수 있다. 이는 소문에 지나지 않는 것도 많지만 인종의 독살설만은 아직도 신빙성 있는 케이스로 자주 논쟁거리가 되고 있다.

인종이 세상을 뜬 당시의 상황을 살펴보자. 1545년(인종 1) 6월 17일, 측근은 인종에게 다음과 같은 보고를 했다.

"내일 점심 제사 후에 문안하러 들르라는 대비전의 말씀이 있었습니다. 그러나 전하의 상태가 별로 좋지 않고 태양빛도 뜨거우니 무리하시면 병을 얻으실지 모릅니다. 부디 거동을 삼가해 주시옵소서."

이 보고에 인종은 고개를 저었다.

"짐은 건강을 회복했으며 더워도 제사를 중단할 수는 없는 일이다. 아들로서 마땅히 해야 할 일을 하지 못하는 것은 슬픈 일이다."

이렇게 대답한 인종은 다음날 제사를 지낸 후에 문정왕후를 방문했다. 이때 문정왕후는 인종에게 떡을 권했다. 언제나 무서운 표정으로 자신을 대하던 계모가 이날만은 기분이 좋아 보였다. 이를 기쁘게 여긴 인종은 왕후가 내놓은 떡을 그대로 먹었다. 잠시 후 인종의 설사병이 악화되었다. 의관이 진찰을 하고 여러 가지 약재를 처방한 약을 받았지만 몸상태는 악화되기만 할 뿐이었다.

6월 26일이 되자 인종은 고열로 괴로워하다가 혼절하고 말았다. 상태가 심각해지자 의관들은 왕궁에서 가장 조용한 별각別閣으로 인종의 병상을 옮겼다. 일종의 요양 같은 효과가 있었는지 인종의 의식이 돌아왔다. 용태가 조금 호전되는 듯했다. 의관들이 한숨을 놓고 있는데 별안간 문정왕후가 소동을 벌였다. 문정왕후는 이런 명령을 내렸다.

"전하의 병상이 너무 위험하다 하니 나는 왕궁을 나가 의혜공주 집에 머물며 전하의 병상을 지켜보고 싶소."

의혜공주는 문정왕후의 딸이다. 이상하지 않은가. 왕이 위독한 이런 때 출가한 딸네 집에 가고 싶다는 말이지 않은가. 중신들 사이에서도 반대 의견이 쏟아져 나왔다.

"이런 시기에 대비마마의 출궁은 옳은 일이 아닙니다. 전하의 병상이 좋지 않은 것을 봐도 지금은 간병에 대비하심이 마땅하다고 생각합니다. 마마의 출궁은 모두를 놀라게 할 뿐, 백성들이 이를 알면 의심하여 무슨 일이 일어날지도 모릅니다."

중신들의 반대 의견에 대해 문정왕후는 노골적으로 불쾌해했다. 그러면서 계속 의혜공주의 집으로 가겠다고 고집했다. 하지만 조정 중신들이 문정왕후의 출궁을 허가할 리가 없었다. 왜냐하면 궁으로 시집온 여성은 어떤 사정이 있다고 하더라도 평생 궁에서 나가지 않는 것이 관례였기 때문이다. 설사 신분이 대비라고 해도 예외는 없었다.

왜 문정왕후는 이런 궁중 법도를 어기려고 했을까. 그녀가 인종의 목숨을 노렸다는 사실은 궁 안에서도 아는 사람들이 있었기 때문에 "가까이서 인종을 지켜보고 싶다"는 문정왕후의 말을 액면 그대로 받아들이는 사람은 없었다.

그럼에도 천연덕스럽게 왕의 병세를 걱정하는 기색을 보이는 문정왕후가 외출하고자 강력하게 주장한 목적은 두 가지로 추정된다. 하나는 중신들을 혼란시키는 것, 다른 하나는 인종의 상태를 왕궁 밖에 알리는 것이었다.

특히 문정왕후가 인종의 중병을 백성들에게 알리려고 했다는 사실은 틀림없다. 백성들 사이에서 민심의 동요가 퍼지면 이는 인종의 왕권이 흔들리는 것을 의미했다. 자신이 낳은 아들 경원대군을 왕위에 올리는 일에 집념을 불태우던 문정왕후였으니, 인종의 병세에 신경을 곤두세우며 무리한 행동을 함으로써 조정을 더욱 혼란스럽게 만들려고 했는지도 모른다.

고작 8개월짜리 왕

중신들이 문정왕후의 궁 밖 외출 문제로 실랑이를 벌이는 사이 인종의 병세는 점점 위중한 상태에 빠져들고 있었다. 1545년 6월 28일, 인종을 진찰한 의관은 이런 소견을 말했다.

"기氣가 점점 약해지고 있는 것은 아닌가 걱정됩니다. 선왕의 죽음을 너무 슬퍼하여 수척해진 것이 원인이 되어 오장육부에 손상이 생겼고, 이것이 병의 원인이 되었다고 사료됩니다."

이 의관 소견에 언급되는 '오장육부의 손상'이라는 진단은 무엇을 뜻하는가. 의관은 '중종의 죽음을 너무 슬퍼하여 수척해진 것이 원인'이라고 했다. 하지만 독을 마신 경우에도 내장이 손상되는 것이다. 그런데 의관은 해독 처치를 하지 않았다.

또 다른 의관은 중신들에게 다음과 같이 보고했다.

"전하께서 말씀하시기를 '어떤 열이 짐의 몸에 들어왔다 나갔다 하고 있는데 이는 더위 탓인가?' 그래서 저는 '더위가 원인이 되어 열이 나는 것이라고 사료됩니다. 단, 약을 드시지 않으면 나을 방도가 없어 걱정입니다'라고 말씀드렸습니다. 그러자 전하께서 '일부러 먹지 않는 게 아니라 너무 괴로워서 먹을 수 없을 뿐이다'라고 말씀하셨습니다."

이때까지는 인종과 대화가 가능했지만 이 이후에는 상태가 극도로 악화되었다.

인종의 왕비 인성왕후 박씨는 너무 걱정이 되어 자신의 손가락을 베어 피를 내려고도 했다. 나름대로 회생을 소망하는 행동이었다. 하지만 중신들은 "그렇게 하셔도 전하의 병은 낫지 않습니다"고 설득하였다.

이런 일이 있고 난 바로 뒤에 문정왕후는 다시 외출하겠다는 말을 해 중신들을 더욱 곤혹스럽게 만들었다. 그녀의 집요한 행동은 조정을 점점 불온한 공기에 휩싸이게 했다.

결국 인종은 1545년 7월 1일에 세상을 떠났다. 아직 31세라는 젊은 나이였다. 재위 기간은 고작 8개월에 지나지 않았다.

『조선왕조실록』은 인종에 대해 이렇게 기록하고 있다.

품성이 순수하며 냉정하고 온후한 분이셨다. 학문에도 통달했으며 효심도 각별하셨다. 세자 시절부터 종일 허리를 곧게 피고 언동도 적절하게 하셨다. 즉위 후에는 정치에 몰두하고 이치에 맞는 행동을 하셨다. 어떤 때는 직접 상소문에 답하셨는데 그 내용과 의미가 매우 뛰어나 사람들은 모두 탄복했다. (…) 병이 깊어지자 서울 사람들이 궁궐 앞에 계속 모여들어 자지 않고 밤을 새며 안부를 염려했고, 사정을 알 만한 사람을 붙잡고 "전하의 병색은 어떻습니까"라고 물었다. 승하하신 날에는 모든 백성들이 길 위에 엎드려 통곡했으며 그 비탄과 슬픔은 마치 자신의 어버이를 잃은 듯했다.

역대 27명의 왕 중에서 인종만큼 효자라고 칭송받은 왕은 없었다. 유교적 가치관으로 말하자면 인종은 성군으로 불릴 만한 존재였다.

그러나 문정왕후는 전혀 다른 반응을 보였다. 인종의 장례식 기간에도 믿을 수 없을 정도로 가볍게 행동했다. 슬퍼하기는커녕 잔칫날을 앞둔 사람 같았다. 아직 12세밖에 되지 않은 경원대군이 제13대 명종으로 즉위하게 되면 수렴청정으로 권세를 마음대로 휘두를 수 있었기 때문이었다. 문정왕후는 중신들을 앞에 두고 서슴없이 엄청난 말을 꺼냈다.

"인종은 1년도 채 왕위를 지키지 못한 왕이었으니 지금까지의 관례를 따를 수는 없다."

실제로 인종의 장례식은 왕의 장례식으로는 격에 맞지 않을 정도로 간소하게 치러졌다. 또 복상服喪 기간도 단축하고 인종의 능묘도 격하시켰다.

문정왕후는 왜 이 정도까지 인종을 멸시했을까. 이런 점도 문정왕후가 인종을 독살했다는 설에 더욱 힘을 실어 준다. 인종과 명종은 다 같은 중종의 아들들이지만 명종을 보다 훌륭한 왕으로 만들려면 인종의 재위를 줄이고 격을 떨어뜨릴 필요가 있었던 것이다. 문정왕후는 그러기 위해 수단과 방법을 가리지 않은 여성이었다.

후에 밝혀진 일이지만, 인종은 이복동생인 경원대군에게 왕위를 잇게 하기 위해 자신은 아들을 낳지 않았다고 한다. 이렇게 자애로운 마음을 지녔던 왕이 인종이다. 후세 사람들이 인종을 '비극의 왕'으로 생각하는 이유는, 너무 짧은 재위 기간 때문만은 아니었다. 그보다는 너무나 냉혹한 계모를 두었던 그의 운명이 더 가엾어 보였기 때문이었다.

죽음도 사회 환원

앞서 밝혔듯 윤원형은 문정왕후의 남동생이다. 윤원형은 어린 나이에 왕위에 오른 명종의 수렴청정을 맡은 누나 문정왕후의 든든한 백으로, 단숨에 세력을 확대했다. 그는 조선시대 3대 악녀 중 한 사람으로 지목된 애인 정난정과 결탁하여 누이가 시키는 대로 인종 시절에 등용된 사림과 고관들을 차례차례 숙청해 나갔다. 그 대신 새로운 권력 실세로 조정을 좌지우지하게 된 이들은 원래부터 부패한 부류였기 때문에 조정은 더욱 부패해졌다. 당연히 서민 생활은 더욱 궁핍해져 갔다.

한양 거리에는 이런 벽보가 나붙었다.

여왕이 집정하고 간신배들이 권세를 농단하여 나라가 망해가고 있는데 이를 보고만 있을 것인가?

진실을 말하는 사람은 오히려 큰 화를 당하는 게 잘못된 세상의 관행이었다. 문정왕후는 자기와 남동생 윤원형을 비난하는 벽보의 문장 속에서 모반의 냄새를 맡고 이 벽보를 붙인 사람을 어떻게든 찾아내자고 애를 썼다. 이 수색 과정에서 죄 없는 많은 백성들이 누명을 쓰고 엄벌에 처해지기도 했다.

정작 왕위에 오른 명종은, 어머니 문정왕후와 윤원형이 짜고 벌이는 횡포를 누구보다도 슬퍼했다. 나이는 비록 어렸지만 알 것은 아는 왕이었다. 그러나 어머니의 섭정 기간은 예상 외로 길었다. 그만큼 문정왕후의 권력욕은 강했다. 성인이 된 후에도 명종은 독자적인 통치력을 발휘할 수 없었다. 그런 뜻에서 친어머니 문정왕후와 외삼촌 윤원형은 명종이 성군이 될 싹을 모조리 뽑아 버린 나쁜 사람이라고 할 수 있다.

사리사욕을 채우는 악덕 관료들이 설치는 악정이 계속되는 동안 엎친데 겹친 격의 일들은 연이었다. 16세기 중반인 이 시기에는 농사도 말로 표현할 수 없는 흉작이었다. 백성들의 생활은 날로 곤궁해졌지만 국가는 이들을 전혀 구제하지 못하였다. 현실적으로는 문정왕후가 죽는 것만이 백성들의 빈곤을 구제할 유일한 방법이라는 민심이 형성되었다.

1565년(명종 20)이 되어서야 64세의 문정왕후는 원망으로 가득한 백성들의 기대대로 세상을 떠났다. 이렇게 되자 그동안 문정왕후에 빌붙어서 권력을 누리던 추종자들의 운명도 위험해졌다. 곧바로 윤원형과 정난정은 실각하고 자결할 수밖에 없었다. 자업자득이었다. 말로 표현할 수 없는 비참하고 더러운 죽음이었다.

문정왕후가 떠났으므로 백성들은 왕이 혼란한 국정을 다시 일으켜 세우기를 기대했다. 하지만 이미 명종의 삶도 얼마 남지 않았다. 이 정도로 어머니 문정왕후의 악정은 명종의 정신과 육체를 괴롭혔던 것이다. 명종은 어머니와 숙부의 죽음을 어떻게 받아들였을까.

1567년(명종 22), 명종은 34세의 나이로 유명을 달리하고 만다. 어머니가 죽은 지 불과 2년 뒤였다.

명종에게는 외아들이 있었지만 아들 또한 1563년(명종 18)에 13세의 나이로 요절한 뒤였다. 이때 궁에는 정비가 낳은 왕자가 한 사람도 남아 있지 않았기에 후궁이 낳은 방계 혈통에서 후계자를 고를 수밖에 없었다. 이렇게 하여 중종의 일곱째 아들 덕흥군(후궁 안씨 소생)의 셋째 아들 하성군이 명종의 뒤를 이어 제14대 선조가 되었다. 16세 소년이었다.

선조는 조선왕조의 왕 가운데 서자 출신으로는 처음으로 왕위에 올랐다. 이제까지는 후궁이 낳은 소생이 왕이 된 적이 없었다. 따라서 선조의 즉위는 왕권의 정통성을 흔드는 일대 사건이었다. 당시는 엄격한 신분제도가 적용되는 유교 사회였다. 서자에게는 출세의 기회가 전혀 없었다. 그런데 왕가에서 서자가 왕위를 이었으므로 커다란 자기모순에 빠지는 일이었다. 선조 이후 조선왕조 중기부터 후기에 걸쳐 서자 출신의 왕이 늘어난다. 이것은 정비가 낳은 아들들이 부족했다는 사정 때문이었다. 왜 왕들은 일반 백성들에 비해 아들을 낳기가 그리 힘들었을까.

문정왕후와 정난정은 '악녀 파트너'

조선왕조 제11대 임금 중종에게는 왕비가 세 명 있었다.

첫 번째 왕비는 단경왕후 신씨로, 연산군의 외척인 신수근이 아버지라는 이유로 중종반정 1주일 후에 폐위되었다.

두 번째 왕비는 장경왕후 윤씨였는데, 그녀는 1515년에 아들을 낳은 후 엿새 만에 25세의 젊은 나이로 죽었다.

세 번째 정실이 바로 조선왕조 사상 가장 요란한 문제녀인 문정왕후 윤씨로 장경왕후 윤씨의 조카였다. 그리고 문정왕후 윤씨의 남동생인 윤원형의 첩이 정난정鄭蘭貞이었다. 이 여인은 연산군의 후궁 장녹수, 숙종의 후궁 장옥정(장희빈)과 나란히 조선왕조의 3대 악녀로 꼽히는 인물이다. 그렇지만 정난정의 경우는 다른 악녀들과는 달랐다. 다른 여인들이 단독으로 행동한 반면에, 정난정은 문정왕후 윤씨와 세트로 활약(?)한 악녀라고 보는 편이 맞다.

정난정의 후견인인 문정왕후 윤씨는 중종과 명종 시대의 정치를 좌지우지한 여인천하女人天下의 대표적인 인물이었다.

남존여비 사상이 지배하는 유교 국가인 조선왕조에서 어떻게 이런 여인이 존재할 수 있었는지 살펴보자.

정난정은 중종을 모시는 무관武官인 정윤겸과 천민 출신인 첩의 딸로 태어났다. 당시 조선 사회는 설사 아버지가 양반이라고 해도 어머니가 천민이면 자식도 천민으로 취급당했다. 따라서 갖가지 차별을 받으며 살아야 했다.

게다가 정난정은 어릴 때부터 미모가 뛰어나고 똑똑했다. 그 이유 때문인지 정난정은 정실과 그 아이들에게서 유난히 심한 구박을 받으며 자랐고 그런 까닭에 '차라리 기생이 되어 양반들과 살아보자'고 결심하고 기생이 된 것이었다.

정난정은 예뻤으므로 문정왕후의 남동생 윤원형의 눈에 띄었다. 그녀는 어렵사리 윤원형의 첩이 되었고 윤원형의 누나인 문정왕후의 마음에도 들었다. 그래서 그녀는 후궁들과 세력 다툼을 겨루는 문정왕후의 오른팔이 되어 눈에 보이지 않는 큰 활약을 하게 되었다.

정난정이 문정왕후를 위해 어떤 활약을 했는지 살펴보자.

그녀는 문정왕후의 소생인 경원대군(후에 제13대 명종)을 세자로 앉히기 위해 장경왕후가 낳은 세자(후에 제12대 인종)를 태워 죽이려는 음모에 가담했다. 또한 이 세자를 후원하는 대윤파大尹派(장경왕후의 남동생 윤임을 비롯한 외척)를 숙청하기 위해 을사사화乙巳士禍를 일으켜 남편 윤원형과 함께 문정왕후의 세력을 확대하는 데 온힘을 썼다.

궁중에서 벌인 이런 악행 말고도 정난정은 사생활 면에서도 악녀라고 불리기에 충분한 나쁜 행동을 서슴지 않았다.

조선왕조 때는 천민 출신 여자가 양반의 첩은 될 수 있을지언정 정실이 된다는 것은 있을 수 없는 일이었다. 그러나 정난정은 문정왕후의 지원을 받아 첩이 되는 데 만족하지 않고 윤원형의 정실인 김씨를 내쫓은 후 정실이 되기에 이르렀다. 결국 정난정은 문무 대신의 아내로는 최고 지위인 정1품 정경부인까지 하사받는다.

또한 남편 윤원형과 함께 다른 사람의 노비와 농작물을 빼앗거나 뇌물을 받아 챙기는 등 부정한 행위로 엄청난 재산을 축적하여 저택만 열다섯 채를 소유하게 되었다.

세상인심도 참으로 얄팍했다. 법적으로는 양반의 정실이 낳은 적자嫡子가 첩이 낳은 자녀와 혼인 관계를 맺는 것이 엄격하게 금지되어 있던 시대였는데도, 정난정의

환심을 사려는 양반들은 정난정과 사돈을 맺으려고 서로 앞을 다투다가 싸움을 벌일 정도였다.

정난정과 윤원형의 영화榮華는 오로지 문정왕후 윤씨에 의해 유지되었다. 때문에 이 부부는 문정왕후의 지위를 굳히기 위해서라면 어떤 뻔뻔한 짓이라도 가리지 않고 손을 더럽혔다.

이 중에서도 가장 큰 피해자가 세자인 호岵(후에 제12대 인종)였다.

그는 세 살 때 천자문을 읽을 수 있을 정도로 총명했다. 일곱 살 때는 일찍 성균관에 들어가 문장을 읽었다. 게다가 효심도 깊고 온화하며 상냥한, 한 점 그늘이 없는 명랑한 왕자였다. 문정왕후가 아들을 낳을 때까지는 왕자의 하루하루는 평온하기만 했다.

문제는 문정왕후가 경원대군(후에 제13대 명종)을 낳은 뒤부터였다. 문정왕후 입장에서 본다면 자기 아들을 왕위에 올리는 데 유일한 방해물은 호였다. 호의 품행에 문제라도 있다면 남편 중종에게 폐위시켜 달라고 부탁할 수도 있겠지만 호는 어떤 흠도 잡을 수 없는 착하고 모범적인 왕자였다.

그래서 문정왕후는 그를 태워 죽이려고 여러 마리의 쥐들 꼬리에 불을 붙여 그의

거처인 동궁東宮에 풀어 놓았다. 동궁은 이내 불길에 휩싸였다. 순간적으로 호 왕자는 계모 문정왕후의 소행이라고 알아차렸다. 하지만 '어머니가 자신이 죽기를 원한다면 죽는 것이 자식된 도리'라고 생각하고는 불에 타 죽을 각오를 했다. 그러나 문 밖에서 필사적으로 호의 이름을 부르는 아버지(중종)의 목소리를 들었다. 그 목소리에 '지금 내가 죽는다면 아버지에게 불효를 하는 게 된다'고 생각을 바꾸고는 불길 속에서 도망쳐 나왔다.

이 방화 사건에 정난정이 직접 손을 썼다는 확증은 없었다. 그러나 문정왕후가 가장 신뢰하는 정난정이 아니고서야 이런 짓을 저지를 사람은 없었다. 궁중의 분위기도 그러했다.

이 사건은 유야무야 종결되었다.

1544년에 중종이 승하하자 호가 즉위하여 제12대 인종이 되었다. 그러나 인종은 즉위한 지 9개월 만에 31세로 죽었다. 인종의 갑작스런 죽음의 원인은 문정왕후가 독이 든 떡을 먹였기 때문이라는 소문이 나돌았다.

인종에게는 소생이 없었기에 후계는 문정왕후의 아들 경원대군이 이어 제13대 명종이 되었다. 겨우 열두 살에 경원대군은 왕이 된 것이었다.

어린 명종은 당연히 정치를 담당할 수 없으므로 문정왕후가 수렴청정을 맡았다. 정권을 쥔 문정왕후는 '여왕'이라고 불릴 정도로 마음대로 권력을 휘둘렀다. 신하들은 안중에도 없는 두려운 존재가 되었다. 이런 문정왕후 밑에서 가장 큰 이익을 본 사람은 물론 남동생 윤원형과 그의 아내 정난정이었다.

그러나 영욕榮辱은 반드시 돌고 도는 법이다. 20년 동안 조정의 권력을 한 손에 쥐고 있던 윤원형과 정난정이었지만 절대 후원자인 문정왕후가 죽게 되자 강화도로 유배되어 자살로 생을 마치게 되었다.

궁중 생활의 비밀 10가지

내명부와 외명부

조선왕조 때는 관리들의 정실부인을 봉작封爵(제후로 봉하고 관직을 받는 것)하는 '외명부外命婦'와 궁궐 안에서 일하는 궁녀들의 계급을 정하는 '내명부內命婦'라는 제도가 있었다.

외명부

외명부는 1396년 조선왕조 태조 이성계가 즉위한 뒤 5년이 되는 해에 각 품계에 속하는 정실들을 봉작하기 시작하였고, 제3대 태종 때 종실宗室과 공신功臣, 문무 대신들의 정실을 구별하며 이 제도가 거의 확정되었다.

왕의 경우는 제4대 세종 때부터 정비正妃가 낳은 딸을 공주公主, 후궁이 낳은 딸을 옹주翁主라고 부르고, 왕세자의 적녀를 군주郡主, 서출을 현주縣主라고 구분하여 불렀다.

이 제도는 제7대 세조 때가 되어서야 비로소 완전하게 정비되어 제9대 성종 때부터 품계와 칭호가 확정되었다. 또한 일부다처제가 인정되었던 고려왕조와 달리 조선왕조는 유교 국가여서 일부일처제였다. 따라서 봉작의 혜택은 정실에게만 허용되었다. 그랬기에 소실少室(첩)의 딸이 정실이 된 경우에는 봉작을 내리지 않았고, 재혼하는 경우에는 이미 내렸던 봉작도 박탈하였다.

내명부

내명부는 궁녀들의 품계를 정하는 시스템이다. 이 제도는 세종 시절에 정해졌는데, 당나라를 포함한 중국 역대 왕조의 제도를 참고하여 제정했다. 처음에는 정正 품계만 9등급으로 나누었지만 후에 문무 관리들과 똑같이 종從 품계를 추가하여 18등급으로 변경했다.

궁녀들은 궁중에서 왕과 왕비를 모시는 사람부터 물을 긷는 것과 청소 등 잡역에 종사하는 사람까지 여러 신분으로 나누었다. 하지만 품계에 따라 일의 내용이 정해졌기 때문에 품계와 일 중에서 어느 한쪽을 알게 되면 다른 한쪽도 알 수 있었다.

궁 안에 사는 사람들

- 왕족 : 왕과 왕비, 왕의 어머니(대비), 왕세자와 세자빈, 그 밖에 왕의 자녀들, 그리고 20명 전후의 후궁들.
- 궁녀와 내시內侍 : 세탁물 담당, 청소 등을 담당하는 잡역, 기물을 만드는 장인, 노비, 그리고 왕궁을 경호하는 경비병 등.

궁녀의 숫자는 시기에 따라 다르지만 대체로 500~600명 정도라는 것이 정설이고 내시는 140명, 궁에서 근무하는 노비는 500명 정도라는 사실이 「세종실록」에 기록되어 있다. 이들 외에도 왕궁에는 왕과 왕비에서부터 노비에 이르기까지 수천 명의 사람들이 생활하고 있었다.

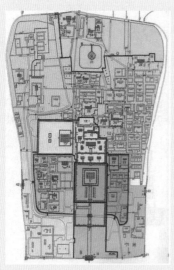

19세기 말에 작성된 경복궁 도면이 있는〈북궐 도형北闕圖形〉〈동궐 도형東闕圖形〉을 살펴보면 왕궁에는 변소가 28군데 있었다. 이 변소를 근거로 왕궁에서 사는 사람들 숫자를 추정해 볼 수도 있다.

왕비와 궁녀들이 궁궐 밖으로 나가는 일은 엄격하게 제한되었다. 허락없이 궁궐 밖으로 나가는 일은 허

북궐 도형. 북궐은 경복궁을 창덕궁과 경희궁에 상대하여 가리키는 말이다.

동궐 도형 중 창덕궁 대조전 부근을 확대한 부분도

용되지 않았다. 하물며 작은 병에 걸렸을 때는 말할 것도 없고 병세가
위중하여 회복될 것 같지 않은 중병인 경우에라야 왕궁 밖으로 나가서
치료받도록 했다.

내시는 궁 안에서 근무했지만 일반 관리들처럼 궐 밖에 거주하며 궁
궐로 출퇴근했다. 또한 왕릉을 관리하는 시릉侍陵들처럼 근무처가 아예
궁궐 바깥인 내시도 있었다.

직급에 따라 다른 관리들의 옷

왕과 왕비가 행사 성격에 따라 의상을 바꿔 입었던 것처럼, 왕을 섬기는 관료들도 행사에 따라 조복朝服, 제복祭服, 공복公服, 상복常服 등으로 의상을 바꿔 입었다.

조복은 대사大祀와 설날, 경사스러운 날 등 중요한 의식을 치를 때 입는 옷으로 관리들의 옷 중에서 최상급의 옷이다. 다음 등급은 일반 제사에 참가할 때 입는 제복이다. 이 두 가지 의상은 지금으로 따지면 정장과 같다. 남은 두 종류 가운데 공복은 공식적인 장소인 궁중에서 근무할 때, 상복은 궁중으로 출근하지 않는 보통 때 입었다.

이 의상들은 모두 옷 이름에서 드러나는 대로 용도가 정해진 옷이라고 할 수 있다.

관복과 흉배

사극을 보면 문무 대신들이 입은 의상의 가슴 부분에 자연과 동식물을 본뜬 독특한 자수를 놓은 것을 볼 수 있다. 이를 가리켜 흉배胸背라고 하는데, 입은 사람의 지위와 직종을 가리키는 표장이다. 대표적인 흉배의 종류와 의미를 소개하도록 한다.

우선 자주 보이는 도안으로는 사신四神이 꼽힌다. 사신이란 원래 음양오행에서 하늘의 동서남북을 지키는 청룡·백호·주작·현무라는 영물이다. 사신 그림은 왕의 권력과 덕, 불로장생처럼 인간의 지혜를 뛰어넘는 힘을 상징하기 때문에 의상뿐만 아니라 왕궁 기둥과 벽 등을 장식하는 데도 쓰였다. 흉배에는 용·봉황·기린·거북도 사용했다.

사신 같은 전설 속의 동물이 아니라 실재하는 동물들을 자수로 놓은 흉배도 있다. 대표적인 동물은 호랑이와 박쥐이다.

조선왕조 때는 용맹스러운 힘을 자랑하는 호랑이는 사심邪心을 물리치고 역병을 막는다고 해서 영험한 동물로 모셨다. 그래서 호랑이가 꿈에 나오면 길조라고 여겼다. 이렇게 강한 힘을 가졌다는 이미지 때문인지 호랑이 문양은 주로 무관의 흉배에 수를 놓았다.

반면에 거의 모든 현대인들이 싫어하는 박쥐는 한자 표기와 읽는 법이 중국어의 복福과 비슷하기 때문에 옛날에는 복을 부르는 상징이라고 여겼다. 또 박쥐의 밤에 활동하는 습성으로 인해 어둠 속에 숨어 있는 귀신을 물리치는 존재라고 여겨지기도 했다. 박쥐를 두 마리 디자인한 것은 쌍복雙福, 다섯 마리는 오복五福이라고 불리며 장수와 부귀·건강·미덕·행복을 상징했다.

동식물과 자연의 풍경을 조합한 모양은 십장생十長生이라고 불렀다. 해·물·소나무·학·거북이·사슴·불로초 등 일곱 가지 종류에 산·구름·달·돌·대나무 중에서 세 종류를 더해 합계 열 가지의 자연 사상事象을 합친 모양을 십장생이라고 부른 것이다. 십장생은 불로不老의 상징으로서 흉배의 디자인뿐만 아니라 각종 의식에 사용하는 병풍에도 그려 넣었다.

흉배. 문무 대신들의 관복 가슴 부위에 있는 문양이다.

또한 흉배에는 여러 가지 디자인이 있는데, 형태는 모두 사각형으로 통일되어 있다. 이는 국왕의 의상에 달려 있는 둥근 모양의 보補와 대비되는 것이다. 보는 하늘, 흉배는 땅을 상징하며 왕과 신하의 관계를 나타낸다.

당상관 당하관 18품계

왕의 행정을 보필하는 여러 관청도 있다. 이 행정의 우두머리 기관은 의정부議政府로, 오늘날의 국무총리라고 할 수 있는 영의정이 신하 중에서 최고 직위였다. 영의정은 부총리에 해당하는 좌의정과 우의정이 보좌했다. 이 삼정승 아래 조정의 운영을 담당하는 육조六曹가 있다. 각 조에는 판서가 오늘날의 장관과 같은 역할을 맡고 있었다.

조정의 문무 대신은 품계品階로 지위를 정했는데, 각각 정正과 종從으로 나누어 총 18단계의 품계가 있었다. 품계는 직책에 따라 부여되었으며 조정의 최고 지위인 정1품은 영의정, 좌의정, 우의정 세 정승에게만 내렸다.

역대 영의정 중에는 건국 초기 태조의 오른팔이었던 정도전, 제7대 세조의 정치 개혁에 적극 협력한 신숙주 등 명재상들이 있다. 한류 스타 류시원의 선조인 류성룡은 제14대 선조 시대에 영의정을 지낸 인물이다. 그는 임진왜란 당시 무명의 무장에 지나지 않았던 이순신을 수군통제사로 발탁해 위기일발의 국가를 구했다.

품계에 따라 녹봉과 착용하는 관복과 호칭도 정해졌다.

육조의 최고 지위인 판서(정2품 이상)는 대감大監, 부판서 참판은 종2품, 정3품은 영감令監이라고 불렀고 붉은 관복을 입었다. 이는 왕과 접견할 수 있는 정3품 이상 관리로 총칭하여 당상관堂上官이라고도 불렀다.

한편 종3품 이하는 당하관堂下官으로 실무를 담당했다. 호칭은 나리라

경복궁 근정전 앞에 있는 품계석

불렀다. 종3품부터 종6품까지는 궁에서 일하는 참상관參上官으로서 푸른 관복을 입었고, 정7품부터 종9품까지의 하급 관리는 참하관參下官으로 녹색 관복을 입었다. 이런 사실을 알고 사극을 보면 관복 색만으로도 출연자들의 지위를 추측할 수 있는 것이다.

행정을 전담하는 부서는 의정부와 육조였다.

조선왕조는 왕이 통치하는 전제 국가였으므로 왕의 직속 기관이 여럿 있었는데, 특히 왕에게 간언하는 사간원司諫院과 관리를 감시하는 사헌부司憲府를 합해 대간臺諫이라고 불렀다. 이들은 관리뿐만 아니라 왕이 잘못하는 행동을 방지하는 감시 기구 역할도 맡았다. 하지만 연산군처럼 간언諫言하는 신하를 모조리 죽이는 폭군도 있었으므로 임금에게 간언하는 일은 목숨을 거는 일이었다. 또한 왕명을 전달하는 승정원承政院과 정치범을 다루는 의금부義禁府 등의 관청이 있었다.

조선왕조 초기 세종대왕 때는 집현전集賢殿에 두뇌 집단이 모여 있었고, 정조 때는 왕립 도서관 규장각奎章閣 등에 우수한 인재들이 모여 왕의 행정개혁을 도왔다.

여성에게 더 엄격한 '내훈'

유교에는 여러 학파가 있었는데 조선에 들어와 규범을 만든 것은 주자학朱子學이었다. 그런데 주자학은 너무도 완고했다. 가르침에 배울 점도 많았지만 너무 편견이 심해서 병폐가 생긴 면도 있었다. 주자학의 대표적인 사상은 남존여비男尊女卑와 연공서열年功序列이라고 할 수 있다. 또한 장유유서長幼有序를 존중하여 왕과 연장자를 공경했다.

원래 유교는 신분 차별과 남존여비를 주장하지는 않았다. 위정자들이 자기가 통치하기에 편하도록 일부 내용을 확대 해석한 것이었다.

『내훈』 표지

이 남존여비 사상을 소리 높여 강조한 책이 바로 여성을 위한 교육서로 씌어진 『내훈內訓』이라는 책이다. 요즈음은 책에 남성들에게 유리한 내용이 지나치다는 비판을 받기도 한다.

이 책을 쓴 사람은 남성이 아니라 여성으로, 성종의 생모인 소혜왕후 한씨였다. 인수대비라고 불리는 이 사람은 JTBC 드라마로도 낯이 익은, 여걸과 같은 여인이었다. 인수대비는 사극에 여러 번 등장했다. SBS 드라마 〈왕과 나〉에서는 며느리 제헌왕후 윤씨를 구박해 폐비로 만드는 호랑이 시어머니로 등장한다.

소혜왕후 윤씨는 제7대 세조의 장남의 비였다. 원래 남편이 왕위를 이을 예정이었지만 남편이 요절하는 바람에 아들에게 왕위가 돌아갔다. 오로지 아들을 왕위에 올리기 위해 소혜왕후는 성종을 엄하게 꾸중하고 시아버지인 세조를 헌신적으로 모셨다.

이처럼 남자를 성공시키기 위해서는 여자의 내조가 반드시 필요하다고 생각한 인수대비는 양반댁 규수들을 위한 교양서로 이 책을 편찬한 것이었다. 어쨌거나 『내훈』의 가르침은 오랜 세월 조선 시대 여성들의 생활 규범이 되어 왔다. 조선 시대 여성들의 필독 도서였던 셈이다.

『한중록』은 비밀이 많은 책

제22대 임금 정조의 어머니로 장헌세자(사도세자)의 빈이었던 홍씨는 남편 장헌세자가 아버지 영조의 명으로 뒤주에 갇혀 굶어 죽었기 때문에, 일단 아들을 데리고 친정으로 돌아가 있어야 하는 불행한 상황에 놓였다. 그러나 얼마 지나지 않아 아들 이산은 세자로 책봉되었고, 1776년에는 제22대 왕인 정조로 즉위했다. 따라서 홍씨는 왕의 생모로서 혜경궁惠慶宮이라는 궁호를 받았다. 불행의 밑바닥에서 행운의 자리로 솟아오른 인생 대역전이었다. 홍씨는 아들(정조)이 죽은 후에도 15년을 더 살았다. 81세에 천수를 다하고 죽은 다음에는 헌경빈獻敬嬪이라는 시호를 받았다.

혜경궁 홍씨는 60세를 맞이하는 해에 자신의 파란만장한 인생을 기록해 두자고 마음먹고 자서전을 집필하기 시작했다. 이것이 한국 고전 문학의 명저로 손꼽히는 『한중록閑中錄』이다. 이 책은 조선 시대 궁중 언어생활에 대한 중요한 사료가 되는 동시에 영조와 정조 시대의 역사를 파악할 수 있는 귀중한 사료로서 평가되고 있다.

이 책에는 사도세자가 비참한 죽음을 맞게 되는 과정이 생생하게 기록되어 있다. 조선왕조 때 국정 기록을 적은 『승정원일기』에는 사도세자의 죽음과 관련된 기술이 없다. 그 까닭은 세자 시절의 정조가 할아버지 영조에게 부탁해 사도세자에 대해 기록한 1년분의 기록을 파기해 버린 때문이었다. 정조는 아버지의 굴욕적인 죽음의 기록이 후세에까지 남겨지는 것을 견디지 못했다. 이 결과 사도세자에 관한 기록은 『한중록』에만 남게 되었다.

사실 이 책은 혜경궁 홍씨가 친정이 뒤집어쓴 억울한 오명을 씻기 위해 썼다는 설도 있다. 홍씨의 친정아버지 홍봉한은 사위인 사도세자가 살해당할 때 이를 막지 않고 방관하는 처신을 했다고 알려져서 훗날 많은 비난을 받게 되었다. 혜경궁 홍씨는 남편인 사도세자가 '마음의 병'을 앓고 있었다는 사실을 강조하고, 시아버지 영조가 사도세자에게 죽음을 명한 것은 어쩔 수 없었던 일처럼 적었다. 그러고는 그녀와 친정아버지가 사도세자가 죽는 것을 그저 지켜만 볼 수밖에 없었던 이유는 아들인 이산을 지키기 위해서 어쩔 수 없는 선택이었다고 기록하고 있다.

내시는 여성 전용 구역의 남성 종업원

왕 외에는 남자가 들어갈 수 없는 후궁에도 수는 적지만 '남자 종업원'이 있었다. 왕의 시중을 들고 후궁에 사는 궁녀의 다리 역할을 한 환관宦官들이었다. 이들을 가리켜 내시內侍라고 불렀는데, 모두 '남성'을 거세당한 남자들이었다.

내시부에 소속된 인원은 140명 정도였다. 이들은 궁중의 온갖 잡일을 맡았다. 이들을 거세한 이유는 후궁 내 궁녀와 접촉하는 일이 많았기 때문에, 말하자면 왕의 소유물인 궁녀와 후궁에게 손을 대지 못하도록 아예 남성을 잘라 낸 것이다.

MBC 드라마 〈동이〉에 등장하는 한 내관도 내시이다. 또한 SBS 드라마 〈왕과 나〉에는 내시가 된 주인공 처선이 첫사랑의 여성 소화(제헌왕후 윤씨, 폐비 윤씨)를 임금(성종)이 있는 곳까지 업고 걷는 장면이 나온다. 왕비는 왕과 밤을 보낼 때 깨끗한 몸이어야 하므로, 왕의 침소까지 내시가 업어서 옮긴 것이었다. 조선 시대에는 남성이 왕비에게 손을 대는 일은 상상할 수도 없었다. 처선은 남자도 여자도 아닌 내시였기 때문에 왕비를 업는 게 가능했다.

환관 제도는 중국에서 생긴 제도로 신라 시대부터 도입되었다고 알려졌다. 조선왕조 때는 내시가 되려고 지원하는 자가 많았다. 내시가 되면 출신 성분을 막론하고 어느 정도 수입을 보장받았기 때문이다. 그래서 출세할 가망이 없는 가난한 집 아이들은 어렸을 때 부모가 아예 거세시켜 버리는 경우도 있었다고 한다.

내시 중에는 운 좋게 출세해서 드라마 〈왕과 나〉에 등장하는 상선上善 조치겸처럼 형식적으로 부인까지 두고 양자를 들이는 경우도 있었다.

내시를 만드는 사람은 '도자장'

거세를 담당하는 사람을 도자장刀子匠이라고 했다. 거세 전문 시술자였다. 거세를 하는 방법도 남근만을 잘라 내는 경우, 고환만 잘라 내는 경우, 모두 잘라 내는 경우 등 여러 가지가 있었다. 도자 수술을 받으면 3일 동안 먹고 마시는 일을 금지했다. 3일 후 붕대를 풀 때 소변이 나와야 수술이 성공한 것이었다.

거세를 하고 궁중에 들어간 내시는 자기의 남근을 넣은 육근함肉根函을 보관했다. 오체五體(사람의 온몸)가 온전하지 못한 자는 성불하지 못한다고 생각하여, 내시는 죽으면 이 육근함과 함께 매장되어야 비로소 남자로 돌아갈 수 있다고 믿었다. 그랬기에 내시들은 이 육근함을 목숨 다음으로 소중하게 취급했다.

내시의 업무는 궁중에 한정되었는데, 항상 왕의 곁에 붙어서 왕명을 전하는 입장이었다. 그래서 내시 중에는 왕의 측근으로 중용된 인물도 있었다. 참고로 말하자면 수라간을 감독하는 것도 내시가 맡은 일이었다.

'대령숙수'는 궁중 연회의 전속 요리사

왕의 생일이나 혼례 또는 외국에서 온 사절을 대접하기 위해 큰 연회를 열 때는 몇 달 전부터 진연도감進宴都監을 설치해 연회 당일의 프로그

도자장이 내시 지원 소년들의 남성을 거세한 도자소. 용인 민속촌에 있다.

램과 요리, 술 등을 준비했다.

연회 날은 출장 요리사 격인 대령숙수待令熟手를 불러 조리를 맡겼다. 연회 요리는 소를 그대로 삶는 등 큰 솥으로 많은 양의 식재료를 사용하여 음식을 준비해야 했으므로 약한 여성의 힘으로는 감당할 수 없었다. 따라서 대령숙수는 모두 남자여야 한다는 규정이 있었다. 궁중에 새로운 식재료가 들어올 때 그 식재료를 사용한 요리를 개발하는 것도 대령숙수의 중요한 일 가운데 하나였다.

드라마 〈대장금〉에 등장하는 장금이를 기른 부모 강덕구가 대령숙수였다. 허영만의 만화를 원작으로 한 드라마 〈식객〉의 주인공 성철도 대

『조선왕조의궤』 중 일부분

령숙수의 자손이라고 설정되어 있다.

대령숙수는 보통 궁중 밖에 살고 가정도 꾸릴 수 있었다. 궁중에 불려 들어갈 때 외에는 술을 파는 등 여러 가지 일에 종사했던 강덕구처럼 상당히 자유로운 몸이었다고 할 수 있다. 또한 대령숙수는 세습이 가능했다. 그래서 그들은 아들이 열 살 될 무렵이면 아들을 궁중으로 데려가 조수로 쓰며 조리 기술을 가르쳤다.

연회 요리를 만들기에는 평소 쓰던 조리장은 너무 좁았다. 그랬기에 정원 같은 널찍한 장소에 텐트를 치고 숙설소熟設所를 설치하여 조리를 했다. 연회에 나가는 상은 접대하는 사람의 신분에 따라 달라졌다.

　연회 요리 중 가장 중요한 것은 고배상高杯床이라고 불렀다. 이는 과일과 과자, 떡 등을 원통형으로 높게 쌓아 올려 만드는 것으로 왕 앞에 놓는 상이었다. 고배상은 높이가 높으면 높을수록 왕에게 바치는 충심을 표현한다는 의미도 있어서 연회 마지막까지 손을 대지 않았다. 그래서 '먹지는 않고 보기만 하는 상'이라는 뜻으로 '망상望床'이라고도 불렀다. 고배상은 지금도 결혼식과 환갑을 축하하는 자리 등 여러 행사에 쓰이고 있다.

　조선 시대 왕이 베푸는 연회에 차리는 요리에 대해서는 조선 시대 때 행사를 기록한 『조선왕조의궤朝鮮王朝儀軌』에 모두 상세하게 기록되어 있다. 그런데 요리 이름과 식재료, 분량은 확실히 기록되어 있으나 의외로 조리하는 방법을 적은 레시피는 없다. 그래서 조선 시대 요리 중에서 구체적으로 요리 방법을 알 수 없는 것들도 많다.

제5장

왕권과
굴욕

첫 서자 출신 왕 선조

제14대 선조는 16세의 나이로 즉위했다. 나이가 어렸으므로 처음에는 관례에 따라 명종의 왕비였던 인순왕후 심씨가 수렴청정을 맡았다. 하지만 곧 총명한 선조가 스스로 정치를 담당할 수 있다는 능력을 인정받고 17세부터 직접 왕권을 행사했다.

다만 선조에게는 심한 콤플렉스가 있었다. 조선왕조 최초로 서자 출신으로 왕위에 올랐기 때문이었다. 하지만 영리한 선조는 정통성을 의심하는 사람들이 보란 듯이 유교적인 가치관에 뿌리를 둔 왕도 정치에 매달렸다. 성리학性理學을 중시하는 사림과 관료와 학자를 중용한 것도 그 이유 때문이었다.

이 시기 성리학의 거물이라면 단연 퇴계 이황李滉과 율곡 이이李珥였다. 현재 우리들이 사용하는 천 원권 지폐에는 이퇴계가, 오천 원권에는 이율곡의 초상화가 들어가 있다. 유학의 대가가 두 사람씩이나 지폐의 모델이 되었다는 사실 또한 유교를 중시하는 대한민국답다고 생각한다.

도산서원. 퇴계 이황 선생을 롤모델 삼는 선비들의 교육 시설

그러나 선조 임금 통치 기간에 사림파 관료들의 힘으로 조정이 안정된 때는 잠깐뿐이었다. 사림파 관료들은 논리적으로 이치만 따졌다. 게다가 논의를 할 때는 상대방의 의견을 경청하기보다는 상대방의 이론을 누르려는 습성이 몸에 배어 있었다. 그래서 논쟁은 점점 과격해지곤 했다. 결국 선조 시대에 사림파는 동인東人과 서인西人이라는 양대 파벌로 분열해 버렸다. 조선왕조 내내 정치적인 혼란의 가장 큰 원인이 되는 '당쟁黨爭'이 이들에게서 나왔다고 할 수 있다.

존망의 위기로 치닫는 당쟁

당쟁이 왕조의 존망에 큰 영향을 끼친 대표적인 사건이 이 무렵에 일어났다. 선조 임금은 일본의 도요토미 히데요시豊臣秀吉가 대륙을 제패하겠다는 야망을 품고 있다는 사실을 알게 되었다. 그래서 일본의 상황을 파악하기 위해 사절단을 파견했다. 그런데 일본을 다녀온 정사正使와 부사副使는 전혀 다른 보고를 했다. 서로 다른 파벌에 속한 인물들이었기 때문이다.

구체적으로 말하자면 서인 소속의 정사는 "공격해 올 가능성이 높다"고 보고한 데 비해 동인 측의 부사는 "공격해 오지 않을 것이므로 전쟁에 대비할 필요가 없다"고 보고했다. 이 무렵의 조정은 동인 세력이 우세했기 때문에 결국 부사의 의견이 통과되었다. 따라서 왕은 국방을 강화하는 조치를 전혀 취하지 않았다.

이것은 완전히 빗나간 보고였다. 1592년(선조 25) 4월 13일, 도요토미는 대군을 이끌고 부산에 상륙했고 거의 한 달 만인 5월 2일에는 수도 한양이 함락되었다. 왜군이 쳐들어오자 선조는 궁을 버리고 한반도 최북단인 의주까지 피난을 갔다. 말이 피난이지 도주나 다름없었다. 난국에 대처하는 임금의 자세로서는 있을 수 없는 처신이라고 비판받을 만한 행동이었다. 백성은 나 몰라라 하고 도망치는 임금이라니….

전국시대가 끝난 지 얼마 지나지 않았으므로 병력과 무기가 충분했던 일본에 비해 건국 이후 200여 년간의 태평성대로 긴장이 느슨해질 대로 느슨해진 조선, 두 나라의 군사력은 누가 봐도 알 수 있을 만큼 차이가 났다. 그와 같은 상황에서 조선이 위기에 빠지는 것은 어쩔 수 없는 일이었다. 다행히 조선은 곧 국가 존망의 위기에서 벗어날 수 있었다. 명나라 원군과 구국의 영웅 이순신李舜臣 장군, 그리고 각지에서 일어난 의병들 덕분이었다.

1592년부터 1598년(선조 31)까지 7년 동안 계속된 전쟁은 도요토미 히데요시의 죽음으로 막을 내렸다. 도요토미 히데요시가 죽자 왜군은 한반도에서 즉시 퇴거했다.

왜군은 물러갔지만 전쟁이 휩쓸고 지나간 국토는 피폐할 대로 피폐해졌다. 백성들의 피해가 너무나도 컸던 것이다. 이런 피폐한 상황인데도 정치는 더욱 혼란스러워졌다. 조정은 선조의 후계자 문제로 시끄러워진 것이다.

세자의 조건은 임금의 적자

선조의 정비는 의인왕후 박씨였다. 왕후는 병약하여 후사를 남기지 못하고 죽었다. 이렇게 되자 후궁의 소생들 중에서 후계자를 고를 수밖에 없었다.

후보 가운데서 제1순위는 장남 임해군이었다. 하지만 임해군은 성격이 거칠고 난폭하여 평판이 그다지 좋지 않았다. 게다가 임진왜란 때 왜군의 포로로 잡힌 적이 있었다. 굴욕을 겪은 후유증 때문인지 성격은 더욱 거칠어졌다. 생활 또한 문란했다.

임해군을 대신해 높은 평가를 받은 왕자는 둘째 광해군이었다. 그는 왜란 중에도 왜군과 대항하여 싸웠다. 전시의 세자에게 어울리는 공덕을 쌓은 것이다. 임진왜란 때 포로로 잡혀 갔었던 장남에 비해 전공을 세운 둘째의 평가는 분명하게 달랐다. 당연히 선조는 차남 광해군을 세자로 지명했다.

그런데 상황이 급변했다. 정비 소생의 왕자가 탄생한 것이다. 세상을 떠난 의인왕후 박씨에 이어 선조의 정비로 들어온 인목왕후 김씨가 1606년(선조 39)에 영창대군을 낳았다. 선조로서는 기대도 하지 않은 적자嫡子였다. 이때 선조의 나이는 54세였다.

선조는 서자 출신 왕으로서 서자의 설움이 어떤지 직접 겪었기 때문에 적자를 왕위에 앉히고 싶다는 열망이 매우 강했다. 세자를 광해군에서 영창대군으로 교체해야 했다. 그러기 위해서는 여러 가지 궁중 법도에 정해진 절차를 밟아야 했는데 선조에게는 시간이 얼마 남지 않았다. 결국 선조는 그 일을 끝내지 못한 채 세상을 떠나고 말았다. 1608년이었다.

허준은 실제로 어떤 의사였을까?

조선 시대의 명의 허준을 주인공으로 한 드라마는 2013년 방영한 MBC 드라마 〈구암 허준〉 이전에도 몇 차례 방영된 적이 있었다. 이 중에서 2000년에 방영했던 MBC 드라마 〈허준〉은 최고 시청률 60%를 자랑할 정도로 인기가 높았다. 〈대장금〉을 연출한 베테랑 사극 감독이 심혈을 기울여 제작한 작품으로 작품의 완성도가 대단히 높다는 평판을 얻었다.

허준은 16세기 말부터 17세기기 초까지 실제 활약했던 의관이었다. 서자 출신으로 태어난 불행한 운명에 무릎 꿇지 않고 세상을 구하는 의사가 되려는 꿈을 관철하여 마지막에는 왕의 주치의인 어의에 오른 인물이었다.

그러나 허준의 최대 공적은 전 25권에 이르는 『동의보감東醫寶鑑』이라는 의학서의 편찬이라고 할 수 있다. 이 의학서는 선조의 명으로 편찬하기 시작하여 광해군 때에 완성되었다. 실로 집필하고 편찬하는 데만 14년이 걸린 명저이다. 이 의학서에는 편찬 당시의 동양의학이 집대성되어 있다. 놀라운 사실은 모든 처방이 임상에 근거하여 증상별로 정리되었다는 점이다.

어떤 증상에는 어떻게 치료를 하면 좋은지 한눈에 알 수 있도록 씌어졌다. 획기적인 의학서였다. 2009년에는 유네스코 세계기록유산으로 등록되었다.

처음 출판된 당시에는 청나라 황제도 이 책을 사다가 번역시켰다고 하며, 일본 에도 시대의 제8대 쇼군將軍인 도쿠가와 요시무네도 『동의보감』을 조선에서 수입하여 일본어로 번역시켰다고 알려졌다.

허준은 어의로서 제14대 임금 선조의 죽음에 책임을 지고 유배당하기도 했다. 하지만 새로 왕위에 오른 광해군은 허준을 다시 불려 올린다. 드라마 〈허준〉에서는 허준이 꽤 오랜 세월을 유배지에서 보낸 것처럼 그려지고 있으나 실제로 허준이 유배당한 기간은 1년 정도밖에 되지 않았다. 허준이 『동의보감』을 완성시킨 것은 궁정으로 돌아온 그 이듬해 1610년(광해 2)의 일이었다. 허준은 이 종합 의학서를 편찬한 후에도 천연두, 산부인과, 소아과에 관한 의학서를 한글로 번역하기도 했다. 『동의보감』은 한자뿐만 아니라 일부에는 한글을 함께 사용하여 집필하였다. 조선 시대 신분이 높은 양반층들은 대부분 한자를 사용했고, 이때까지 국가에서 평민을 위해 한글로 책을 만든 적은 없었다. 하지만 선조는 신분에 상관없이 온 백성이 쉽게 치료법을 알 수 있도록 이와 같은 지침을 내린 것이다. 이로써 한자를 읽지 못하는 아녀자들이나 신분이 낮은 백성들도 허준이 분야별로 한글을 쓴 덕택에 병에 대한 지식을 얻고 병을 치료하는 데 큰 도움을 받았다.

왕의 두터운 신임을 얻기도 했지만 의학도들의 스승으로서도 부족함이 없는 위대한 인물인 허준은 드라마에서 그려진 것처럼 신분의 울타리를 뛰어넘어 백성을 치료한 진정한 의사라고 할 수 있을 것이다.

원한을 산 광해군

영창대군은 선조의 적자였다. 아버지 선조 임금이 죽었다고는 하지만 어머니 인목왕후 김씨는 여전히 건재했다. 비록 나이가 어리기는 하지만 인목왕후가 수렴청정을 맡으면 왕위에 오르는 데 별 문제는 없었다.

그러나 어려도 너무 어렸다. 고작 세 살짜리 아기였다. 그래서 애초에 정한 대로 광해군이 그대로 선조의 뒤를 이어 제15대 왕이 되었다.

광해군은 자신이 살얼음판 위나 다름없는 왕좌에 앉아 있음을 자각하고 있었다. 왕위를 위협할 가능성이 있는 인물로는 임해군과 영창대군 두 사람이 있었다.

두 사람을 경계한 것은 왕인 광해군보다도 측근의 신하들이었다. 그들은 대북파大北派라고 불리는 정치 세력을 형성하고 있었다. 대북파는 원래 동인이었으나 동인이 북인과 남인으로 분열하고, 북인은 다시 대북파와 소북파小北派로 세포분열하듯이 갈라진 것이다.

광해군의 측근인 대북파 관료들은 어떻게 해야 자신들의 몸이 안전할까를 궁리했다. 궁리 끝에 가장 먼저 내린 결론은 임해군을 제거해야 안전하다는 것이었다. 그렇지 않아도 임해군은 장남인 자신을 제쳐 두고 왕위에 오른 둘째 아들 광해군에 대해 노골적으로 비판하는 언행을 하고 있었다. 이 언행에 대북파는 위기감을 느꼈다. 광해군은 대북파의 의견을 좇아 임해군을 유배형에 처했다가 1609년(광해 1)에 죽여 버렸다.

다음 과녁은 영창대군이었다. 시간이 좀 걸리긴 했다. 광해군은 야금야금 영창대군의 지지층을 와해시킨 다음, 강화도로 유배를 보냈던 영창대군의 목숨을 빼앗았다. 1614년(광해 6) 영창대군의 나이 겨우 아홉 살이었을 뿐 아니라 죽인 그 방법이 너무나 잔혹했다. 온돌방에서 나오지 못하게 가둔 후에 불을 계속 때 질식사시킨 것이었다.

사랑하는 아들을 잃은 인목왕후 역시 대비의 신분을 빼앗기고 유폐당해야 했다. 계모라고는 하지만 분명 어머니였다. 광해군이 인목왕후에게 행한 처사는 도저히 용서받을 수 없는 행위였다. 물론 광해군 이전에도 정비를 폐위시킨 왕은 몇 명 있었다. 하지만 광해군처럼 대비를 폐위시킨다는 식의 폭거를 자행한 왕은 없었다.

게다가 인목왕후의 경우에는 친정아버지도 대북파 때문에 사약을 받았고, 친정어머니는 노비 신분으로 전락해 버렸다. 이 정도로 자신과 혈육에게 찾아온 참혹한 비극을 겪은 왕가의 여인은 전례를 찾아볼 수 없을 정도였다. 인목왕후가 광해군을 "뼛속까지 원망한다"는 말을 남긴 것은 너무나도 당연했다.

'왕권을 안정시킨다'는 구실로 광해군은 대북파 이외의 많은 관료들을 엄벌에 처했다. 반면 집권하는 과정에서 저지른 이러한 폭력적 행위를 제외하면 광해군은 단순한 폭군은 아니었다. 특히 국가를 운영하는 최고 정치 지도자로서는 과감한 실행력을 보인 임금이었다. 임진왜란으로 피폐해진 국토를 부흥시키고, 납세 제도를 개선하여 백성들의 세금 부담을 줄여 주었다. 또한 불에 타서 부서진 왕궁을 재건하고 국방력을 강화하는 한편 중립 외교로 국가를 지켜 냈다.

하지만 광해군에게 원한을 품은 정적들에게는 이와 같은 정치적 성과가 면죄부가 될 수 없었다. 그들은 호시탐탐 쿠데타를 일으켜 보복할 기회를 노렸다.

쿠데타의 중심인물은 광해군의 조카 능양군이었다. 선조 소생의 자식은 25명이었으며 이 중에서 아들은 14명이었다. 장남은 임해군, 차남이 광해군, 그리고 정원군은 다섯째였다. 정원군은 임진왜란 때 큰 전공을 세운 왕자로 슬하에 총명한 아들 능창군을 두고 있었다.

'저런 똑똑한 왕자가 왕이 되었으면 좋을 텐데….'

궁 안 여기저기에서 이런 소리들이 들려오자 광해군과 대북파는 능창군에 대한 경계심을 늦추지 않다가 결국은 모반죄를 뒤집어씌워 죽여 버렸다. 이 일이 가족들에게 준 충격은 너무도 컸다. 아버지 정원군은 충격과 슬픔에 빠져 그만 세상을 하직하고 말았다. 능양군은 바로 이 능창군의 형이었다. 능양군은 세월이 아무리 오래 흐른다고 해도 이 분노를 진정할 수 없었다.

용의주도한 쿠데타 계획

능양군은 아들을 잃은 슬픔 속에 빠져 세상을 떠난 아버지의 장례식을 치르자마자 광해군을 몰아내는 쿠데타를 일으킬 결심을 했다. 그가 동지를 모으기 시작하자 광해군에게 원한을 품은 사람들이 속속 모여들었다. 모두 대북파가 정권을 잡은 후 관직에서 쫓겨난 서인파의 인물들이었다. 이들 중에는 이귀李貴, 김자점金自點, 이괄李适 등도 들어 있었다.

1623년(광해 15) 3월 13일, 능양군의 지휘로 병력을 정비한 쿠데타군은 내통자의 협력을 받아 왕궁 안으로 들어가 중요한 거점을 차례차례 점거해 나갔다. 맡은 직분대로라면 심하게 저항해야 할 경비 군사들도 쿠데타군에게 저항의 칼을 들이대지 않았다. 그만큼 광해군에게 한이 맺혀 있는 사람들이 많았다 하겠다. 이들은 모두 쿠데타군에게 커다란 힘이 되었다.

쿠데타군의 공격을 알게 된 광해군은 저항은 의미 없다고 생각하고는 적은 숫자의 수행원만을 데리고 재빨리 궁을 빠져나갔다. 그래서 쿠데타는 큰 인명 피해를 내지 않고 끝날 수 있었다. 궁을 빠져나갔던 광해군은 곧 사로잡혔다.

인목대비가 하사한 괘불 탱화.
경기도 안성 칠장사

능양군으로서는 쿠데타의 정당성을 명확하게 해 둘 필요가 있었다. 연산군처럼 대량 학살을 반복한 잔학하고 비정한 폭군이라면 당장 왕위에서 끌어내리는 데 특별히 어려울 이유가 없었지만, 광해군은 연산군과는 사정이 완전히 달랐다. 사사로운 개인적 분노 때문에 정변을 일으켰다는 비난을 잠재우기 위해서라도 백성들이 납득할 수 있는 대의명분을 만들 필요가 있었다. 그것을 만들지 않는 한 쿠데타가 성공했다고는 말하기 힘들었다.

능양군은 경운궁慶運宮(현재 덕수궁)에 유폐되어 있던 인목왕후(인목대비)에게 김자점을 보냈다. 강력한 교지를 받기 위해서였다. 그런데 김자점의 방문을 받은 인목왕후는 쿠데타군을 믿지 않았다. 인목왕후는 그동안 자기가 느끼고 있던 불만을 털어놓았다.

"내가 10년 동안이나 유폐되어 있었는데 아무도 나를 문안하러 오지 않았다. 너희들은 무슨 용건으로 이런 야심한 밤에 갑자기 찾아온 것이냐."

김자점은 인목왕후가 심하게 화를 냈다는 사실을 궁에서 대기하고 있는 능양군에게 보고했다. 김자점의 보고를 받은 능양군은 다시 이귀에게 의장병儀仗兵(왕족을 경호하는 병사)을 데리고 가서 인목왕후를 궁으로 모셔 오도록 명령했다. 이번에도 인목왕후는 완강히 거부했다.

인목왕후의 단호한 태도를 들은 능양군은 직접 경운궁으로 향했다. 길가에는 광해군의 폐위를 기뻐하는 많은 백성들이 모여 있었다. 능양군은 경운궁에 도착하자마자 문 앞에 엎드려 처벌을 기다렸다. 잠시 후 인목왕후의 음성이 들려왔다.

"능양군은 종자宗子(본가의 장남)이므로 왕통을 잇는 건 당연하다. 큰 공적을 이루었는데 내가 어찌 이를 처벌하겠는가."

따뜻한 어조였다. 인목왕후의 화가 풀렸음을 의미했다. 능양군은 곧 인목왕후의 허락을 받고 경운궁 안뜰에 들어섰다. 인목왕후를 기다리는 동안 능양군이 감격에 겨워 오열하자 그를 따르던 신하들도 함께 격정을 이기지 못하고 눈물을 흘렸다. 모두들 쿠데타의 성공을 확신한 것이었다. 이내 모습을 나타낸 인목왕후가 상냥하게 말을 시작했다.

"울음을 거두시오. 큰 경사를 이루었는데 어째서 눈물을 흘리십니까."

"아직 대사를 마치지 못했는데 해가 지고 말았습니다. 저는 큰 죄를 범했습니다."

"무슨 죄가 있단 말이오. 나는 불운한 운명을 타고나 큰 재난을 당했소. 역괴逆魁(광해군)가 나를 원수처럼 여겨 나의 부모와 친족을 죽이고 어린 아들을 살해했으며 나를 별궁에 유폐시켰소. 긴 세월 동안 세상과 격리되어 어떤 소식도 들을 수 없었는데, 설마 오늘 같은 날이 오리라고는 꿈에도 생각하지 못했구료."

인목왕후는 능양군 뒤에서 대기하고 있는 사람들에게도 말했다.

"지난 밤 꿈에 선왕(선조)이 나타나셔서 이런 경사스런 일이 있을 것이라고 가르쳐 주셨습니다. 여러분 모두는 다시 사람의 길을 제시해 주었습니다. 이 공로를 어떻게 치하해야 할지…."

인목왕후는 이 기적 같은 현실에 몸이 떨릴 정도로 감격하고 있었다. 상견례 같은 인사를 마친 뒤에는 왕위 계승에 관한 절차를 의논하기 시작했다. 인목왕후가 특히 중요하게 생각하고 있는 것은 오로지 광해군에 대한 처우 문제뿐이었다.

폭군 광해군에 대한 변명

이병헌이 주연한 영화 〈광해〉는 2012년 천만 명 관객을 동원할 정도로 인기를 끌었다. 이 영화 속의 광해는 살해당할까 봐 전전긍긍하는 인물로 그려졌다. 영화 〈광해〉의 영향 때문인지 광해군을 다시 평가해야 한다는 생각을 가진 지식인들이 많아지는 것 같다.

왕이 되기 위해 패륜적인 행위를 저지르는 광해와 재위 기간 왕으로서 선정을 베푸는 위대한 임금 광해가 같은 사람이라는 게 믿어지지 않는다. 백성들 입장에서는 악행보다 공적이 월등한데도 유교 국가라는 잣대 때문에 사후 몇백 년이 지난 지금까지도 광해가 그대로 묘도 없는 '군君'으로 불리는 사실이 아쉽기만 하다. 전광렬이 주연한 MBC 드라마 〈허준〉에서 광해군은 주치의 허준을 아버지이자 형으로 따른다. 선왕(선조)의 병을 낫게 하지 못한 죄로 허준이 사형당할 위기에 놓이자 위험을 무릅쓰고 유배를 보내는 걸로 막고, 그 유배지에서 궁으로 도로 불러들이는 것도 광해군이었다. 드라마를 시청한 사람들은 "이 얼마나 좋은 왕인가!" 하고 감탄했을 것이다.

그러나 광해군은 역사에서는 폭군으로 분류된다. 쿠데타로 쫓겨나, 왕이라면 으레 사후에 붙여지는 묘호廟號조차 없다. 광해군을 폭군이라고 결정한 이유는 ① 사대 관계였던 명나라를 가볍게 취급한 것 ② 왕권 안정을 위해 친형과 이복형제들을 죽음에 이르게 하는 등 대량으로 숙청을 단행한 것 때문이었다. ①과 관련해서는, 당시 중국은 명나라가 몰락하고 청나라의 시대로 바뀔 때였으므로 중립 외교를 펼친 것이었고, ②와 관련해서는, 역대 왕 중에도 숙청을 단행한 왕은 셀 수 없을 정도로 많기에 광해군만을 문제 삼는 것은 공평하지 못하다. 역사는 승자의 기록이라는 말이 있기는 하지만 실록은 광해군을 쫓아내고 왕위를 빼앗은 인조 시대에 기록했으므로 공정한 평가라고 할 수 없다.

드라마 〈허준〉에는 유배당한 허준을 걱정하던 광해군이, 쿠데타로 왕위를 빼앗긴 후 이번에는 자신이 강화도로 쫓겨나는 장면이 나온다. 만년에 광해군은 제주도로 유배지를 옮겨 18년간의 유배 생활 끝에 죽는데, 시종일관 모든 것을 깨달은 듯한 초연한 생활을 했다고 전해진다.

같은 하늘 아래 살 수 없는 원수

인목왕후는 단호한 어조로 능양군에게 말을 이었다.

"역괴의 죄를 아시오? 내가 덕이 모자라 모자의 도리를 다하지 못하였소. 게다가 윤리는 무너지고 국가는 망하기 직전이었고요. 여러분 덕분에 조정은 안정을 되찾고 나의 한도 풀리게 되었소. 이렇게 감격스러운 일이 또 어디 있겠소. 하지만 단지 하나, 역괴 부자가 어디에 있는지 신경이 쓰이오."

"모두 왕궁에 있습니다."

"그들은 같은 하늘 아래 살 수 없는 원수요. 긴 세월 참아 왔지만 내가 직접 그들의 목을 베게 해 주시오. 10년간의 유폐 생활에서 살아남은 건 오로지 오늘만을 기다렸기 때문이오. 원수를 갚고 싶구료."

인목왕후가 말을 마치기를 기다렸다는 듯이 능양군의 신하가 대답했다.

"예로부터 추방당한 군주에 대해 신하들이 감히 처벌을 논했던 적은 없습니다. 지금 하명하신 명령을 따르기는 어렵습니다."

그러자 인목왕후는 능양군을 향해 목소리를 높여 말했다.

"왕이 되셔서 나와 뜻이 같으시다면 나를 위해 복수해 주시는 것이 효도라고 생각하시지 않으시오?"

"백관들이 모두 있는데 어찌 제 마음대로 할 수 있겠습니까."

"사군嗣君(왕위를 이은 사람)은 훌륭한 성인이시오. 어째서 백관들의 지시에 따라야 합니까? 부모의 원수와는 같은 하늘 아래에서 살 수 없으며 형제의 원수와도 같은 나라에서 살 수 없는 법입니다. 역괴가 스스로 부모 자식 간의 도리를 저버렸으므로 나는 이 한을 반드시 풀어야겠소. 이것만은 절대로 양보할 수 없구료."

이에 신하 중의 한 사람이 입을 열었다.

"일찍이 선대 왕 중종께서는 폐위한 군주(연산군)를 우대하고 천명을 누리게 했습니다. 이 전례를 따라야 합니다."

"역괴는 극악한 악행을 저질렀습니다. 어떻게 연산군과 비교할 수 있습니까?"

후세 사람들이 보면 광해군보다 연산군이 더욱 많은 살육 행위를 자행했다고 생각하겠지만 인목왕후는 연산군의 죄가 오히려 가볍다고 말했다. 이미 그녀는 광해군의 목을 치는 일 외에는 아무것도 생각하지 않는 것 같았다.

이 문답은 다시 이어졌다. 인목왕후는 집요하게 자기가 직접 광해군을 참수할 것을 주장했다. 그러나 폐위당한 왕을 처형하는 것만큼은 능양군도 신하들도 용인할 수 없었다. 쿠데타의 대의명분조차 확립되지 않았는데 선왕까지 처형한다면 절대로 정당성을 얻을 수 없기 때문이었다. 반대로 능양군은 추방된 왕을 예우한다는 큰 도량을 보여야 새로운 왕으로 인정받는다고 생각하고 있었다.

실제로 능양군이 제16대 인조로 즉위한 후에도 인목왕후는 집요하게 광해군의 처형을 제안했지만 인조는 그 말을 따르지 않았다. 오히려 광해군을 잘 경호하여 선왕으로서 자유롭게 생활할 수 있도록 배려했다.

광해군은 결국 한양에서 가장 먼 제주도로 유배당하여, 1641년(인조 19)에 67세의 나이로 천수를 마쳤다. 폐위당한 지 18년 만의 일이었다. 연산군은 교동도로 추방당한 지 2개월 만에 숨을 거두었다. 이에 비해 광해군은 오래 산 셈이었다. 인목왕후가 그렇게도 집요하게 참수형을 주장하였으나 광해군은 최소한의 명예를 지킨 셈이었다.

광해군의 여자 '개똥녀' 김 상궁

드라마 〈서궁〉과 〈왕의 여자〉에 모두 등장하는 김 상궁은 실재했던 인물로서 본명은 김개시金介屎였다.

'개시'는 '개똥'을 한자로 표현한 이름으로, 당시에는 '견축생犬畜生'이라고도 했다. 사람들이 거들떠보지도 않는 하찮은 물건의 이름을 붙이면 반대로 오래 살 수 있다는 미신이 있던 시대였기 때문에 이런 이름을 붙인 것이다.

그녀는 가난한 집 출신이었다고 전해지고는 있지만 궁중에 들어오기까지 어떻게 살아왔는지 자세한 정황을 알 수 있는 기록은 없다.

제14대 선조 임금 때 나인으로 궁에 들어와 제15대 광해군의 '승은承恩(왕의 잠자리 상대가 되는 것)'을 입어 궁녀로서는 최고 지위인 정5품 상궁이 되었다. 선조의 승은을 입은 김 상궁과 광해군의 총애를 얻는 김 상궁(개시)은 다른 여성이라는 설도 있다.

아무튼, 선조가 승하한 뒤 광해군의 총애를 입은 김 상궁은 그 막강한 권력을 등에 업고 많은 횡포를 부렸다. 그래서 연산군의 후궁 장녹수, 숙종의 후궁(후에 왕비) 장옥정과 함께 '조선왕조 3대 악녀'라고도 불린다(조선왕조 3대 악녀에는 김 상궁 대신 정난정을 넣기도 한다).

그녀가 궁중에서 주로 나쁜 짓을 벌인 기간은 광해군이 즉위하기 전부터 광해군이 인조반정仁祖反正으로 폐위당할 때까지이다.

그녀를 총애한 광해군의 이름은 혼琿, 선조의 후궁 공빈 김씨가 낳은 둘째 왕자였다. 적자嫡子도 아니고 장자長子도 아닌 광해군이 세자가 된 것은 본래 장유유서를 중시하는 유교 국가 조선왕조에서는 있을 수 없는 일이었다. 그러나 1592년에 일어난 임진왜란이 이를 가능하게 했다.

도요토미 히데요시의 명령으로 부산에 상륙한 왜군은 한성·개성·평양을 차례차례 함락시키고 있었다. 이때 한성을 탈출하여 요동으로 피난하기로 결정한 선조가 당시 정비였던 의인왕후懿仁王后 박씨에게 아이가 없던 상황에서 왕자들 가운데 가장 총명한 광해군을 세자로 책봉한 것이다.

세자로 책봉된 광해군은 전시戰時 상황에서 왕을 대리하는 세자 역할을 훌륭하게 해냈다. 하지만 적자가 아니었으므로 실제로 왕위를 계승할 수 있을지 여부는 불확실했다.

특히 의인왕후가 사망한 뒤 궁으로 들어온 인목대비仁穆大妃 김씨가 1606년에 선조의 적자인 영창대군을 낳게 되자, 후계자의 정통성을 둘러싸고 국론이 갈라져 시끄러워지기 시작했다. 영창대군이 왕이 되어야 한다는 소북파와 광해군을 지지하는 대북파의 당쟁이 불붙은 것이었다.

이렇게 양쪽 세력이 극심한 암투를 벌이고 있는 도중인 1608년에 선조가 갑자기 승하했다. 그래서 광해군이 제15대 왕으로 즉위할 수 있었다.

왕이 된 후에도 광해군은 하루도 편한 날이 없었다. 그리하여 광해군은 계속해 왕위를 위협하는 존재인 임해군과 어린 영창대군, 조카인 진릉군과 능창군을 차례로 죽이고 결국 인목대비마저 폐위시켜 서궁西宮(경운궁)에 유폐시켰다.

멈출 줄 모르는 광해군의 폭거를 참다못한 반대파들은 1623년에 인조반정을 일으켜 광해군을 왕위에서 쫓아낸다. 왕의 폐위 직전, 광해군의 총애를 믿고 방자한 행동을 일삼던 김 상궁도 참형에 처해졌다.

왕이 오르기 전과 왕이 된 후

유교의 중요한 덕목 중의 하나가 '효孝'이다. 부모와 조부모를 공경하는 일이 유교 사회인 조선 시대에는 인륜이 기본이었다. 그런데 광해군은 '어머니' 인목왕후를 평민으로 격하시키고 유폐했다. 가장 큰 불효不孝 행위였던 셈이었다.

인조는 이 점을 날카롭게 비판하여 쿠데타의 대의명분을 세웠다. 실제로도 인목왕후를 복권시켜 대왕대비로 책봉한 다음 그녀의 허가를 받아 왕위에 오르는 수순을 밟았다. 따라서 인조는 쿠데타로 집권했으면서도 정통성을 갖춘 왕위 계승 반열에 들어설 수 있었다.

인조(능양군)는 쿠데타를 성공시킬 때까지는 탁월한 전략성과 뛰어난 통솔력을 드러내 보였다. 그래서 별 인명 피해 없이 깔끔하게 광해군과 광해군 세력을 조정에서 추방해 내었다. 그러나 왕위에 오른 후의 인조에 대한 평가는 달랐다. 인사관리가 대범하지 못하고 옹졸하다는 평가가 우세했다. 즉위한 다음 해인 1624년에 인조반정 공신 중의 한 사람인 이괄이 반란을 일으켰는데, 만약 인조가 그를 신뢰하고 적절한 대우를 해 주었다면 피할 수도 있는 사태였다.

또한 인조의 가장 큰 실수로 평가되는 건 서투른 외교였다. 1627년(인조5)에는 북방의 야만족 국가였던 후금의 침공을 허용하고 말았다. 이것역시 국방을 너무 등한시하여 후금이 그 틈새를 공격하도록 방치한 결과였다.

청나라 황제에게 무릎 꿇은 인조의 굴욕. 삼전도비에 새겨져 있는 그림이다.

이 무렵의 조선왕조는 중국 대륙의 주인인 명나라를 숭상하면서 신흥 세력인 후금에 대해서는 '변경의 야만족'이라고 하여 멸시하는 태도를 취했다. 이런 태도는 결국 후금의 분노를 사고 말았다. 곧 청淸으로 국호를 바꾼 후금은 1636년(인조 14) 12월에 대군을 이끌고 성난 파도처럼 한반도를 쳐 내려왔다.

조선은 청나라 군대의 압도적인 군사력에 힘 한번 제대로 써 보지도 못하고 굴복하고 말았다. 따라서 인조는 남한산성에서 삼전도三田渡(서울 송파)로 나와 청나라 황제에게 무릎을 꿇고 사죄해야 했다. 조선의 왕 중에서 이런 치욕을 겪은 왕은 이전에도 이후에도 없었다. 게다가 인조는 아들 세 명을 청나라에 인질로 보내야 했다.

인조는 큰아들 소현세자가 청나라에서의 긴 인질 생활을 마치고 9년 만에 고국으로 돌아오자 외국 문물에 영혼을 팔았다며 아들을 냉대했다. 소현세자는 귀국 후 겨우 두 달 만에 사망했는데, 인조가 아들을 독살했을지도 모른다는 소문이 끊이지 않았다. 진상은 아직도 밝혀지지 않았지만 '아들을 독살하지 않았을까' 하는 소문이 돈 것만으로도 인조는 백성들의 신뢰를 잃은 셈이었다.

더구나 인조는 소현세자의 장례마저도 왕자의 장례식이라고는 생각할 수 없을 정도로 대충대충 치렀다. 뿐만아니라 소현세자의 정비였던 강씨에게는 사약을 내렸고 손자 세 명에게도 모두 유배형을 내려 먼 제주도로 귀양을 보냈다.

왜 인조는 죽은 소현세자와 그 핏줄들에게 이렇게까지 극악무도한 처분을 내려야 했을까. 과연 인조는 패륜 군주였던 광해군과 무엇이 다른가. 사적인 원한에 파묻혀, 그 추동력으로 거사는 불시에 치러 내었으나 바른 정치를 위한 역량은 하나도 갖추고 있지 못했던 것이다.

인조는 1649년(인조 27)에 55세의 나이로 사망했다. 시호는 인조仁祖, 즉 조祖가 붙은 시호를 받았다. 시호만 놓고 보면 특별한 공적이 있는 왕이라는 평가를 받은 셈이었다. 그러나 왕위에 오른 후의 그의 치적에 관해서는 '조'를 붙여 줄 만한 합당한 업적이 있다고 보기 힘든 왕이었다.

드라마 〈추노〉와 소현세자

웰메이드 드라마로서 유난히 마니아가 많은 KBS 드라마 〈추노〉에는 도망치는 노예를 체포하는 추노사推奴師 대길에게 쫓기는 노예가 등장한다. 그의 이름은 태하, 원래 소현세자를 모시고 있었다는 상황으로 설정하고 있다.

드라마의 스토리 자체는 픽션이지만 태하가 모셨다는 소현세자는 실존 인물이다.

소현세자는 1612년(광해 4) 인조(16대)의 장남으로 태어나 1623년에 인조반정으로 아버지 인조가 왕이 된 후 1625년에 세자로 책봉되었다.

그러나 병자호란丙子胡亂의 패배로 인조가 청나라에 항복하자 1637년(인조 15)에 청나라와 맺은 정축 맹약丁丑盟約에 따라 아내 강씨와 남동생 봉림대군, 대신의 아들들과 함께 인질로서 청나라 수도인 심양瀋陽으로 끌려갔다.

소현세자와 봉림대군 두 왕자가 심양에서 생활한 곳은 심양 관소館所(고려관)라고 불리는 건물이었다. 이곳에서 소현세자는 인질 생활을 하는 한편 청나라가 조선에 대해 무리한 요구를 하지 않도록 대응하기 위해 청나라 고관들과 친해지는 등 외교관으로서도 크게 활약했다.

또한 소현세자는 심양 관소의 유지비와 고관들에게 줄 뇌물을 벌기 위해 이자로 돈을 불리는 직업을 갖기도 했다. 그런데 얼마나 이 직업이 잘 되었던지 관소 문 앞에 저자가 생길 정도였다.

게다가 소현세자는 당시 청나라로 들어오는 서양 문물을 접하고는 서양인들과도 적극적으로 교류하여 새로운 지식을 습득해 갔다.

이렇게 소현세자가 청나라에서 인질 생활에 잘 적응한 데 비해 봉림대군은 형과는 반대로 철저한 반청주의자였다. 그는 몰래 청나라 내정을 조사하여 조선으로 보내고 있었다.

이러한 두 사람의 활동은 청나라에 오는 사은사謝恩使 등을 통해 조선으로 전해졌다. 이 소식을 통해 인조는 소현세자가 아담 샤를르 프랑스 출신 신부의 영향을 받아 가톨릭에 심취해 있다는 사실을 알고 몹시 분노했다. 뿐만 아니라 심양에서 소현세자가 마치 조선의 왕처럼 행동한다는 뜬소문을 듣고는 소현세자를 더욱더 의심하게 되었다.

마침내 1645년(인조 23)에 명나라가 멸망하자 수도를 심양에서 북경으로 옮긴 청나라는 소현세자와 봉림대군을 조선으로 돌려보냈다. 인조로서는 8년 만에 만나는 아들들이었다.

하지만 인조는 돌아온 아들들을 별로 반가워하지 않았다. 앞에서 설명한 것처럼 인조는 소현세자가 청나라와 친하고 서양 문물에 대해 관심을 갖는 데 대해 크게 분노했기 때문이다. 인조는 청나라가 자신을 퇴위시키고 친청파인 아들 소현세자를 새로운 왕으로 추대할 생각으로 돌려보낸 것은 아닐까 하고 의심하고 있었다.

이런 아버지의 태도에 마음의 상처를 받았을까. 소현세자는 귀국한 지 두 달 만에 병상에 누웠다. 그리고 3일 후 갑자기 세상을 떠났다. 33세의 젊디 젊은 나이였다. 『조선왕조실록』에는 소현세자의 죽음에 독살 의혹이 있다고 기록하고 있다. 또 다른 자료에는 소현세자가 청나라에 있을 때부터 병을 얻었으며 그것이 악화되어 죽었다고도 기록되어 있다. 어느 것이 맞는지는 아직도 명확하지 않다. 그러나 인조가 소현세자에게 품고 있었던 의심의 강도를 생각해 보면, 설사 소현세자가 병이 나아 일어났다고 하더라도 왕위를 계승하지 못했을 것이라고 추측하게 된다.

가락지는 기혼 여성만 끼는 반지

드라마 〈동이〉와 〈이산〉에는 어머니 세대에서 흔히 '가락지'라고 부르던 반지 한 쌍이 중요한 소품으로 등장한다. 이 가락지는 보통 반지가 아니다. 사랑하는 남녀가 서로 '변함없는 사랑'을 약속하는 사랑의 증표로서 주고받는 반지이다. '부부는 한 몸夫婦一身'이라는 상징으로 기혼 여성에게만 착용이 허락되는 소중한 장신구이다. 미혼 여성은 한 개짜리 반지밖에 착용할 수 없었다.

가락지는 궁에서부터 서민층에 이르기까지 누구나 손쉽게 사용하던 장신구였다. 하지만 신분에 따라 소재가 달랐다. 상류층에서는 옥·비취·산호 등이 사용되었다. 겨울에는 금, 봄과 가을에는 법랑, 여름에는 옥과 마노처럼 계절에 따라 소재를 바꾸기도 했다.

한편 백성들이 사용한 가락지에는 간결한 모양이 새겨진 은이나 동으로 만든 것이 많았다.

귀걸이와 노리개

요즈음 거의 모든 젊은 여성들이 착용하는 귀걸이가 조선 시대에도 있었다. 남녀가 함께 귓불에 구멍을 뚫어 귀걸이를 사용했던 것이었다. 그러다 유교가 사회규범으로 완전히 자리 잡게 되는 조선 중기로 접어들면서부터 '부모가 주신 신체'에 상처를 입힌다는 것은 유교 사상에 반하는 일이라고 하여 1572년(선조 5)부터 귀걸이를 금지했다. 그 이후 남성의 귀 장신구는 쇠퇴하고 여성은 귓불을 뚫지 않고 귀에 걸기만 하는 장신구를 착용하게 되었다.

드라마 〈대장금〉의 중요한 소품으로 등장하는 '노리개'는 당의唐衣나 저고리 옷고름에 거는 액세서리로서 일반 백성들도 애용했다. 초기에는 치마의 매듭에 걸었지만 저고리가 짧아지자 일반적으로 옷고름에 달게 되었다.

모양은 박쥐와 나비, 해태 등의 동물에서부터 고추·연꽃·석류 등의 식물 모양을 딴 것까지 각양각색이었다. 하나를 단작單作노리개, 세 개가 붙어 있는 것을 삼작노리개라고 불렀다. 박쥐는 장수를 상징하고 석류는 다산多産을 상징했다. 노리개의 디자인은 여성들의 소망을 담은 것

노리개

이었다. 양반계급에서는 노리개를 자손 대대로 물려주는 집도 있었다.

또한 노리개는 장식뿐만 아니라 바늘을 넣어 보관하는 바늘집노리개, 호신용도 되는 장도노리개 등 실용적인 것들도 있었다.

백성들은 이런 옷을 입었다

조선 시대 일반 서민들도 혼례 때는 전통적인 혼례복을 입었다. 백성들이 입는 옷이기는 하지만 신랑의 혼례복은 대신들이 입는 옷과 거의 같은 디자인이었다. 가슴에는 쌍학雙鶴과 구름 모양의 흉배가 수놓아져 있다.

원래 쌍학과 구름의 흉배는 정3품 이상의 관료를 나타내기 때문에 백성들이 보통 때 입는 것은 허용하지 않았지만 결혼식 때만은 예외였다.

신부의 혼례복은 왕비와 왕녀가 입는 활옷과 같은 디자인이었다. 모란과 봉황 등 장수와 덕을 상징하는 자수를 수놓아 새로운 부부의 행복을 빌어 주는 마음이 담겨 있는 것이다.

또한 조선 시대는 유교의 영향으로 겸손한 자세를 상징하는 흰색을 선호하여 일반 백성들은 보통 하얗고 단순한 옷을 입었다. 음양오행 사상에서 백은 서쪽, 즉 중국을 가리키기 때문에 여러 차례 흰 옷 입는 것을 금지하는 법령을 내리기도 했었지만 실제로는 별 효과가 없었다.

조선 시대에 유행한 헤어스타일

철저한 신분 사회였던 조선 시대에는 겉모습만으로 신분을 구별할 수 있었던 것처럼 복장 등에 여러 가지 규정이 있었다. 그래서 여성의 머리 모양만으로도 미혼·기혼 여부를 알 수 있었다.

기혼 여성은 땋은 머리를 위로 둥글게 둘러 올린 얹은머리, 뒤에서 트는 형식의 쪽진 머리가 기본이었다. 이는 조선 시대 전부터 그래 왔다. 조선왕조 초기에는 자신의 머리로 묶었지만 조선 중기 이후에는 '다리'라는 붙임 머리를 사용하기 시작했다.

특히 다리를 사용한 얹은머리는 마치 머리숱으로 경쟁하는 것처럼 급격하게 숱을 늘였다. 우리가 드라마에서 자주 볼 수 있는 가체가 이런 머리였다. 다리는 자신의 머리에 더해 묶어 올리는 확장형 같은 물건이지만 가체는 긴 다리를 한번 돌리는 것처럼 엮어 머리에 올리는 타입으로 가발처럼 사용했다.

이와 같은 헤어스타일이 조선 시대에 유행한 것은, 당시 새까맣고 윤기 있는 머리가 미인의 기준이었기 때문이다.

인모人毛로 만든 다리와 가체는 상당히 귀하고 비싼 소품이었다. 특히 긴 다리는 상당히 비쌌기 때문에 서민층 여성들은 짧은 다리를 몇 개씩 이어서 사용하는 경우가 많았다.

가체는 조선 시대 중기 이후, 상류계급을 중심으로 점점 크기가 커졌다. 나중에는 지나치게 커져서 '가체의 크기를 경쟁하게 되어 도를 넘어 사치하게 되었다' '(가체의) 가격도 올라 거액을 낭비하게 되었다'는 기록이 「영조실록」 등에 남아 있을 정도이다.

급기야 영조 시대 때는 가체 금지령을 내렸다. 이 금지령은 순조 때가 되어서야 겨우 해제되었다. 그 뒤부터는 심플한 쪽진 머리가 주류가 되었지만 드라마〈동이〉시대 때는 아직 가체가 주류였다.

그런데 정작 드라마에서는 가체를 한 여성 출연자들을 보기 힘들어졌다. 이는 아마도 드라마 소품으로 사용하는 가체의 무게가 상당히 무거우므로, 연출자들이 역사적 사실보다는 출연 배우들의 육체적 부담을 줄여주는 쪽을 선택했기 때문일 것이다.

궁중 여인들의 머리 모양과 액세서리

궁중 여인들의 머리 모양은 상당히 화려하다. 이 가운데서도 대수大首·어여머리·큰머리는 역사 드라마에 자주 등장한다.

대수는 왕비가 대례복을 입을 때 하는 최고위층 여성의 헤어스타일이었다. 서양 영화에서 클레오파트라가 썼던 것과 같은 가발을 쓰기 때문에 대수라고 부른다. 드라마 〈이산〉에서 정조의 즉위식 장면에 왕비(효의왕후)가 한 머리가 대수였다.

어여머리는 왕비와 당상관을 남편으로 둔 외명부나 지밀상궁처럼 신분이 높은 여성만 할 수 있는 '올린 머리'였다. 쪽진 머리의 가르마 부분에 족두리를 놓고 그 위에 크게 땋은 가체를 얹어 '떨잠'이라는 장식을 하는 것이 특징이었다.

큰머리는 어여머리 위에 '떠구지'라는 목제 장식을 얹은 것이다. 이것은 왕비와 내·외명부 부인(궁녀나 왕족 여성)이 의식과 혼례 때 했던 머리 모양이었다. 원래 떠구지는 인모人毛로 만들었지만 가체 금지령이 내려진 후부터 나무틀을 대용으로 사용했다.

조선 시대 여성들은 호화로운 헤어스타일을 더 돋보이게 하고자 액세서리도 호화로운 것을 사용했다.

첩지는 왕비나 후궁, 내·외명부 부인이 이용한 장신구 중의 하나였는데, 가체가 금지된 후에 사용하기 시작했다. 궁에서는 평소에 사용했지만 사대부의 부인과 딸들은 예장禮裝을 할 때만 사용할 수 있었다.

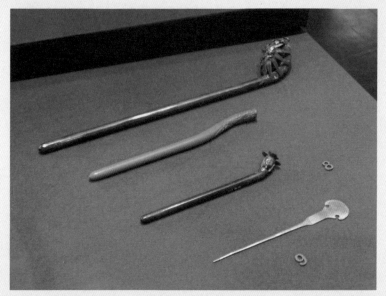

부인들의 머리를 쪽질 때 뒤로 말아 올린 머리카락의 쪽을 고정하는 비녀와 가르마를 타거나 빗살 틈에 낀 때를 빼는 빗치개이다.

궁녀들은 개구리첩지를 받을 수 있었다. 이는 개구리로 변신해서 달나라의 궁전에 산다는 중국 전설에 나오는 미녀 '월궁항아月宮姮娥'에서 유래했다. 평생을 궁에서 살며 왕에게 몸을 바치는 나인을 천녀에 빗대어 궁녀를 '항아님'이라고도 불렀다.

일반 서민들도 사용하던 비녀는 쪽진 머리를 누구나 할 수 있게 된 뒤부터 다양해졌다. 그러나 금·은·옥 등으로 만든 비녀는 상류층 여성들만이 사용할 수 있었다. 서민은 나무와 뿔, 뼈 등의 소재로 제한했다.

사대부는 검은색 갓을 쓴다

사극에 등장하는 남성들은 대체로 수염이 나 있으며 머리가 길다. 이는 여성과 마찬가지로 남성도 신체발부에 상처를 입히지 않는 것이 효孝의 기본이었기 때문이다. 머리를 기르는 것은 당연하며 수염은 깎지 않고 가끔 정리해 주는 정도였다.

긴 머리를 상투 틀 때 머리가 빠지지 않도록 두르는 것이 망건網巾이었다. 이는 드라마에서도 자주 볼 수 있다. 망건은 망사로 된 머리띠를 가리키는데 말의 갈기와 꼬리털을 엮어서 만들었다. 망건은 잘 때는 벗고 다음날 아침에 세면洗面을 한 후에 다시 착용했다.

보통 양반 남성의 복장은 바지저고리에 갓, 두루마기가 기본이었다. 남성들은 실내에 있을 때도 갓을 벗지 않았다.

갓은 의례용과 실용을 겸하여 가장 많이 사용한 것이 검은색이었다. 드라마에서 보면 갓이 매우 튼튼하게 보이지만 사실은 말총과 대나무를 사용해 그물 무늬로 만들었기 때문에 물에 약하고 찌그러지기 쉬웠다. 따라서 사대부들은 갓을 매우 소중히 다루었다. 그래서 쓰지 않을 때는 '갓집'이라는 상자에 넣어서 보관했다. 비가 올 때는 갓 위에 '갓모'라는 우비를 덮어썼다. 이것은 기름을 섞어 방수가공한 종이를 대나무 꼬챙이에 꿰어 우산 모양으로 만든 것이었다. 실내에서 쓰는 산山 모양처럼 생긴 갓은 정자관程子冠이라고 불렀다. 봉우리처럼 위로 솟은 부분이 두 개 또는 세 개로 이루어진 것도 있었다.

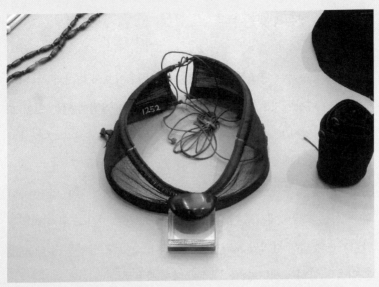

상투를 틀 때 머리카락이 흘러내려 오지 않게 하려고 이마에서 뒤통수에 걸쳐 두르는 망건

또한 양반들은 바지저고리 위에 겉옷인 도포를 겹으로 입었다. 도포
는 조선 시대 중기 이후에 입기 시작한 의상이다.

드라마〈동이〉에는 이런 대사가 있다. 아이를 때리는 검은 갓을 쓴 양
반에게 "겉모습은 선비인데…"라고 동이가 말하는 장면이다. 여기서
동이가 말하는 선비는, 학식과 인품을 겸비하고 유교 이념을 지키는 사
람을 가리키는 것이다. 검은 갓은 선비의 상징이라고도 할 수 있지만 복
장만으로 선비 여부를 판단하기란 쉽지 않았던 모양이었다.

한복 유행을 주도한 기생들

조선 시대의 여자 옷은 치마와 저고리가 기본이었다. 치마 속에는 바지와 속곳이라는 바지 스타일의 속옷을 겹쳐 입었다.

저고리는 계절에 따라 소재와 색을 바꾸었다. 겨울에는 얇은 면을 넣어 입었다. 긴 리본 같고 폭이 넓은 옷고름과 소매 색에도 의미가 있었다. 기혼 여성은 적자색赤紫色 끈을, 아들이 있는 부인은 소매 가장자리에 감색紺色 천을 댔다.

저고리의 기본적인 모양은 바뀌지 않았지만 길이는 시대에 따라 달라졌다. 초기에는 신장이 50~80cm로 길었고 가슴 넓이도 70cm 전후로 여유가 있다가 조선 중기에 와서는 길이가 다소 짧아지고 소매 밑 부분에 곡선이 들어갔다.

또한 18세기에는 웨이스트 부분을 노출하기 시작했다. 그리고 19세기에는 저고리 길이가 20cm 정도로 상당히 많이 짧아져서 가슴을 충분히 가리지 못할 정도였다. 이와 같은 저고리의 유행은 기생들이 주도했다. 기생들은 저고리 아래에 띠를 둘러 가슴을 가렸지만 일반 여성들은 가슴을 그대로 드러낸 경우가 많아 사회문제가 된 적도 있었다.

한편 저고리가 짧아지는 데 비해 반대로 치마 길이는 길어져 갔다. 초기는 허리선 위치에서 감고 그대로 입었는데, 후에는 치마가 길어져서 땅에 끌릴 정도가 되자 이를 감아올려 끈(허리끈)으로 졸라매는 매듭법도 등장했다.

조선 시대의 패션 리더는 기생이었다. 기생들은 치마도 독자적인 방법으로 맵시 있게 입었다. 치마의 오른쪽 단을 왼쪽 허리 밑으로 둘러 가슴께에서 끈으로 묶는 방법이었다. 양반과 여염집 여성들은 치맛자락을 왼쪽에서 오른쪽으로 돌렸기 때문에 감는 방법으로 신분을 표현하는 의미도 있었다. 치맛자락을 감아올리면 속옷이 보일 위험이 있었지만 기생들은 일부러 그것을 의식해 속옷에도 멋을 부렸다. 몸이 날씬해 보이는 효과도 있었다. 치마를 감아올린 그 모습이 형 기구인 '주리'와 비슷하다고 해서 '주리 치마'라고도 불렀다.

여성이 외출할 때 입는 옷

왕비와 희빈이 입는 겉옷은 당의唐衣였다. 예복 중의 하나로 보통은 간이 예복으로 평복 위에 입었다. 궁중에서는 이 당의를 평복처럼 입었다. 색은 황록·적자·황색·흰색 등이 있었는데 황록黃綠을 가장 자주 입었다.

당의는 저고리보다 기장이 길고 양 옆구리 아래에서 옷자락까지 슬릿(트임)이 들어가 있었다. 또 옷자락이 완만한 곡선을 그리고 있는 것이 특징이었다. 이러한 형태를 정착시킨 건 제19대 숙종 시대 이후부터라고 한다.

당의 밑에는 저고리를 겹쳐 입었다. 보통은 속적삼 → 끝동 저고리(소

매 끝이 다른 색인 저고리) → 삼회장저고리(깃·겨드랑이·소매·매듭에 다른 색 천을
댄 저고리) → 당의 순으로 겹쳐 입었다.

조선 시대 여성의 옷 중에서 인상적인 것은 여성들이 외출할 때 머리
에 뒤집어쓰는 장의長衣이다. 드라마 〈이산〉에서도 정순왕후가 외출할
때마다 등장했다. 조선 시대는 철저하게 남녀를 구별하던 시대였으므
로, 서로 알지도 못하는 남녀가 얼굴을 맞대는 일은 용납이 되지 않았
다. 그래서 여성이 외출할 때는 얼굴을 가리기 위해 장의를 입었던 것이
었다.

여성은 옷과 헤어스타일로 신분을 표시했다

조선 시대 때는 복장이 신분을 나타냈다. 예를 들어 궁녀의 경우, 드
라마에서 보면 견습궁녀는 분홍 저고리와 청색 치마, 나인은 붉은 저고
리와 청색 치마를 입는다. 그리고 이보다 높은 상궁들은 옅은 녹색 저고
리에 감색 치마를 입는 경우가 많다.

이렇게 의상만 보고도 직무와 신분을 쉽게 판단할 수 있었다. 이는
600여 명이나 되는 궁녀가 모여서 일하는 궁중에서 매우 효과적인 구
분 방법이었다.

상궁처럼 지위가 높은 궁녀는 긴 당의를 입었다. 옷 색깔로는 소박한
옅은 녹색을 택했다. 역사 드라마에서 자주 보이는 것처럼 당의를 입으

면 두 손은 저고리 속에 집어넣는 것이 예의였다.

또한 조선 시대 배경의 드라마를 보면 눈길을 끄는 것이 궁중 여성들의 머리 모양이다. SBS 드라마〈장희빈〉의 등장인물들처럼 세 갈래 땋기를 몇 번이고 겹친, 큰 헤어스타일의 궁녀가 자주 등장한다.

사실 이 머리는 자신의 머리가 아니다. 가체加髢라고 불리는 가발이다. 이것은 인모를 모아 땋아서 만들었는데, 자신의 머리를 하나로 묶어 뒤로 넘기고 그 위에 모자를 쓰는 것처럼 착용하는 멋지고 격식 있는 헤어스타일이었다. 높은 신분의 여성 또는 기생들은 매우 화려한 가체를 선호했다.

조선 시대에는 어떤 신발을 신었을까?

역사 드라마에 등장하는 왕과 신하들은 부츠처럼 발목이 아주 긴 신발을 신었다. 이것은 '목화木靴'라고 부르는 신발로써 바닥은 나무를, 등이나 목은 동물(주로 사슴)의 가죽으로 만들었다.

왕비를 포함한 왕족 여성들은 신고 벗는 게 쉬운 당혜唐鞋를 신었다. 이것은 남자들 신발과 마찬가지로 동물 가죽 또는 비단으로 만들었다.

한편 백성들은 짚으로 만든 짚신, 마麻로 만든 미투리, 나무로 만든 나막신 등을 신었다. 한편 나막신은 일본인들이 사용하는 '게타'처럼 바닥에 두 개의 굽이 붙어 있었다.

(위) 농가에서 직접 만들어 신거나 시장에 내다 팔기도 했던 짚신과 왕족 여성들이 신었던 당혜
(아래) 나막신은 나무를 파서 만든 신으로 비가 오는 날이나 물기가 있는 땅에서 신었다.

　이것을 보면 왕족과 서민이 신던 신발의 소재가 완전히 달랐음을 알
수 있다.

제6장

북벌의 꿈

북벌 정책, 명분은 좋았다

1649년에 즉위한 제17대 효종은 인조의 둘째 아들이다. 효종 역시 형인 소현세자와 함께 오랫동안 청나라에 인질로 끌려가 있었다. 그러다가 1645년에 형 소현세자가 먼저 돌아왔다. 이때만 해도 인조의 왕위를 계승할 후계자는 소현세자로 정해져 있었다. 그런데 귀국한 소현세자가 두 달 만에 갑자기 사망하자 상황은 급변했다. 장자를 후계로 삼는 조선 왕조의 관례대로라면 당연히 소현세자의 아들이 왕위를 물려받을 권리가 있었다. 하지만 인조는 손자인 그 아이들마저 제주도로 귀양 보내고 세자 자리를 대신 둘째 아들인 효종에게 넘겼다. 이는 거의 강제적인 조치였다. 효종은 이러한 이례적인 절차에 따라 인조가 승하한 후에 생각지도 못했던 왕위에 올랐다.

효종의 재위 기간은 10년이었다. 둘째 아들인 자신을 세자로 발탁해 준 아버지에게 감사하는 뜻에서 효종은 아버지가 펼쳐 온 정치를 거의 따라 했다. 특히 아버지 인조와 조선왕조에 치욕을 안겨 준 청나라에 대

효종이 쓴 한글 서찰

한 복수심을 버리지 않았다. 그래서 조정 안에 남아 있던 친청親淸 세력을 모두 제거해 버렸다.

효종은 긴 세월 동안 청나라에서 인질 생활을 했지만 형 소현세자와 달리 외국 문화에 심취하지 않았다. 심취하기는커녕 오히려 비판적으로 바라보는 안목을 키웠다. 이런 성격이 청나라에 대한 복수를 고집했던 아버지 인조의 마음에 들어 왕으로 발탁됐을 것이었다.

효종은 북벌北伐을 추진했다. 군사를 늘이고 병기를 만들었다. 허세가 아니라 정말로 청나라를 공격할 준비를 했던 것이다. 그러나 효종이 목표로 하는 군사력 확장 정책은 국가 재정으로는 감당할 수가 없었다. 결국 효종은 "아버지의 원한을 풀겠다"는 목적을 달성할 수 없었다.

효종은 40세의, 한창 일할 젊은 나이에 세상을 떠났다. 이제 북벌에

경기도 여주의 영릉에는 북벌의 꿈을 이루지 못하고 죽은 효종이 묻혀 있다.

대한 조선의 숙원은 현종이 된 큰아들이 물려받게 되었다.

왕을 죽인 당쟁의 스트레스

제18대 임금 현종은 왕이 되자마자 할아버지(인조)와 아버지(효종)의 유지를 이어받아 청나라를 칠 준비를 계속했다. 하지만 주위 환경이 받쳐주지 않았다. 북벌을 추진할 수 없는 사정이 생긴 것이다. 왕비의 복상服喪 기간을 둘러싸고 '당파 싸움'이 격렬해진 때문이었다.

인조 시대 이후 조정은 광해군을 몰아내는 인조반정을 성공시킨 서인西人이 정국의 주도권을 잡은 대신 남인南人이 이에 대항하는 형국이었다. 한 치도 물러서지 않고, 두 세력은 유교를 국교로 삼은 조선왕조가 취해야 할 학문에 대해 관념적인 논쟁을 반복하였다. 특히 왕비가 사망했을 경우 복상 기간을 몇 년으로 해야 하느냐의 문제를 둘러싸고 더욱 격렬한 논쟁이 진행되고 있었다. 결국 이 논쟁은 일촉즉발의 위기로까지 판을 키웠다.

이를 조정해야 하는 역할은 당연히 왕에게 있었다. 이 과정을 겪어야 하는 현종의 정신적인 스트레스는 감당할 수 없을 만큼 컸다. 그래서였을까. 현종은 왕도 정치王道政治의 뜻을 채 펴보지도 못한 채 34세의 새파란 나이에 숨을 거두고 말았다. 1674년, 재위 15년 되던 해였다. 당파 싸움으로 인한 정신적인 압박이 젊은 왕의 수명을 갉아먹은 것이었다.

현종의 뒤를 이어 왕위에 오른 인물은 현종의 외동아들 숙종이었다.

민생 경제에 주력한 임금 숙종

격동의 조선왕조 500년 역사 속에서 제19대 임금 숙종 시대는 46년간의 태평성대로 평가되고 있다. 임진왜란으로 온 나라가 쑥밭이 되었던 전후의 복구 작업도 마침내 끝마쳤고 문화는 성숙기를 맞고 있었다. 숙종은 특히 농업의 진흥에 힘을 기울였다.

숙종이 무엇보다도 힘을 기울인 것은 나라의 안정이었다. 제15대 왕이었던 광해군 시대부터 시작된 농경지의 측량 사업을 계속했고, 법이

상평통보

정한 세금을 징수했다. 동시에 상평통보常平通寶라는 화폐를 대량으로 만들어 이를 백성들이 편리하게 사용하도록 했다. 이때까지는 비록 화폐가 있기는 했지만 유명무실했었다. 그래서 실제 물건을 사고팔 때는 베로 물건 값을 치르는 식의 불편을 감수해야 했다. 또한 한지韓紙로 돈을 만들기도 했었지만 종이의 특성상 쉽게 훼손이 되거나 금세 가치가 떨어져서 교환할 상품과 값이 서로 맞지 않아 잘 쓰지 않는 실정이었다.

이런 불편함이 상평통보가 제 구실을 해 줌으로써 해소되었다. 비로소 화폐경제에 의한 상품의 유통이 시작된 것이었다. 상업이 발전하지 않으면 백성들이 잘 살 수 없다는 근대적인 경제 감각을 가진 숙종이기에 가능한 일이었다. 또한 숙종은 백성들을 괴롭히던 군포軍布(병역을 대신해서 내는 베)의 부담을 줄여 주기도 했다.

숙종은 외교에도 매우 노련했다. 청나라와 국경분쟁이 일어났을 때는 바로 교섭에 들어가 백두산 정상을 청나라와 조선의 국경으로 정했다. 1712년(숙종 38)의 일이었다.

절대적인 권력으로 안정되게 나라를 통치한 왕이었다는 평가도 있다. 숙종 이후부터 조선왕조는 극심한 권력투쟁에 휘말려 왕이 아닌 사람이 조정의 실권을 쥐는 사태를 맞이하기 때문이다. 여자들의 치마폭에 휩싸여 이런저런 스캔들을 양산한 점만 빼면 숙종은 명군이라고 말해도 좋을 왕이었다.

장희빈의 인생 대역전

아마 숙종은 조선왕조를 시대 배경으로 하는 역사 드라마에 가장 많이 등장하는 왕일 것이다. 이는 드라마에서 숙종이 몇 번이고 계속 등장할 정도로 특별한 존재감을 가지고 있어서가 아니다. 사극에 숙종이 빈번하게 나오는 이유는 바로 '영원한 악녀'라고 불리는 장희빈의 상대역이었기 때문이다.

장희빈은 정난정·장녹수와 함께 '조선왕조 3대 악녀'로 알려진 인물로서, 그중에서도 가장 나쁜 여자로 알려지고 있다. 왜일까. 실제로도 가장 나쁜 여자였을까.

아마 장희빈이 최고의 악녀로 인식된 데는 지금까지 우리가 보아 왔던 사극에서 악랄하게 표현된 그녀의 캐릭터가 그대로 역사적 사실처럼

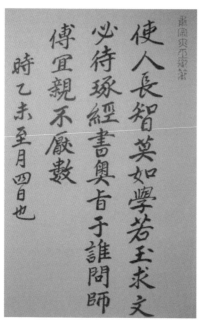

使人長智莫如學若玉求文
必待琢經書奧旨子誰問師
傳宜親不厭數
時乙未至月四日也

숙종의 부드러운 필적

굳어진 때문일 것이다. 『조선왕조실록』에 있는 기록만 보면 '3대 악녀'
라는 평판이 과연 맞는지 의문이 들 정도이다. 실제로 장희빈은 숙종을
놓고 사랑의 라이벌 관계인 민비를 저주하기는 했지만 직접 자신의 손
으로 누군가를 살해했다는 기록은 전혀 없다. 자기가 갖게 된 권력을 이
용해 수많은 죄 없는 사람들의 생명을 빼앗은 문정왕후 윤씨와 영조의
왕비였던 정순왕후 김씨에 비하면 장희빈의 죄는 무척 가볍다는 생각이
들 정도이다.

그런데도 장희빈은 왜 역사 드라마에서 그토록 욕을 많이 먹는 '최악

의 악녀'가 되었을까. 추측해서 설명하자면 그녀의 인생 자체가 롤러코
스터를 타듯 드라마틱했기 때문이 아니었을까. 인간의 평가를 선악의
개념으로만 하지 않는다면 그녀는 어떤 뛰어난 작가도 생각해 내지 못
할 정도로 파란만장한 삶을 주체적으로 산 여성이라고 할 수 있다. 그렇
기 때문에 이런 캐릭터를 역사 드라마를 쓰는 작가들이나 시청률에 목
을 매는 방송국이 그냥 내버려 둘 리가 없었던 것이다.

이런 까닭으로, 장희빈은 필요 이상의 '악한 여자'로 강조된 면이 없
지 않다. 오히려 냉정하게 『조선왕조실록』에 기록된 사실만을 근거로 보
자면 장희빈이 받는 악평의 대부분은 장희빈 본인보다는 숙종에게 그
책임이 크다고 할 수 있다.

숙종은 한때 사랑했던 여인 장희빈을 내치기 위해 국법을 바꾸면서까
지 이상할 정도로 장희빈을 나쁜 여자로 만들었다. 이는 한마디로, 사랑
이 식어 버리자 사랑했던 여인을 간단하게 버리는 비인간적인 행위다.
이런 뜻에서 장희빈은 사랑의 피해자 중의 한 사람이라고 할 수 있겠다.

원래 장희빈은 하찮은 신분의 여성이었으나 연줄을 잘 이용해 궁의
잡역부가 되었다. 그녀를 처음 만난 숙종은 첫눈에 그녀의 미모에 반했
다. 숙종은 곧바로 장희빈에게 빠졌다. 그러나 숙종의 어머니 명성왕후
김씨는 두 사람의 관계를 허락하지 않았다. 김씨는 장희빈을 궁 밖으로
내쫓았다.

장희빈을 다시 궁 안으로 불러들인 것은 숙종의 왕비 인현왕후 민씨
였다. 이것이 악연이 될 줄이야. 민씨는 화를 자초한 셈이었다. 민씨는

고결한 인품의 소유자였다. 결과적으로 인현왕후가 장희빈에게 베푼 호의는 역효과를 가져온다. 장희빈을 총애한 숙종은 왕비 인현왕후 민씨를 폐위시키고 장희빈을 측실로 맞아들인 것이다. 이 조치를 내릴 때 많은 신하들이 반대했다. 이 신하들에게 숙종이 한 말이 실록에 남아 있다. 자기 마음대로, 무리한 논리로 숙종은 이렇게 말하며 민씨를 폐비시키는 근거로 삼았다.

"인현왕후는 질투심이 많고 여러 가지를 악용해 짐을 속이려고 했다."

1689년(숙종 15)에 숙종은 아무 잘못도 없는 왕비를 궁에서 쫓아냈다. 하지만 천년만년 갈 줄 알았던, 민씨를 대신해 왕비 자리에 앉힌 장희빈에 대한 사랑도 곧 식어 버리고 만다. 숙종은 "짐이 간신의 꼬드김에 넘어가 잘못된 판단을 내렸다"며 책임을 신하들에게 돌리고는 인현왕후를 도로 왕비 자리에 돌아오게 했다. 물론 장희빈의 신분은 격하시켰다.

이렇게 법도에도 어긋나고 상식에도 맞지 않는 왕비 인사를 하고 있었으니, 얼마나 궁궐과 조정이 혼란스러웠을지 상상하기란 그리 어렵지 않다. 정치적으로 상업을 발달시키고 국방력을 강화하는 등의 훌륭한 업적을 남긴 숙종이었지만 여자 문제에서만은 많은 불씨를 만들었던 것이다. 더구나 현종 때부터 불붙기 시작한 서인과 남인의 대립은 숙종 재위 기간에 더욱 격화되었다. 숙종의 무질서한 왕비 인사가 불에 기름을 들이붓는 결과를 낳은 셈이었다.

그러던 1701년(숙종 27)에 인현왕후는 병으로 숨을 거두는데 인현왕후가 죽은 직후에 장희빈이 사당을 만들어 놓고 인현왕후를 저주했다는 사실이 발각되었다. 평소에도 항상 인현왕후에게 불손한 태도를 보였던 장희빈으로서는 변명의 여지가 없는 죄를 범한 것이다.

숙종은 신하들의 맹렬한 반대를 무릅쓰고 장희빈에게 사약을 내렸다. 신하들은 맹렬하게 반대했다. 장희빈은 바로 세자의 생모였기 때문이다. 죽은 인현왕후에게는 소생이 없었다.

곧 왕이 될 세자의 어머니에게 사약을 내리면 장래 이것이 어떤 화근이 되는지 신하들은 이미 연산군의 역사를 통해 알고 있었다. 왕위에 오른 연산군이 자신의 생모가 사약을 받고 죽은 사실을 알고는 관계자를 모조리 참혹하게 죽여 버린 과거사를 신하들은 알고 있었다. 그 비참한 사건을 모를 리가 없는 숙종이 장희빈에게 사약을 내린 건 그만큼 장희빈에 대한 증오심이 앞뒤를 가리지 못하게 만들었단 뜻이 될 터이다.

MBC 드라마 〈동이〉에는 숙종이 아주 유연한 사고방식을 가진 상냥한 왕으로 그려져 있지만 『조선왕조실록』에서 확인할 수 있는 숙종의 모습은 제멋대로 행동하는 모습이 더 강했다.

장희빈은 자신의 욕망을 이루기 위해 수단과 방법을 가리지 않은 여성이었다. 하지만 일편단심 사랑한 숙종에게 농락당한 가련한 여인이기도 했다.

장희빈은 악녀가 아니었다

장희빈은 양반보다는 신분이 낮은 중인 계급인 역관譯官 장현의 조카딸 장옥정張玉貞으로 태어났다. 동평군 이항李杭의 추천으로 궁에 들어온 장옥정은 자의대비慈懿大妃의 나인이 되었고 이때 숙종의 눈에 들어 승은 궁녀가 되었다. 그녀는 첫눈에 왕이 반할 만큼 빼어난 미모의 소유자였던 것이다. 얼마나 예뻤던지『조선왕조실록』에 '아름답다'고 기록된 여인이 거의 없는데, 유독 장옥정에 대해서만은 '매우 아름다운 얼굴을 가지고 있었다'는 기록이 남아 있을 정도이다.

숙종은 1686년(숙종 12)에, 그녀를 종4품 숙원淑媛으로 책봉했다. 이는 후궁 중에서는 최하위 품계였다. 숙종의 총애는 날이 갈수록 깊어져 2년 후에는 정2품 소의昭儀, 숙종의 첫아들(후에 제20대 경종)을 낳은 뒤인 1689년(숙종 15)에는 정1품 빈嬪으로 승격했다. 겨우 3년 만에 후궁의 최고 지위에 오른 것이다. 보통 여자들이라면 이쯤에서 만족하겠지만 희빈禧嬪이 된 장옥정만은 성에 차지 않아 왕비의 지위까지 넘보게 되었다.

숙종의 왕비 인현왕후 민씨는 아들을 낳지 못했다. 그래서 장희빈은 남인파와 손을 잡고 숙종을 압박하여 민씨를 폐위시켰다. 궁에서 쫓겨난 민씨는 상중에 입는 소복을 입은 채 운명을 받아들이며 사가에서 조용하게 살았다.

그러나 너무 높은 곳에 오르는 자는 반드시 떨어지는 법이다. 숙종의 총애를 받던 장희빈 앞에도 사랑의 라이벌이 나타났다. 훗날 영조의 생모가 되는 숙빈 최씨였다. 이미 장희빈에게서 사랑이 식은 숙종은 그녀가 질투에 불탄 나머지 최씨를 독살하려고 했다는 사실을 알고 격노하여 장희빈을 왕비 자리에서 끌어내리는 한편 폐위되었던 민씨를 복위시켰다.

그러나 빈의 신분으로 떨어진 장희빈의 교만한 태도는 전혀 나아지지 않았다. 왕에 대해 입에 담을 수 없는 상스런 욕설을 퍼붓기 일쑤였다. 결국 1701년(숙종 27)에 인현왕후가 죽은 것도 사실은 장희빈의 저주 때문이라는 말이 나돌았다. 이를 알게 된 숙종은 직접 장희빈에게 사약을 내려 죽게 했다.

소론의 시대

숙종은 1720년(숙종 46)에 60세의 나이로 승하했다. 그 뒤를 33세의 경종
이 제20대 왕위에 오르는데, 이 왕이 바로 장희빈의 아들이다. 경종은
성격이 유순하고 성군의 자질을 가지고 있었으나 몸이 약한 게 큰 불안
요소였다. 이런 왕의 허점을 노린 세력이 조정의 노론老論들이었다.

여기서 잠깐 조선왕조 조정의 파벌 변화를 살펴보자.

남인과 서인의 대립은 앞에서 설명한 그대로이다. 하지만 숙종 재위
후반기에는 남인이 세력을 잃고 조정은 서인 세상이 되었다. 이로써 당
쟁은 끝나고 정치가 안정을 되찾는 듯했다. 하지만 권력이란 게 그리 단
순하지 않은 것이다. 실권을 쥔 서인들의 내부에서 의견 대립이 격화되
기 시작했다. 서인은 노론과 소론少論 두 파로 분열하였다. 아무래도 조
선왕조의 고위 관리들은 하나로 뭉칠 수 없는 권력을 속성을 가지고 있
었던 모양이다.

숙종이 승하했을 때의 조정은 노론이 우세했다. 따라서 노론이 미는
왕이 즉위한다면 왕은 든든한 세력을 등에 업는 격이 되겠지만, 불행하
게도 경종은 소론의 지지를 받고 있었다. 이런 형편이니 조정의 정치 판
도는 다시 요동칠 수밖에 없었다. 노론은 새 임금 경종을 지원하지 않았
다. 그 대신 경종의 이복동생인 연잉군(후에 제21대 영조)을 천거했다. 연
잉군의 어머니는 숙종의 후궁이던 숙빈 최씨이다. 숙빈 최씨는 드라마
〈동이〉의 여주인공으로 나오는 동이이다.

경종을 지지하는 소론과 연잉군을 후원하던 노론, 두 세력은 상대를 몰락시키기 위해 온갖 책략을 내세워 혈투를 계속했다. 이 싸움에 희생되어 엄벌에 처해지는 관료들이 줄을 이었다. 정치는 혼선을 거듭했지만 역시 마지막 승리는 왕(경종)을 지지하던 세력에게 유리했다. 소론은 노론을 추방하는 데 성공하고 조정의 권력을 완전히 장악했다.

그러나 소론의 세상은 짧았다. 소론들에게는 땅을 치고 통곡할 일이었다. 경종이 갑자기 승하한 것이다. 고작 재위 4년 2개월 만에 경종은 목숨 줄을 놓고 말았다. 표독한 성품의 소유자인 장희빈의 아들이었지만 어머니와는 딴판으로 부드럽고 온화하며 인품이 뛰어난 왕이었다. 『조선왕조실록』에는 경종에 대해 다음과 같이 기록하고 있다.

어린 시절부터 학문에 힘쓰고 욕심이 없는 분이셨다. 누구나 신성하고 덕이 있다고 칭송했다.

대단한 찬사가 아닐 수 없었다. 이토록 존경받던 왕이었으므로 경종의 갑작스러운 죽음은 조정을 큰 충격에 빠지게 했다.

동이는 실존 인물이었나?

드라마 〈동이〉의 중반, 동이와 적대 관계에 있던 장옥정이 왕자를 낳은 덕분에 숙종은 후궁의 최고 지위인 빈嬪으로 올리고 '희빈禧嬪'이라는 이름을 내린다. 장옥정을 정확하게 부르자면 '희빈 장씨'이다. 〈동이〉의 초반부는 결국 장희빈을 중심으로 이야기가 펼쳐지는 건 아닐까 하는 의심이 들 정도로 장옥정의 비중이 높았다. 〈동이〉에는 조연으로 등장하는데도 워낙 캐릭터가 강렬해서 주인공을 압도할 정도의 존재감을 가진 악녀가 장희빈이다.

한편 동이라는 이름을 가진 숙빈 최씨는 숙종의 후궁으로 들어와 세 명의 왕자를 낳았다. 그중에서 한 명이 성장하여 훗날 조선왕조 역사를 빛내는 제21대 왕 영조가 된다. 다만 『조선왕조실록』에는 '명최씨위숙원命崔氏爲淑媛(최씨에게 숙빈을 명한다)'이라고만 달랑 기록되어 있을 뿐이다. 동이라는 본명도, 드라마에 그려진 것처럼 그녀가 장악원에 있었다는 기록도 전혀 없다. 동이라는 이름을 포함해 드라마의 스토리 대부분은 꾸며낸 픽션이다.

드라마 〈동이〉에서는 장희빈 때문에 궁에서 내쫓겨 폐위되었던 인현왕후가 복위하는 데 동이가 중요한 역할을 하는 것으로 그려지고 있다.

이 에피소드는 여러 번 텔레비전 드라마로 제작된 〈장희빈〉에서도 그려져 있다. 동이(숙빈 최씨)는 숙종 임금에게 이렇게 간청한다.

"부디 왕비마마를 복위시켜 주세요. 그렇지 않으면 저는 전하의 후궁이 되지 않겠습니다."

동이는 인현왕후를 생각하는 상냥한 여성으로, 또 인현왕후 복위에 몸을 사리지 않고 행동하는 용기 있는 여성으로 그려져 있다. 그러나 이것도 단지 드라마를 위한 허구의 이야기일 뿐이다.

장희빈과 인현왕후의 인생을 건 대결은 드라마와 영화에서 자주 그려졌다. 하지만 두 사람 사이에서 중요한 역할을 하는 숙빈 최씨의 이야기를 주인공으로 설정한 드라마는 〈동이〉가 처음이다. 그래서 이 드라마가 더 높은 시청률로 사랑을 받았는지도 모른다.

장희빈을 이긴 동이의 전략

MBC 드라마 〈동이〉의 주인공은 제목 그대로 동이이다. 동이의 실제 모델은 숙종의 후궁으로 훗날 영조를 낳은 숙빈 최씨이다. 최씨에 대한 기록은 그녀가 두 살 때 아버지가 35세의 젊은 나이로 사망했다는 사실 외에 알려진 것이 없다. 그리고 '동이'라는 이름은 그녀가 생전에 실제 사용했던 이름이 아니라 드라마용으로 만든 이름이다.

그녀는 처음에 잡일을 하는 무수리로 궁에 들어갔다. 궁녀들은 모두 1품에서 9품까지의 품계를 가지고 있었지만 물 긷는 일 등의 잡일을 하는 수사水賜나 의녀(약방기생)는 최하위 노비 신분이어서 궁녀의 품계를 갖지 못했다. 이런 낮은 지위에 있던 그녀가 어떻게 숙종의 눈에 들어 승은을 입었을까. 드라마에서와 같은 자세한 스토리가 알려진 건 없다. 그러나 승은상궁이 된 그녀는 1693년(숙종 19)에는 종4품 숙빈이 되어 공식적으로 숙종의 후궁으로 인정받는 높은 신분이 된다. 그해 왕자 영수를 낳았지만 2개월 만에 사망했고 다음 해에 연잉군(후에 영조)을 얻는다. 이 왕자를 낳은 공을 치하하여 종2품 숙의가

되었고, 그 이듬해에는 종1품 귀인으로 신분이 급상승했다. 여기에서 그치지 않고 1696년(숙종 22)에 마침내 측실로는 최고 지위인 정1품 빈嬪이 되었다.

그녀가 숙원 신분으로 첫아들 영수를 임신하고 있을 때, 궁 안에서 절대적인 권력을 휘두르고 있던 인물은 인현왕후 민씨를 왕비 자리에서 쫓아내고 스스로 후궁에서 왕비에 오른 장희빈이었다.

어떤 드라마에서는, 장희빈이 숙종의 총애가 최 숙원에게 옮겨지는 것을 질투하여 임신한 그녀를 밧줄로 묶어 지팡이로 때리고 항아리를 씌워 죽이려 했다는 사실을 숙종이 알게 되어 왕의 총애를 잃었다는 기록도 있다.

장희빈의 지나친 행위는 계속되었다. 이에 격노한 숙종은 1694년에 장희빈을 왕비의 위치에서 원래 신분인 희빈으로 끌어내리고 인현왕후를 복위시켰다.

숙원 최씨는 인현왕후를 복위하는 데 가장 열심이었다. 이는 최씨가 인현왕후의 무수리였을 때 왕후에게 큰 은혜를 입었다고 생각했기 때문이었다. 1701년(숙종 27)에 인현왕후가 병으로 죽은 직후 장희

빈이 인형왕후를 저주하는 주술을 행했다는 사실을 숙종에게 알린 것도 최씨였다.

숙종은 장희빈에게 사약을 내려 죽음에 이르게 하는 한편 숙원 최씨를 비어 있는 왕비 자리에 책봉하자고도 생각했다. 하지만 숙종이 장희빈을 폐위시킬 때 "앞으로 후궁은 왕비가 될 수 없다"는 법률을 정했기 때문에 최씨는 왕비가 되지 못했다.

최씨도 그리 오래 살지는 못했다. 1718년(숙종 44)에 병을 얻은 숙빈 최 씨는 자기가 낳은 아들이 왕위에 오르는 것도 보지 못한 채 49세의 나이로 생애를 마쳤다.

동이의 아들은 임금이 되고

병약한 탓에 경종에게는 아이가 없었다. 따라서 큰 무리없이 왕위는 연잉군이 잇게 되었다. 그가 바로 제21대 영조였다.

영조가 왕위에 오르자 경종에 시대 숨죽여 지내던 노론들의 세상이 되었다. 당파 싸움은 결국은 누가 왕이 되느냐에 따라 흥망성쇠가 분명하게 승패가 갈렸다. 영조의 즉위로 힘을 회복한 노론은 소론 세력을 대대적으로 축출하려고 했다. 권력을 잡은 세력이 상대를 보복하는 것은 조선왕조에서는 늘 있는 일이었다.

그러나 31세의 나이로 즉위한 영조는 소론의 탄핵을 최소한의 규모로 줄여서 단행했다. 영조는 보복은 원수를 낳을 뿐이며 그 폐해가 너무나 크다는 사실을 꿰뚫고 있었다. 영조는 과감한 인사 정책을 시행했다. 누구나, 능력이 있는 인재라면 골고루 기용했다. 탕평책蕩平策이었다. 이

영조의 어진

는 각 당파에서 공평하게 인재를 채용하는 정책으로 능력주의를 관철하고 결코 자의적인 인사를 행하지 않는다는 것이 주된 내용이었다. 그동안 조선왕조에서 쉽게 채용할 수 없던 정책이었지만 영조는 이를 과감하게 추진했다. 이 정책을 채택한 덕분이었는지 그렇게도 격렬했던 당파 싸움은 일시적으로 가라앉았다. 따라서 왕권도 안정되었다.

이런 힘으로 영조는 국방 강화, 가혹한 형벌 금지, 감세, 서자 출신 관리등용 같은 굵직굵직한 정치적 치적을 쌓아 갈 수 있었다. 물론 엄격한 신분제도의 골격은 별로 바뀌지 않았지만 그래도 영조는 그 안에서 조금은 인권을 배려한 정책을 실시했다. 영조의 여러 가지 공적 가운데 하나였다. 이런 공적으로 영조는 이때까지 조선에는 없었던 박애주의 왕이라는 평가를 받기도 했다.

그런데 재위 기간이 너무 길었을까. 그래서 임금의 현명함이 흐려졌을까. 영조는 52년 동안 왕위에 있었다. 이 재위 기간은 역대 27명의 왕 중에서 가장 길었다. 이 긴 재위의 후반기에 접어들며 영조의 통치는 차례차례 뒤틀리고 꼬이기 시작했다. 그러다가 큰 화근으로 번지게 되었다.

왜 아들을 뒤주에 가둬?

영조의 장남은 아홉 살 때 병으로 사망했다. 이름은 효장孝章이었다. 세자로 책봉하려던 큰아들이 죽자 영조는 크게 상심했다. 다행히 1735년

(영조 11)에 다시 둘째 아들을 얻었다. 학수고대하던 아들이었다. 영조는 이 아이에게 장헌莊獻이라는 이름을 지어주었다.

아이는 어려서부터 총명했다. 두 살 때 놀랍게도 『효경孝經』을 외웠다. 『효경』은 유교 경전의 하나로 덕의 근본에 '효孝'를 놓고 인간의 마음가짐을 다루는 내용이었다. 두 살짜리 어린 아기라면 겨우 말을 시작할 때인데, 이 아기가 외우면 얼마나 외웠겠느냐는 의문이 들 수도 있다. 하지만 이 정도가 사실이라면 신동神童 수준이라고 봐야 하지 않을까.

그 뒤에도 장헌 왕자는 어른들을 놀라게 하는 조숙한 행동을 보여 주곤 해서 궁중에서는 장래 틀림없이 성군이 될 것이라는 말이 떠돌았다.

그러나 머리가 뛰어나다고 다들 칭찬하던 왕자가 뜻밖의 함정에 빠지게 되었다. 뛰어난 재능을 보이던 장헌 왕자가 조정의 정책 몇 가지를 비판한 것이다. 겨우 10살 때였다. 이를 계기로 노론 세력은 그동안 어리다고 칭찬해 왔던 장헌 왕자를 마냥 칭찬만 할 수 없다고 생각하고는 왕자를 경계하기 시작했다.

영조는 재능이 뛰어난 아들이 대견하기도 하고 믿음직하기도 했다. 그래서 장헌이 열네 살이 될 즈음부터는 일부 정치적인 일에 참여하게 했다. 이것이 장헌 왕자와 노론 세력의 사이가 결정적으로 나빠지는 계기가 되었다. 노론 세력은 장헌 왕자의 발목을 잡기 시작했다. 구체적으로는 영조 귀에 왕자의 품행이 바르지 못하다는 말이 자주 들어가도록 만들었다. 물론 왕자에게도 작은 잘못들은 있었지만 장헌을 제거하려는 노론 세력은 갖가지 악랄하고 교활한 방법을 사용했다.

영조의 심려가 깊어졌다. 나쁜 소문이 들려올 때마다 몇 번이고 왕자를 불러 추궁했다. 아들에게 거는 기대가 너무나 컸기 때문에 질책도 그와 비례하여 점점 심해져 갔다.

자꾸 반복되는 질책으로 왕자는 극심한 압박감을 느꼈다. 정신도 피폐해질 대로 피폐해졌다. 아버지의 말을 듣지 않는 일조차 있었다.

이렇게 부자의 골이 깊어지는 와중에도 노론 세력은 장헌 왕자를 막다른 골목으로 모는 악랄한 여론 조작 활동을 계속했다. 주모자는 바로 장헌 왕자의 측근들이었다. 예를 들면 장헌의 비(혜경궁 홍씨)의 숙부인 홍인한, 영조의 계비인 정순왕후 김씨, 장헌의 누이동생 화완 공주 등이었다. 이 정도로 가까운 '가족'들이 궁지에 몰아넣으려고 작심하면 누구라도 버티기가 힘들 것이었다.

장헌에게도 꼬투리 잡힐 만한 잘못들이 있었다. 측실을 살해하는 범죄를 저질렀고 기생과 방탕하게 놀아나기도 했다. 어린 시절 신동이라고 불릴 때의 모습과는 전혀 다른 모습이었다. 급기야는 노론의 사주를 받은 관리가 장헌이 모반을 꾸미고 있다는 혐의를 고변하는 사태에 이르렀다. 이 고변을 알게 된 영조는 그만 분별심을 잃고 말았다.

분노를 참지 못한 영조는 아들 장헌 왕자에게 스스로 자진自盡할 것을 명했다. 물론 왕자는 이 왕명을 따르지 않았다. 결국 화를 참지 못한 영조는 아들을 뒤주에 가두어 굶겨 죽이고 말았다.

MBC 드라마 〈이산〉에는 장헌의 아들인 산이 "아바마마를 구해 주세요" 하며 할아버지 영조에게 애원하는 애절한 장면이 나온다. 영조는 사랑하는 손주의 간절한 소원마저도 듣지 않았다. 젊은 시절 현군賢君이라는 칭송을 듣던 영조는 사라졌다. 이제는 판단력이 흐린 고집쟁이 늙은 이가 남아 있을 뿐이었다. 영조의 나이 69세 때 일이었다.

장헌 왕자는 뒤주에 갇힌 채 한 톨의 음식과 한 모금의 물도 받지 못했다. 아들이 이런 고통 속에서 죽어가는 사이에 영조는 어떻게 지내고 있었을까. 애초부터 자신의 아들을 뒤주에 가두어 굶겨 죽일 작정이었을까. 아들이 반성하는 자세를 보이면 용서하려고 했던 것일까. 아무도 알 수 없는 일이었다.

뒤주에서 주검이 된 장헌 왕자를 발견한 것은 뒤주에 가둔 지 여드레가 지난 뒤였다. 도대체 언제 숨이 끊어졌는지조차도 알 수 없는 상황이었다. 다음 왕위를 이을 세자가 이토록 처참하게 죽다니, 권력의 비정함이 이런 비극을 만든 것이었다.

훗날 아들 장헌 왕자의 죽음을 슬퍼한 영조는 사도세자思悼世子라는 시호를 내렸다. 한자 뜻을 그대로 번역하면 '세자의 죽음을 애통해하다'는 뜻이다. 시간이 흐를수록 영조는 점점 더 아들의 죽음을 슬퍼하게 되어 괴로운 만년을 보내야 했다.

조선왕조의 르네상스

영조는 아들을 강하고 훌륭한 왕으로 만들고 싶어 했던 모든 소망을 손자

장헌세자를 가둔 뒤주와 같은 모양의 뒤주

산에게 걸었다. 그만큼 훌륭한 후계자에 대한 욕구는 강렬한 것이었다.

한편 노론 일파는 산에게 보복당할 것이 두려워졌다. 그래서 산이 왕이 되는 것만은 어떻게든지 막아 보려고 필사적으로 방해 공작을 폈다. 자객을 보내 목숨을 노리는 일도 비일비재했다. 그때마다 산은 기지를 발휘해 위기에서 벗어나곤 했다.

산은 매사를 철저하게 조심했다. 빈틈이 없었다. 잠자리에 들 때도 옷을 갈아입지 않았다. 왕이 될 때까지 단 하루도 제대로 숙면을 취하지 않았다. 이런 난관을 극복한 산은 영조가 83세의 나이로 승하한 후인 1776년 3월 10일에 제22대 왕으로 즉위했다. 이 분이 정조이다.

25세의 나이로 정조가 왕위에 올라 맨 처음에 선언한 공식 발언은 "짐은 사도세자의 아들"이라는 것이었다. 이는 바로 장헌 왕자를 곤경에 빠뜨려 죽게 만든 노론에게 보내는 선전포고와 다름없었다.

형식상으로 정조는 장헌의 요절한 형인 효장 왕자의 양자로 입적되어 있었다. 장헌 왕자가 죄인 신분으로 뒤주에 갇혀 굶어 죽었으므로, 장헌의 아들인 채로는 왕위 계승권이 없었기 때문이다. 그런데 왕위에 오른 즉시 정조가 스스로 '장헌의 아들'로 돌아갔다고 선언한 것이다. 이는 장헌을 죽음으로 몰아간 사람들을 엄벌에 처한다는 의지를 선명하게 드러내는 일이었다.

얼마 후 홍인한은 처형을 당했고 화원 공주는 왕족에서 평민으로 강등당했다. 그러나 노론의 후견인으로 자처하는 정순왕후만은 처형할 수 없었다. 공식적으로 정조의 할머니가 되기 때문이었다. 조선왕조 후기로 접어들면서 점점 유교적인 규범을 더욱 중시하는 사회가 되었다. 따라서 손자가 할머니를 처벌하게 되면 사회의 질서를 왕이 스스로 깨는 형국이 되었다. 이런 까닭으로 정조를 그토록 못살게 굴던 정순왕후에게만은 전혀 손을 쓰지 못한 것이다. 이것이 조선왕조의 한계였다고도 말할 수 있다. 유교를 국교로 삼는 이상 부모와 조부모는 절대적인 권위를 가진다. 그들은 무슨 짓을 저질러도 용서받는다는 분위기였다.

그렇다고 그냥 유야무야 덮어 버릴 정조는 아니었다. 정순왕후 목에 직접 칼을 들이대는 일은 하지 않았지만 왕후의 주위에 있는 노론 세력은 모두 제거했다. 악의 세력으로부터 정순왕후를 고립시킨 것이었다.

正祖大王 睟真

정조 임금 어진

창덕궁 규장각

정조는 재위 기간 많은 정치 개혁을 단행했다. 정조의 통치를 상징하는 국가 기구는 규장각이었다. 원래 규장각은 왕가의 자료를 보관하거나 서적을 편찬하는 곳에 지나지 않았다. 그러던 것을 정조는 기존 규장각의 기능을 강화하고 이곳에 신분의 울타리를 넘어 학문이 뛰어난 인재들을 모이게 했다. 이것은 엄격한 신분제도에 큰 변화를 가져오는 훌륭한 시도였다. 이때까지는 아무리 재능이 우수하더라도 신분제도에 막혀 등용되지 못한 사람들이 많았다. 그들은 정조의 인재 우대 정책에 따라 줄을 지어 규장각으로 모여들기 시작했다. 그들은 규장각에서 모두 똑같은 신분과 대우로 학문 연구에 참여할 수 있었다. 그 결과 규장각은 정조 재위 기간에 정치·경제·사회 각 분야에서 많은 업적을 이루는 근거지가 되었다.

정조는 백성들의 생활수준을 향상하는 일에도 힘을 쏟았다. 따라서 백성들도 예술과 문화를 즐길 여유를 갖게 되었다. 이 시기에 활약한 인물들로는 화가 김홍도, 명저 『목민심서牧民心書』를 지은 실학자 정약용 등이 있었다.

많은 역사학자들은 정조가 재위에 있던 18세기 후반을 '조선의 르네상스 시대'라고 부른다. 박학다식한 정조가 백성의 마음을 헤아리는 문치文治를 펼침으로써 사회 전체에 좋은 영향을 끼친 데 대한 평가일 것이다. MBC 드라마 〈이산〉에는 정조 임금이 생각이 깊고 이성적인 왕으로 그려져 있다. 아마 드라마 속에서 우리가 본 정조의 모습은 역사상 실제로 존재했던 정조와도 상당히 일치한다고 말할 수 있겠다.

아아, 아버지 사도세자

앞에서 설명한 제12대 인종은 '효자의 거울' 같은 왕이었다. 이 점에서는 정조 또한 같았다. 그는 아버지를 진심으로 공경하고 아버지의 명예 회복에 전력을 쏟았다. 이 가운데서 가장 두드러지는 행동은 아버지 사도세자에게 '장조莊祖'라는 시호를 내린 것이었다. 아버지에게, 형식상으로는 왕과 동격일 뿐만 아니라 왕 중에서도 특별히 공적이 있는 사람에게 내리는 조祖라는 글자를 시호에 붙인 것이다.

다산 정약용의 명저 『목민심서』. 지방 관리의 폐해를 없애고 지방 행정의 쇄신을 위해 지방 관리의 잘못된 사례를 들며 백성을 다스리는 도리를 설명한 계몽 도서이다.

(왼쪽) 사도세자의 영정
(오른쪽) 정조의 필적

또한 정조는 관료들의 반대를 무릅쓰고 장헌 왕자의 묘를 옮겼다. 원래 장헌의 무덤은 한양의 북쪽 양주 땅 배봉산拜峰山(현재 서울 전농동 서울시립대학교 뒷산)에 있었다. 정조는 무덤이 자리 잡은 땅의 풍수가 마음에 들지 않았다. 그래서 큰 마음 먹고 묘를 양주에서 남쪽으로 옮겼다. 꽃의 명소로 잘 알려진 수원이었다.

묘를 이전하는 일과 함께 수원을 성곽도시로 만드는 공사를 1794년(정조 18)부터 시작하여 2년 6개월 만에 둘레 5.7km의 훌륭한 성곽을 완성했다. 이 성곽이 현재 '수원 화성'이라고 부르는 성으로, 세계 문화유산에 등재되었다. 이 화성을 걸어 보면 비록 규모는 작지만 규모와는 달리 웅장한 위용을 느낄 수 있다.

성곽을 건설한 정조 임금은 열한 살 때 아버지 장헌 왕자가 영조에게

수원 화성

엄한 벌을 받는 장면을 직접 눈으로 보고 아버지를 구하기 위해 필사적으로 할아버지에게 구명해 줄 것을 빌었다. 하지만 어린 소년의 염원에도 불구하고 장헌은 비참한 죽음을 맞았다. 이 사실이 평생 정조의 마음속에 응어리처럼 남아 있었을 것이다. 이런 뜻에서 수원 화성은 정조가 아버지 사도세자에게 바치는 '진혼鎭魂의 장소'일 터이다. 거대한 건축물로 소중한 사람을 그리워하는 일은 고금동서를 막론하고 세계 각국의 역사에서 적지 않게 찾아볼 수 있다. 인도의 타지마할이 대표적이라고 할 수 있다. 그래서 막대한 경비가 들고 나라의 재정이 기운다는 비판을 무릅쓰면서도 정조는 수원 화성을 건축하는 데 고집을 부렸던 것이다.

이산은 어떤 왕이 되고 싶었을까?

MBC 드라마 〈이산〉은 제22대 임금인 정조를 주인공으로 한 이야기이다. 이산李祘은 정조의 실명이다.

정조의 아버지 사도세자는 당시 조정의 세력을 쥐고 있던 노론파의 모함을 받아 뒤주에 갇혀 굶어 죽는다. 상상할 수 없는 왕자의 비극적인 죽음이었다. 아들을 참혹하게 죽인 영조는 평생을 두고 후회했다. 그래서 나쁜 아버지를 원망하며 죽어갔을 아들에게 '사도세자'라는 시호를 내리고, 그의 분신이나 다름없는 이산을 자신의 장남인 효장 세자의 양자로 길러 직접 후계자(세손)로 책봉하였다.

어렸을 때부터 총명한 세자로 소문난 이산은 아주 어릴 때 왕위를 이을 세자로 책봉되어 할아버지 영조에게서 직접 제왕학帝王學을 배웠다. 영조가 승하한 뒤 왕위에 오르자마자 정조는, 세자로 책봉된 신분이면서도 정쟁의 희생물이 되어 왕이 되어 보지도 못하고 무참히 죽은 아버지 사도세자의 아들임을 선언했다.

정조는 세손 때부터 자신을 지켜 주었던 홍국영을 왕명을 관리하는 직위인 도승지로 임명하는 동시에 왕의 경비대 책임자인 숙위소宿衛所 대장을 겸직하게 했다. 자신의 반대 세력 숙청과 정치의 안정을 함께 도모하려는 의도였다. 그러나 홍국영에게 지나치게 권력을 몰아준 탓으로 홍국영은 조정 안에 많은 적을 만들게 되었고 결국 직위를 전부 회수당하는 결과를 낳기도 했다.

드라마 〈이산〉에는 주인공 이산이 정면으로 공격해 오는 적들에 맞서 검을 휘두르며 대항하는 정의의 사도처럼 그려져 있다. 이것은 드라마의 흥미를 고조시키기 위한 픽션일 뿐이다. 하지만 드라마 〈이산〉에서 권력 싸움의 희생물로 아버지를 여의고, 반대 세력인 노론파와 한 치도 물러설 수 없는 치열한 대결을 계속 벌이며 왕권을 확립해 간 이산의 모습은 역사적 사실과도 맞는 이야기이다.

〈이산〉의 최고 시청률은 40%에 가까웠다. 폭발적인 인기였다. 덕분에 이산과 정조의 지명도는 단박에 올라갔으니, 정조=성군聖君이라는 이미지를 정착시키는 데 드라마가 큰 몫을 한 셈이다.

『조선왕조실록』에 나와 있는 단 한 줄의 기록을 찾아내 장대한 드라마를 만들어 낸

MBC 드라마 〈대장금〉에 비하면 드라마 〈이산〉은 역사적 사실에 입각하여 만든 정통 역사 드라마라고 할 수 있겠다.

조선왕조에서는 훈민정음을 창제한 제4대 세종이 가장 인기 있는 왕이었다. 역사가들은 조선왕조의 명군名君으로 전기에는 세종, 후기에는 정조라고 하는 경우가 많다. 정조 임금을 드라마 〈이산〉에서는 무예도 학문도 능통한 영웅으로 그리고 있다.

이산의 할아버지인 영조는 '주자학朱子學을 어떻게 해석할 것인가'라는 논쟁으로 국론이 분열되고 파벌로 쪼개진 조정을 개탄했다. 그래서 영조는 각 파벌에서 능력이 뛰어난 인재들을 발굴하여 이를 균형 있게 배치하는 인재 등용 정책을 펼쳐 간신히 정치를 안정시킬 수 있었다.

그러나 이렇게 현명한 임금이었던 영조가 만년에는 당파 싸움에 휘말려 들어 조정을 왕의 뜻대로 제어하지 못하게 되었다. 그 과정에서 후계자인 아들 장헌 세자(사도세자)와 대립하고 이 아들을 뒤주에 가두어 굶어 죽게 만든 것이었다.

이산은 불과 열한 살 때 아버지의 비참한 죽음을 목격했다. 아버지를 죽음으로 몰아넣은 원인이 조정의 당파 싸움 때문이라는 것도 몸서리치게 체험했다.

이런 트라우마를 지니고 왕이 된 정조는 두 가지 큰 공적을 남겼다. 규장각奎章閣을 설립한 것과 신해통공辛亥通共을 시행한 것 두 가지이다.

드라마 〈이산〉의 앞부분에는 이산의 침실이 습격당하는 장면이 나온다. 실제로도 이산은 생애 몇 번이나 암살당할 뻔했다. 이산이 밤을 새워 공부에 힘쓴 것은 단순히 학문을 좋아해서였다기보다 적으로 가득한 궁중에서 한밤중에 일어나는 습격을 경계한 때문이라고 주장하는 역사학자들도 있다.

두 번째 공적으로 평가되는 신해통공은 '세금을 낸 특정한 상인만 장사할 수 있다'는 악법을 철폐한 것이었다. 이 법은 겉으로는 시장의 혼란을 막기 위한 금지령 같았지만, 사실은 상인에게 매기는 세금이 노론파의 재정으로 쓰이는 것을 조장한 법이었다. 이 법을 철폐함으로써 상품이나 문화, 인적 교류가 활발해졌다. 말하자면 법을 철폐하여 조선왕조 역사상 처음으로 중산층이 탄생하는 데 기여한 것이다.

궁궐에 관해 알고 싶은 것 8가지

풍수 사상에 따라 선택한 수도 서울

예로부터 동양에서는 풍수 사상을 신봉하고 있었다. 풍수 사상이란 천지간에는 기氣가 충만해 있고, 이 기는 자연현상과 인간의 운명 등 모든 현상에 영향을 끼친다는 것이다.

천지간에 가득한 기는 용맥龍脈(산의 정기가 흐르는 산줄기)을 형성하고 있는데, 용맥에 가깝고 기가 충만한 땅에 세운 도시에 사는 사람들은 활발하게 활동하여 번영한다고 생각하는 사상이 풍수 사상이다.

1392년에 새로운 국가를 세운 이성계는 새 왕조가 길이길이 번영할 수 있도록 새로운 수도의 위치를 선택하기 위해 풍수사들의 의견을 여러 차례 들었다. 그 결과 현재 서울이 있는, 당시 한양漢陽(후에 한성으로 개명)이라고 부르던 지역이 유력한 수도 후보로 떠올랐다.

서울 성곽

풍수 사상에는 기가 충만한 토지를 가리키는 지침으로 '배산임수背山
臨水(산을 등지고 물을 바라보는 땅)'와 '남면산록南面山麓(남쪽의 산자락은 번영의
형세)'이라는 말이 있다. 동서남북에 산이 존재하고 남쪽에 한강이 흐르
는 한양은 바로 이런 풍수사상이 가리키는 명당에 딱 들어맞는 이상적
인 장소였다.

덧붙여 설명하자면 산으로 둘러싸인 한양은 겨울에는 대륙에서 불어

오는 한파와 악천후를 초래하는 시베리아 계절풍을 막아 주고, 수량이 풍부한 한강이 흐르고 있어서 생활용수 확보도 용이한 곳이다. 풍수 사상의 면에서도 그렇고 과학적인 면에서도 한양은 이상적인 최적의 수도 후보지였던 셈이다.

이런 풍수 사상을 배경으로 태조 이성계는 1392년, 한양에 새로운 왕조의 수도를 건설할 것을 결정하기에 이르렀다. 이성계는 새로운 수도 건설에 강한 열정을 보였다. 그래서 10만 명을 동원하여 왕궁 건축 공사를 1년 만에 끝냈다. 조선왕조가 여러 가지 외세의 침략과 내부 혼란을 겪으면서도 500년 이상 계속되어 현재까지 대한민국의 수도로 발전해온 역사를 생각하면 이곳에 수도를 정한 이성계의 혜안은 높이 평가받아도 좋겠다.

4대문 성문마다의 역할은 다르다

조선왕조의 수도 한양은 동서남북 사방을 에워싸고 있는 산의 능선을 따라 전체 길이 약 18km의 성벽으로 둘러싸인 성곽도시였다. 또한 성 안에 지은 궁궐에도 성벽을 쌓았기 때문에 크고 작은 수많은 문이 있다.

성문은 크게 나누면 성안으로 들어가는 문과 궁으로 들어가는 문으로 두 종류가 있었다. 성안으로 들어가는 문은 흥인지문興仁之門(동대문), 돈의문敦義門(서대문), 숭례문崇禮門(남대문), 숙정문肅靖門(북대문)의 4개이

숭례문(남대문)의 현판은 양녕대군 글씨이다.

다. 대문의 이름 중에서 '흥인지문'만 네 글자로 된 것은 풍수 사상 때문이다. 풍수지리에 따르면 한양은 동쪽의 기운이 약하므로 기를 보충하기 위해 '지之'라는 글자를 추가한 것이다. 이 문들은 종각에서 울리는 종에 맞춰 열고 닫았다. 문이 닫힌 후에는 통행을 금지했다.

사대문의 문과 문 사이에는 작은 문이 있었다. 혜화문惠化門(동소문), 창의문彰義門(북소문) 등은 현재까지 남아 있다.

성안에서 돈의문을 나서면 중국으로 통하는 의주義州 가도로 이어진다. 그래서 문밖에는 중국 사절단을 맞이하는 접대소인 모화관慕華館을 설치했다. 모화관이 있던 자리에는 현재 독립문이 세워져 있다.

모화관은 드라마〈이산〉에서 여주인공 송연이 청나라 대사를 만나러 가는 장면에도 등장한다. 그런데 중국 사신은 돈의문을 사용하지 않고 일부러 숭례문으로 출입했다. 숭례문이 정문이었기 때문이다. 드라마〈대장금〉에서 장금이가 중국 사절단을 접대한 태평관은 숭례문 안쪽에 있었다고 전해진다.

성안에 있는 수많은 문은 단순한 통행로가 아니라 문마다 각각 다른 역할과 의미가 있었다. 예를 들어 북악산 산중턱에 있는 숙정문은 평소에는 닫혀 있었다. 그러다 가뭄이 계속되면 숭례문을 닫고 숙정문을 열었다는 사실이 『조선왕조실록』에 기록되어 있다. 음양오행설陰陽五行說에 기반을 두어 북쪽에서 음기陰氣(비)를 불러들이기 위해 개방하고 남쪽은 양기陽氣(태양)를 불러들이기 위해 닫았던 것이다. 또 소의문昭義門과 광희문光熙門은 시체를 성 밖으로 내가는 것이 허용되는 문이었다. 이처럼 모든 문에는 각각의 역할이 있어서 아무 문이나 마구 출입할 수 없었다.

한양은 풍수 사상으로 보면 좋은 조건을 두루 갖춘 성이었다. 하지만 '한강 남쪽에서 화기火氣가 발생할 위험이 있다'는 설도 있었다. 따라서 숭례문(남대문)은 관악산에서 내보내는 화기의 흐름을 멈추는 차양 역할도 했다는 것이다. 모든 문의 현판은 가로쓰기를 했지만 숭례문만은 세로쓰기를 했는데, 이것도 풍수 사상에 따른 것이다. 풍수에서는 세로쓰기를 하면 화기를 잠재울 수 있다고 보기 때문이다.

숭례문은 2008년에 방화로 대부분이 소실되었으나 5년간의 작업 끝에 2013년 5월에 복원했다. 임진왜란의 난리를 겪으면서도, 한양 대부분의 성이 타 버릴 때도 남아 있던 문이 방화로 훼손되었다는 건 매우 슬프고 비극적인 사건이었다.

궁은 왕의 운명을 바꾸었다

현재 서울에는 경복궁景福宮, 창덕궁昌德宮, 창경궁昌慶宮, 경희궁慶熙宮, 덕수궁德壽宮 5개 왕궁이 남아 있다.

왕궁은 왕이 생활하는 '궁宮'과 왕이 정치를 집행하는 '궐闕'을 합쳐 '궁궐宮闕'이라고 부르는데, 경복궁을 정궁正宮, 동쪽에 위치한 창덕궁과 창경궁은 동궐, 서쪽의 경희궁은 서궐이라고 불렀다.

그 밖에 제26대 고종이 태어난 집인 운현궁雲峴宮처럼 '궁'이라는 글자가 붙는 건물은 왕과 왕족이 생활하던 건물들이다.

태조 이성계는 고려의 수도였던 개경(개성)에서 한양으로 천도할 때 가장 먼저 경복궁을 지었다. 경복궁은 후계자를 둘러싼 골육상잔의 비극인 '왕자의 난'이 발생하자 피로 물들고 말았다. 이러한 사태에 크게 상심한 태조는 제2대 정종에게 왕위를 물려준 뒤 개성으로 돌아가 버렸다.

그 후 제3대 왕위에 오른 태종은 '왕자의 난' 때 스스로 쿠데타를 일으킨 장소였던 경복궁에 사는 게 마음에 꺼림칙했다. 태종은 '위치가 나쁘다'는 이유를 들어 새로운 궁을 짓겠다고 제안했다. 그러나 신하들이 강력하게 반대하자 정궁 대신 새로운 별궁別宮을 세우기로 타협하고 창덕궁을 짓는다. 창덕궁은 애당초 별궁으로 지은 궁궐이지만 정궁으로도 사용할 수 있도록 설계했다. 그 후 임진왜란(1592년) 때 경복궁과 창덕궁 모두 불에 탔지만 창덕궁은 1610년(광해 2)에 재건되어 제15대 광해군 때부터는 정궁으로 사용했다.

그 외에 다른 왕궁은 거의 모두 별궁으로 지었다. 특히 서대문 고갯마루에 지은 경희궁 창건에는 재미있는 에피소드가 전해진다.

그 터에는 제14대 선조의 아들 정원군이 살던 집이 있었다. 그런데 '왕기王氣(왕이 태어날 징조)'가 있다는 소문이 퍼져 광해군이 그 터를 빼앗아 별궁을 지었다는 것이다.

광해군은 왕좌가 위협받는 것을 누구보다도 두려워한 왕이었다. 이런 트라우마가 생긴 것은 중국과의 껄끄러운 책봉 문제 때문이었다. 광해군은 선조와 후궁 사이에서 태어났고 게다가 장남도 아닌 둘째 아들이었다. 하지만 선조의 정비가 아이를 낳지 못하고 세상을 떠났고, 어머니가 같은 아우 임해군은 행동이 거칠고 난폭하여 왕의 자격이 없었다. 그래서 임진왜란이 한창일 때 광해군이 갑작스레 세자로 책봉된 것이었다. 이 보고를 받은 명나라는 적자도 장남도 아닌 광해군을 마땅치 않

경복궁

게 생각하여 왕으로 인정해 주기까지 무려 17년이라는 세월을 지체하였다. 조선왕조는 중국의 윤허가 없으면 정식으로 왕이 될 수 없던 왕조였다. 이런 불안감을 없애기 위해 광해군은 왕좌를 지키는 데 갖가지 방법을 동원하였으나 이런 노력이 모두 허사가 되고 말아, 경희궁이 채 완성도 되기 전에 쿠데타(인조반정)로 쫓겨나고 말았다. 더구나 광해군의 뒤를 이어 제16대 왕으로 즉위한 사람이 정원군의 아들 인조였다. '왕기가 있다'고 하던 땅에서 정말로 왕이 탄생한 것이다.

서울의 5대 궁궐이 소실된 것은 일본의 침략 때문이다. 첫 번째는 임진왜란 때 왜군의 손에 궁궐 대부분이 불타 버렸고 그 후에 재건된 왕궁들도 일제강점기에 많은 부분이 파괴되거나 옮겨졌다.

조선왕조가 남겨 놓은 5대 왕궁

경복궁

경복궁은 조선왕조를 대표하는 정궁이다. 이성계는 건국 당시 개성에서 한양으로 천도하자마자 곧바로 경복궁을 짓기 시작했다. 경복궁은 북악산 남쪽 산자락이 뻗어 내려온 널찍한 대지에 지어서 약 200년 동안 정궁으로 사용했으나 1553년(명종 8)에 큰불로 타 버렸다. 게다가 1592년 임진왜란 당시 다시 한 번 불에 탔고, 그 후 약 270년 동안 재건하지 못하다가 조선왕조 말기인 1865년(고종 2)에 와서야 대원군이 재건하였다.

일제강점기 때 일본은 조선왕조를 노골적으로 업신여긴다는 듯이 경복궁 안에다가 조선총독부 청사를 건설했다. 대한민국 독립 후 조선총독부 청사는 중앙청으로 불렸고 한때는 박물관으로 쓰이기도 했다. 하지만 김영삼 정부 때 허물고 이 자리에 일제가 헐어 버렸던 경복궁을 복원했다.

현재 경복궁의 북쪽은 청와대가 사용하고 있고 궁궐 터 안에는 국립

민속박물관과 국립 고궁박물관이 들어서 있다.

창덕궁

창덕궁은 이성계의 다섯째 아들 방원이 제3대 태종으로 즉위하면서 자신의 권위를 과시할 목적으로 1405년(태종 5)에 지은 별궁이다. 이 궁도 경복궁처럼 임진왜란 때 소실되었으나 제16대 인조 때 정궁으로 중건되었다. 창덕궁은 보존 상태가 좋아서 유네스코 세계 문화유산으로 등록되었다.

창경궁

창경궁은 제4대 세종이 즉위할 때 아버지(태종)의 공적을 기리는 별궁으로 지었다.

덕수궁

서울시청 바로 옆에 자리 잡은 덕수궁은 제14대 선조의 형 월산대군의 사저로서 임진왜란 때 왕의 임시 거처로 사용되었고, 조선 말기 고종 때는 한때나마 왕의 정궁으로 사용했다.

경희궁

경희궁은 제15대 광해군 시대에 지은 별궁이다. 조선 후기에는 두 번째 궁전으로 여겨져서 비상시에 왕이 대피하는 장소가 되었다. 건물이

100채 이상 있었다고 하는데, 모두 일제강점기 때 파괴되거나 다른 곳으로 옮겼다. 현재 일부 건물 몇 채가 복원되었을 뿐이다.

궁을 하루에 다 둘러보려면

가장 대표적인 궁은 경복궁이다. 서울역에서 북쪽으로 2km 떨어진 북악산 밑에 위치하고 있다. 조선왕조가 건국될 당시 풍수 사상에 따르면 경복궁이 자리 잡은 터가 서울에서도 가장 기氣가 넘쳤다고 한다. 경복궁은 지금도 서울의 중심지에 떡 버티고 있다.

이 경복궁에서 동쪽으로 1km 정도 떨어진 장소에 창덕궁이 있다. 그 오른쪽으로 창경궁이 바로 가까이 있다. 두 왕궁은 나란히 있기 때문에 한 번에 모두 방문할 수 있어 편리하다.

덕수궁은 서울역과 경복궁의 한가운데 있다. 덕수궁에서 엇비슷한 위치에 서울시청이 있다.

경복궁을 수도 서울의 중심이라고 생각하면 동쪽으로 1km에 창덕궁과 창경궁이 있고, 남쪽으로 1km 떨어진 곳에 덕수궁이 있다. 하루 정도 투자하면 이 모든 궁을 천천히 방문하여 조선왕조 역사를 만나 볼 수 있을 것이다. 방문 순서는 경복궁 → 창덕궁 → 창경궁 → 덕수궁 순으로 돌아보면 좋겠다.

궁궐의 6개 구획 사용 설명서

궁궐이 주 무대로 등장하는 역사 드라마에는 왕이 많은 시종들을 거느리고 궁 안을 이리저리 돌아다니는 장면이 나온다. 대신들과의 공식 회의, 집무실에서의 공무, 식사, 일과 후 왕비와 후궁과의 만남 등등.

이런 장면들을 보는 것만으로도 왕이 얼마나 바쁜 나날을 보냈는지 알 수 있다. 그래서 궁 안에서 이런 곳들을 이동하는 동선動線의 위치가 궁금해진다. 궁 안의 각 시설은 어떤 곳에 위치하고 있는지 살펴보자.

실제로 정치의 중심이 되는 정궁쯤 되면 건물의 숫자가 보통 200채에서 300채에 이르렀다. 이러한 건물들은 대개 6개 구획으로 나뉘었다.

외전外殿

어떤 궁이라도 외전의 중심은 정전正殿이었다. 정전은 정문을 들어서면 바로 나온다. 정전에서는 왕의 즉위식을 열거나 왕이 신하들에게 인사를 받고, 외국 사절의 환영 의식을 치렀다. 이런 뜻에서 정전은 궁궐에서 가장 중요한 건물이었다.

정전의 명칭은 궁마다 다르다. 경복궁은 근정전勤政殿, 창덕궁은 인정전仁政殿, 창경궁은 명정전明政殿, 덕수궁은 중화전中和殿, 경희궁은 숭정전崇政殿이었다.

정전 건물을 보면 겉으로는 여러 층으로 이루어져 있지만 내부는 훤히 트인 홀 구조로 되어 있다. 홀의 중앙에는 임금님의 옥좌가 놓여 있다.

정전 옆에는 왕이 고관과 함께 공식적인 집무를 수행하던 건물이 있다. 이 건물을 편전便殿이라고 부른다. 경복궁에는 사정전思政殿, 창덕궁에는 선정전宣政殿, 창경궁에는 문정전文政殿, 덕수궁에는 덕홍전德弘殿, 경희궁에는 자정전資政殿이 편전이다.

제4대 세종 재위 때는 매일 아침 일찍 사정전에서 상참常參이라는 각료 회의가 열렸다. 지금으로 말하면 대통령이 주재하는 국무회의였다. 이것을 세종은 단 하루도 빼놓지 않고 참석했다고 한다. 성군은 아무나

경복궁 근정전

하는 게 아닌 것 같다.

내전內殿

내전의 중심은 침전寢殿이었다.

침전은 왕과 왕비가 일상생활을 하는 공간을 뜻한다. 경복궁의 강녕전康寧殿, 창덕궁의 희정당熙政堂, 창경궁의 통명전通明殿, 덕수궁의 함녕전咸寧殿, 경희궁의 회상전會祥殿이 왕의 침전이다. 또한 왕비의 침전에는 경복궁의 교태전交泰殿, 창덕궁의 대조전大造殿, 창경궁의 환경전歡慶殿, 경희궁의 융복전隆福殿이 있다. 특이하게도 덕수궁에는 왕비의 침전이 처음부터 없었다.

창덕궁의 희정당은 제23대 순조의 아들 효명세자가 죽은 장소로 알려져 있다. 두뇌가 명석하여 조부 정조에게 지지 않는 박식함을 자랑하던 효명세자는 만약 즉위한다면 성군이 될 자질이 충분했으나 겨우 21살이라는 젊은 나이로 요절하고 말았다. 효명세자가 오래 살았더라면 19세기 초반의 조선왕조는 많은 개혁으로 성과를 보았을 텐데, 그의 죽음으로써 조선 정치는 오히려 부패 일로를 달리게 되었다. 그만큼 "효명세자가 왕이 되었더라면…"하며 탄식한 신하들이 많았다는 것이다.

창덕궁 대조전은 왕비의 생활공간이면서 조선왕조가 종말을 맞이한 장소이기도 하다. 1910년(순종 3)에, 조선왕조가 한일 합병을 승인하는 마지막 어전회의를 연 장소가 대조전에 딸린 건물이었다. 바로 이곳에서 조선은 일본의 식민지가 되기로 결정한 것이다. 이 건물은 1917년에

지금의 희정당은 1917년의 화재를 복구하면서 원래의 모습과 달리 내부에 유리
창과 전등을 설치하고 바로크풍의 가구를 갖추었다.

화재로 소실되고 지금은 터만 남아 있다.

동궁東宮

동궁은 세자와 관련된 건물과 시설을 뜻한다. 어떤 왕궁이라도 세자의 거주 구역은 왕궁 동쪽에 지었다. 그것은 세자가 떠오르는 태양 같은 존재라는 것을 상징하기 때문이었다. 즉 태양이 떠오르는 동쪽이 입지가 좋다고 여긴 것이다. 세자를 '동궁'이라고 부르는 이유이다. 물론 경복궁에도 동궁은 동쪽에 있다. 그중에 세자 내외가 생활하던 건물이 자선당資善堂이고, 세자가 정무와 면학에 힘쓴 건물이 비현각조顯閣이다.

조선 시대에는 동궁에 시강원侍講院과 익위사翊衛司라는 관청을 설치했다. 시강원은 세자의 교육을 맡았으며 익위사는 의전과 호위를 담당했다. 아쉽게도 현재 경복궁에는 그러한 관청 건물이 복원되어 있지 않다.

궐내각사闕內各司

조선의 정치를 전담하던 관청 건물은 왕궁 안팎 양쪽에 있었다. 밖에 있던 이런 관청 건물을 궐외각사闕外各司라고 불렀다. 반대로 궁 안에 있던 관청을 궐내각사라고 불렀다.

경복궁의 궐내각사는 정전인 근정전 서쪽에 있었다. 왕을 가까이에서 보좌하기 위해 궐내각사는 외전 바로 옆에 있는 것이 원칙이었다.

경복궁이 왕궁으로서 가장 빛나던 제4대 세종의 통치 기간에 궐내각사 각 관청이 지붕을 나란히 하고 늘어서 있는 모습이 장관을 이루었다고 한다. 현재 복원된 건물은 수정전修政殿뿐이다. 수정전은 세종이 한글을 창제할 때 집현전으로 사용한 장소였다.

한편 창덕궁은 정전인 인정전 서쪽에 궐내각사가 있었다. 그중의 하나가 제22대 정조가 정치 개혁의 거점으로 삼은 규장각이었다. 규장각은 원래 역대 왕들의 시문과 친필문을 보관하기 위한 왕실 자료실이었으나 정조는 이곳에 인재를 모아 정치 쇄신과 문예부흥을 집행하는 근거지로 사용했다. 따라서 세종의 치세를 상징하는 곳이 집현전이라면 정조의 치세를 상징하는 곳은 규장각이었다. 현재의 규장각 건물은 2000년 이후에 복원한 건물이다.

후궁後宮

조선왕조에서 말하는 '후궁'은 왕의 측실들을 의미한다. 조선왕조 초기에 왕은 10명 전후 측실을 두는 것을 당연시했다. 따라서 그 숫자에 걸맞는 상당수의 건물이 필요했다. 이런 건물들은 모두 내전의 뒤편 떨어진 장소에 지었다.

왕궁에서 일하는 궁녀들도 대부분 내전 뒤쪽에 살고 있었다. 후궁 쪽은 많은 여성들이 사는 공간이었기에 언제나 활기가 넘쳤다. 현재 경복궁에서 후궁으로 남아 있는 건물은 함화당咸和堂과 집경당緝敬堂뿐이다.

후원後苑

조선왕조는 정원을 궁의 가장 뒤쪽에 만들었다. 그 위치 때문에 정원

을 후원이라 부르는 것이다.

후원은 원래 왕과 왕비가 산책과 휴식을 취하는 장소였다. 왕궁 내에서 가장 자연이 잘 보존된 장소였기 때문에 왕과 왕비가 주최하는 연회, 꽃놀이, 뱃놀이 등도 열렸다. 또한 후원은 왕이 정원에 곡물을 심고 농업을 체험하거나 왕비가 누에를 치는 장소로 사용하기도 했다.

창덕궁의 후원은 다른 궁들과는 달리 비원秘苑이라고 부른다. 원래 일반인의 출입을 금했던 데서 유래한 명칭이다. 왠지 '비밀이 있는 수수께

318

끼의 정원'이라는 이미지가 떠오른다. 현재는 일반인들에게도 공개되고 있다.

궁궐의 화장실은 누가 사용했을까?

조선시대 역사 드라마에서 한번도 보지 못한 장소가 화장실과 욕실이다. 왕이라고 해서 생리적 현상이 없을 수는 없는데 그렇다면 화장실은 어디에 있었을까?

왕과 왕비의 생활공간인 창덕궁을 예로 들어 살펴보자. 현재의 창덕궁에는 욕실이 있다. 하지만 이것은 1900년대에 만든 것으로 원래 궁에는 욕실이 없었다. 목욕을 할 때마다 세면장이던 세숫간 바닥에 유지를 깔고 나무로 만든 통을 이용해 욕실을 만들었다. 왕은 왕비 또는 후궁과 매일 잠을 자는 장소를 바꾸었으므로 왕이 자고 일어나는 방 옆에 있는 작은 방에다 항상 욕실을 만들어 두기도 했다. 또한 왕비와 신분이 높은 여성은 입욕할 때도 절대로 벌거벗지 않고 얇은 비단으로 만든 천을 걸쳤다.

그렇다면 왕과 왕비가 사용하던 화장실은 어땠을까? 궁 안에 화장실이 있긴 했지만 이것은 궁녀들을 위한 것이었다. 왕과 왕비의 경우 소변과 대변은 모두 전용 요강과 이동식 변기를 사용했다. 이 이동식 변기를 '매우梅雨통'이라고 했고 왕의 배설물은 '매화梅花'라고도 불렀다. 이 변

매화틀

기에 왕이 볼일을 마친 뒤에 곧 전담 궁녀가 처리했던 것이다.

궁궐의 단청과 해태 석상

궁궐 건물에는 모두 선명하게 단청丹靑을 칠한다. 단청의 색의 조합
은 오행설에 근거했다. 청靑=목木·적赤=화火·황黃=토土·백白=금金·흑
黑=수水가 기본이었다.

단청을 칠하면 궁궐을 아름답게 꾸밀 뿐만 아니라 목재가 썩는 것을
막고 병충해를 방지한다.

지주와 대들보, 서까래 등 양단에는 머리초라는 문양을 그렸다. 문양
은 시대와 건물에 따라 달라지지만 수련과 석류 문양을 선호했다. 각 건

창덕궁 인정전의 단청

잡상

물의 같은 부위에는 정해진 기본 문양의 머리초를 반복하여 그렸다. 이는 모든 궁궐 건물에서 볼 수 있는 기본적인 단청 문양이었다.

단청과 함께 눈길을 끄는 것은 기와지붕 추녀마루에 놓이는 잡상雜像이었다. 액막이라는 의미가 있다고 하여 건물의 격이 높을수록 잡상의 수도 많았다.

경복궁 근정전勤政殿에는 일곱 개, 경회루慶會樓에는 열한 개가 있다. 잡상의 모티브는 『서유기西遊記』의 등장하는 캐릭터였다.

광화문의 해태 석상

경복궁 정문인 광화문光化門 양쪽에는 해태 석상이 있다. 해태는 상상 속의 동물로서 '공명정대한 정치'를 상징했다. 원래 사헌부 앞에 있었다. 그런 뜻에서 현재 서울 여의도 국회의사당과 검찰청 앞에 세워져 있는 것이다.

해태는 남쪽에서 화기가 들어오지 못하도록 노려보고 있는 모습을 하고 있다. 조선왕조 당시에는 많은 사람들이 이 해태가 불을 막는 힘을 가지고 있다고 믿고 있었다.

(위) 조선왕조 시대 광화문 앞에 있던 해태 석상
(아래) 오늘날의 해태 석상

제7장

치맛바람
세도정치

여인 천하가 된 왕조

오랫동안 지속되어 온 조선왕조의 유교적인 관습과 규범은 지금까지 우리 사회에 깊게 스며들어 있다.

일례로 예의범절을 존중하는 관습이 그렇다. 웃어른을 공경하고 겸손한 태도를 갖는 기풍은 모두 유교의 영향이다. 반면에 남존여비 풍조가 강한 것도 유교 사상 때문이라고 할 수 있다.

그렇다고 해서 우리나라 여성들이 모두 약자는 아니었다. 이루어지지도 않을 뜬구름 잡는 탁상공론으로 세월을 보내는 가장을 대신해서 훌륭하게 가정을 지켜 낸 여성들이 많은 것도 우리나라의 사회적 특징이다. 이런 당찬 여성을 주인공으로 내세운 가족 드라마가 적지 않고, 방영될 때마다 많은 시청자들의 공감을 얻곤 했다. 건성으로 말하는 게 아니라 속내를 말하자면 '우리나라는 여성이 떠받치고 있다'고 할 수 있다. 이것이 '조선왕조' 때부터 이어져 온 전통일 것이다.

이런 흐름은 19세기로 접어들면서부터 더욱 현저하게 드러났다. 학식이 풍부하고 합리적인 생각을 갖고 있어서 세종대왕과 어깨를 나란히 할 정도로 평가되던 정조가 갑작스런 의문의 죽음으로 세상을 떠난 뒤부터 조선왕조는 그야말로 '여인들의 치맛바람' 세상이 되고 말았다.

이 시기를 순서대로 살펴보자.

1800년(정조 24) 6월에 정조가 48세의 나이로 갑자기 세상을 떠났다. 전혀 예기치 못한 죽음이었다. 궁궐에는 독살설이 퍼졌다. 정조를 독살한 주모자는 정순왕후라는 소문이 떠돌았다. "그녀는 정조 임금이 마시는 약을 조작할 수 있는 위치였다"거나 "위독할 때 측근을 물리치고 정순왕후 혼자 임종을 지켜봤다"거나 또는 "정조의 죽음으로 가장 큰 이익을 본 인물"이라는 등의 그럴싸한 근거가 제시되었다.

그러나 구체적인 증거는 없었다. 아직까지 진상은 밝혀지지 않았다. 단지 한 가지 분명한 것은, 정조가 승하한 뒤에 조선왕조가 정순왕후 천하가 되었다는 사실이었다.

정조의 뒤를 이어 왕위에 오른 인물은 정조의 열한 살짜리 아들이었다. 제23대 순조였다. 순조는 아직 미성년이었으므로 궁중의 법도에 따라 자연히 정순왕후가 수렴청정을 하게 되었다. 왕실의 최고 어른이기 때문이었다. 누구도 그녀의 뜻을 거스를 수는 없었다.

정순왕후가 수렴청정을 하게 되었다는 사실은 조선왕조에는 정말 불행한 일이었다. 정순왕후는 자신에게 아부하고 자신의 말을 잘 듣는 사람들만을 차례로 요직에 앉혔다. 선왕 정조가 그토록 열성을 다해 추진했던 개혁 정책을 모조리 쓸모없게 만들어 버렸다. 이로써 조선왕조의 정치는 최소한 몇십 년 동안 후퇴를 거듭하게 되었다. 정순왕후는 천주교도를 철저하게 탄압했다. 자신의 적대세력인 남인에 천주교도가 많다는 것이 그 이유였다.

이렇게 천년만년 살 것처럼 횡포를 부리던 왕후도 세월만은 어쩔 수 없었다. 1804년에 수렴청정 일선에서 물러난 다음 해인 1805년(순조 5)에 61세로 세상을 떠났다. 순조의 나이 16세, 스스로 친정을 펼칠 수 있는 나이가 되었다. 그러나 순조는 다시금 '이름뿐인 왕'의 신세를 감수해야 했다. 정순왕후 대신 이번에는 순조의 외척인 안동 김씨가 정치를 좌지우지하게 되었기 때문이다. 여우가 떠난 산에 더 무서운 호랑이가 들어온 셈이었다.

조선 시대에는 족보와 가문을 중시했다. 모든 사람들은 성씨 외에 본관本貫을 가지고 있으며 성과 본관이 같은 사람을 같은 가문으로 인정했다. 그러니까 안동 김씨라는 말은 '김씨 성 중에서 안동이 본관인 집안'이라는 의미였다. 이 안동 김씨가 조선왕조의 권력 중심부에서 하나의 거대한 세력을 이루게 된 계기는 이 집안의 딸이 순조의 왕비로 들어간 뒤부터였다. 이 딸이 바로 순원왕후 김씨였다.

그녀의 친정아버지 김조순金祖淳은 권력에 대한 야심이 큰 인물이었다. 그는 왕의 장인이라는 입장을 최대한으로 이용해 적극적으로 순조에게 아첨하는 한편 안동 김씨 집안사람들을 차례차례 조정의 요직에 앉혔다.

조선왕조는 건국 초기 제3대 임금 태종이 외척 세력을 철저하게 제거한 뒤부터 항상 외척을 경계하는 전통이 있었는데, 이 전통이 후기로 들어오면서부터 차츰 약해진 것이다. 이런 분위기를 잘 이용한 사람이 김조순이었다. 순조 임금이 왕위에 오르는 순간부터 김조순과 안동 김씨들은 반대파를 제거하며 이권을 독점하기 시작했다. 이렇게 외척이 권력을 쥐는 일을 역사가들은 '세도정치勢道政治'라고 불렀다.

세도정치가 기승을 부리면 뇌물이 횡행하고 정치가 부패하게 마련이었다. 이를 보다 못한 순조가 마침내 안동 김씨의 횡포에 맞서기 위해 움직이기 시작했다. 순조가 취한 방법은 '독毒으로써 독을 다스리는 방법'이었다. 순조는 11살이 된 효명孝明세자의 정비로 풍양 조씨 집안의 딸을 맞아들였다. 그러고는 풍양 조씨 출신을 중용했다. 이들로 하여금 안동 김씨에게 대항하게 만든 것이었다.

이 책략은 순조가 노린 대로 효과를 거두는 듯했다. 효명세자가 성장함에 따라 자연히 풍양 조씨가 안동 김씨를 제치게 된 것이다. 이제 안동 김씨가 몰락하는 것은 시간문제였다.

하지만 안동 김씨를 누르고 풍양 조씨가 권력을 독점하려던 계획은 단지 꿈으로 끝나고 말았다. 그들이 믿고 의지하던 효명세자가 22세의 나이로 요절했기 때문이었다. 후원자를 잃은 풍양 조씨는 세력을 잃었고 다시 안동 김씨가 부활하여 정권의 요직을 그대로 유지하게 되었다.

순조의 계획은 성공하기 직전에 실패해 버렸다. 순조는 결국 큰 정치적 업적을 올리지 못한 채 1834년(순조 34)에, 45세의 나이로 세상을 떠났다. 왕위는 효명세자의 아들이 이었다. 제24대 헌종이었다. 헌종은 겨우

정순왕후가 왕비가 되기 전까지 살았던 집. 서산시 음암면 유계리

여덟 살밖에 되지 않았기 때문에 수렴청정을 조모 순원왕후가 맡았다. 그녀는 마음만 먹으면 하지 못할 일이 없었다. 당연히 친정붙이인 안동 김씨의 권세는 하늘을 찔렀다.

드라마 〈이산〉에서 이산의 할아버지인 영조는 60대인데 그 아내인 정순왕후는 어째서 그렇게 젊을까 하고, 드라마를 보며 내내 이상하게 생각한 사람들도 많았다. 실제로 정순왕후는 영조보다 51살이나 어렸다. 손자인 이산에 비해 겨우 일곱 살밖에 많지 않았다. 그녀가 66세인 늙은 영조에게 시집간 나이는 앳된 열다섯 살 소녀 때였다. 영조와 정순왕후는 조선왕조 역사상 가장 나이 차가 많이 나는 부부였다. 그렇다면 조선왕조에서 왕가의 결혼은 어떻게 이루어졌는가.

건국 초기부터 왕가의 혼인 상대는 철저히 정치적인 의도에 따라 정해졌다. 왕실의 혼인은 왕실을 존속시키는 데 가장 큰 목적이 있었다. 모반이 발생하거나 혁명이 일어나는 일은 용납할 수 없었다. 지방 호족이 세력을 넓혀 왕권을 위협하는 것도 있을 수 없는 일이었다. 그렇다고 해서 지방 호족을 등한시하면 국경 경비가 위험해진다. 이쪽저쪽을 달래고 뒤로는 위험 분자를 배제하여 세자에게 안정적인 정권을 물려주어야 했다.

이런 정치적 도구로 활용된 것이 후궁 제도였다. 양반 신분인 고위 관료들은 자기 가문에서 아름다운 딸이 태어나면 후궁으로 보내고, 그녀에게 아들을 낳게 하여 왕위 계승자가 됨으로써 실권을 쥐도록 갖은 일을 꾸몄다.

왕은 그들의 야망을 역으로 이용했다. 특정한 당파 출신의 왕비를 맞아들였다가도 균형을 맞춰 다른 당파의 딸을 후궁으로 세웠다가 왕비를 쫓아내는 일도 발생했다. 왕비나 후궁의 입장에서 생각해 보면 아름답고 조신하게 살아 봤자 정치적 도구로 이용될 뿐이었다. 이용은 해도 이용 당하지 않기 위해, 라이벌인 후궁의 나쁜 점을 찾아내 왕이나 조정 중신들에게 고하여 라이벌이 쫓겨나도록 만드는 계략을 꾸미며 살아야 했다. 이것이 궁중의 최우선 생존 전략이었다.

명문 집안인 경주 김씨 가문에서 딸이 태어났다. 이 딸아이가 임신할 수 있는 나이가 되자마자 가문의 번성을 위해, 아내를 잃은 영조에게 딸을 시집보냈다. 영조는 무슨 이유에서인지 왕비를 후궁 중에서 고르지 않고 고작 열다섯짜리 소녀를 비로 간택했다. 이 소녀가 바로 정순왕후이다.

정순왕후는 아이를 낳지 않았다. 소생이 없는 정순왕후는 이대로 가다가는 자신의 위치가 위험하다고 생각한 것일까.

정순왕후는 열일곱 살 때부터 책략을 꾸미기 시작했다. 영조의 대를 이을 것이 분명한 영조의 큰아들 장헌세자를 제거하려는 정치 세력인 노론에 가담한 것이다. 계획대로 세자는 죽음을 맞았고 이 세자의 아들 이산이 왕이 되었다.

드라마 〈이산〉은 바로 원수지간일 수밖에 없는 정순왕후와 이산의 끝없는 싸움을 그리고 있다. 정조가 죽은 후의 이야기는 드라마에 나오지 않는다.

정조가 죽자 55세의 정순왕후는 정치 무대에 복귀한다. 정순왕후로서도 감당하기에 벅찬 똑똑한 임금 정조가 죽자 비로소 그녀에게 봄이 찾아온 것이었다.

정순왕후는 정조 다음의 왕으로 어린 순조를 허수아비로 세워놓고 수렴청정을 맡아 정치판을 뒤흔들기 시작했다. 그녀는 정조가 재위 25년 동안 실행했던 여러 가지 근대화 정책을 폐기처분해 버렸다. 국가야 어찌되었든 스스로를 '여왕'이라고 부르며 김 씨 일족만을 번영시키는 일에 몰두하였다. 사학자들 중에는 정순왕후가 우리나라 근대화를 늦춘 장본인이라고까지 폄하하는 사람들도 있다.

일그러진 왕통

'철의 여인' 순원왕후가 조정에서 군림하는 동안 조선 왕족의 남자들은 전혀 힘을 쓰지 못했다. 헌종도 성인이 된 후부터는 친정을 펼쳤지만 그 역시 1849년(헌종 15)에 겨우 23살의 나이로 급사했다. 왕으로서 존재감을 전혀 발휘해 보지도 못한 짧은 생이었다. 헌종 재위 15년이라는 치세는 순전히 순원왕후와 그녀의 친정 안동 김씨들이 하고 싶은 대로 휘두른 시대였다.

순원왕후 김씨는 손자 헌종의 죽음을 앞에 두고서도 마냥 슬퍼만 하고 있을 수 없었다. 헌종에게는 자식이 없었기 때문이다. 당연히 세자도 정해 놓지 않은 상태였다. 순원왕후는 자신의 영향력을 과시할 수 있는 '만만한' 후계자를 빨리 찾아내야 했다.

하지만 별로 힘든 일은 아니었다. 후보자는 이미 한정되어 있었기 때문이었다. 이 무렵 왕가에는 왕위를 맡을 만한 남자가 몇 명 되지도 않았다. 헌종의 6촌 이내 왕족 중에는 아들을 둔 사람이 없었던 것이다.

상식적으로 보면 그야말로 긴급사태였다. 그런데 용하게도, 이런 상황에서 순원왕후가 왕위를 물려받을 남자아이를 한 명 찾아내었다. 궁궐 안에서는 존재조차 모르던 낯선 아이였다. 그가 바로 원범元範이라는 평범한 이름을 가진 '강화 도령'이었다.

과연 원범은 누구인가? 나이는 몇 살이고 혈통은 어떻게 되며 어떤 능력의 소유자일까? 조정의 관료들조차 전혀 알 수 없었던 미스터리 속의 청년이었다. 사람들이 이 청년의 신분에 대해 의심을 거듭하는 동안 순원왕후는 전격적이고 강제적으로 원범 도령을 왕위에 앉힐 계략을 착착 진행해 나갔다.

원범은 영조 임금의 4대손이 되는 19세 청년이었다. 원범의 증조할아버지는 바로 뒤주 속에서 굶어 죽은 사도세자였다. 사도세자에게는 정조 외에도 은언군恩彦君이라는 아들이 있었는데, 원범이 바로 그의 손자였다.

철종이 살았던 강화도 잠저인 용흥궁의 안마당

왕가의 일족이라고는 하지만 원범은 돌보는 이 없이, 외딴 섬 강화도
에서 외톨이처럼 살았다. 할아버지부터 형에 이르기까지 가까운 친척들
중에서 남자들은 모두 정쟁에 휘말려 목숨을 잃었기 때문이었다.

원범 도령도 유배지 강화도에서 몰락한 왕족의 후손으로 비참하게 살
고 있었다. 먹고 살기 위해 스스로 농사를 지어야 했다. 따라서 왕족이
라면 당연히 익혔어야 할 학문과도 자연히 거리가 멀었다. 문자도 제대
로 익히지 못했다.

이런 도령을 갑자기 궁궐에서 불러올린 것이다.

'죽이려는 게 아닐까.'

원범은 무서운 생각이 들었다. 무리가 아니었다. 원범이 알고 있는 한

할아버지와 형도 궁궐에서 관리가 찾아온 후에 처형당했었다. 강화 도령 원범이 '이번에는 내 차례구나' 하고 겁을 먹은 것은 너무도 당연했다.

그런데 이게 무슨 일이란 말인가! 원범 도령은 전장에서 승리하여 공을 세우고 돌아오는 개선장군처럼 많은 군사와 신하들을 거느리고 궁으로 들어가게 된 것이다. 깨고 나면 사라지는 꿈이 아니었다. 순원왕후가 가장 만만하게 써먹을 수 있는 왕을 고른 결과였다.

조선왕조는 장자와 적자로서 왕조의 정통성을 지켜 왔다. 왕조도 너무 오랜 세월이 지나면 사람처럼 늙는 법일까. 조선왕조가 건국된 지 450년이 지난 이때, 이제는 정통성이고 뭐고 따지지도 않았다. 단지 권력욕이 강한 한 여성의 편의에 따라 국법도 관례도 무시한 후계자가 결정되고 만 것이었다. 왕위는 어린 시절부터 제왕학帝王學을 철저하게 익힌 왕세자가 잇는 자리라는 것은 한낱 말장난 같은 해괴한 왕위 계승 쇼였다. 원범이 왕위에 오른 순간부터 정통성 있는 조선왕조의 역사는 막을 내렸다고 해도 지나친 표현이 아닌 이유이다.

글자도 모르는 농사꾼 출신 왕

원범 총각이 제25대 철종으로 즉위했다. 1849년 6월 9일이었다. 원범이 왕위에 오르는 날 순원왕후는 조정 중신들을 모아 놓고 훈시했다.

"오늘 전하께서 어명을 내리셨소. 조정에게도 무한한 기쁨이라 할 수 있을 것이오. 단 군주로서 덕을 발휘할 수 있을지는 학식에 달려 있소. 군주가 스스로 배우지 않는다면 어떻게 선정을 펼칠 수 있겠소."

중신들은 처음에는 무슨 말인지 이해하지 못했다. 철종의 즉위를 '경사스러운 일'이라 말한 다음 순원왕후가 철종의 학식을 언급했으니, 중신들이 무슨 뜻인지 말뜻을 모르는 건 당연했다.

순원왕후는 철종을 만난 후 크게 실망했다. 철종이 글자를 읽지 못하는 것이었다. 궁에서 자란 왕자라면 철이 들기 전부터 매일 공부를 해야 했지만 원범은 강화도의 자연 속에서 뛰고 놀며 자랐을 뿐이었다. 글을 배울 필요조차 없었을지 몰랐다.

문치주의 국가 조선왕조의 왕은 일등 교양인이어야 했다. 왕족이라고는 하지만 유배지에서 자란 철종에게는 공부할 기회가 없었다. 글공부보다는 먹고 살기 위해 농사를 짓는 일이 더 급했던 것이다. 순원왕후는 자신이 왕으로 선택했지만 철종이 한자를 모른다는 사실에 큰 위기감을 느꼈다. 순원왕후는 훈시를 계속했다.

"신하들은 한마음으로 노력하여 전하가 덕을 쌓을 수 있도록 보필해주기 바라오."

요약하자면, 철종은 무식하여 이제부터 학문을 익혀야 하니까 신하들이 알아서 하라는 뜻의 당부였다. 왕의 후견인이 이렇게까지 말한 적은 전무후무했다.

철종이 왕위에 오르는 첫날의 어전회의는 철종의 한자 교육 문제가 가장 중요한 의제였다. 어쨌든 철종은 한자를 모른다. 그러므로 조서를

철종

내리지 못한다. 어쩔 수 없이 한글로라도 써야 하는데, 한글은 언문이라고 해서 아녀자가 사사로운 편지에나 쓰는 문자 정도로 업신여기던 시대였다.

세상을 자기 마음대로 주무르던 순원왕후로서도 이때처럼 낭패한 적은 없었을 것이다. 과거에 합격하여 조정에 나온 중신들이 조금 전 순원왕후가 한 훈시의 내용을 알게 된 순간부터, 새로 왕위에 오른 임금을 어떤 마음으로 바라보았을지는 상상하기가 쉽지 않은 노릇이었다.

주상, 내 말만 잘 들으세요

한 신하가 철종에게 질문했다.

"전하, 지금까지 책을 얼마나 읽으셨습니까?"

이 질문에 철종은 대답 대신 벌벌 떨기 시작했다. 왕이 대답하지 않자 다른 신하가 왕에게 다시 말했다.

"전하, 신하의 질문에는 반드시 답을 주시기 바랍니다."

이렇게까지 신하가 말을 하니 철종도 입을 그냥 다문 채 지나갈 수는 없었다.

"통감通鑑 두 권과 소학小學 한 권인가 두 권을 읽었고, 최근에 읽은 책은 없습니다."

신하들은 모두들 고개를 들 수가 없었다. 자기들 얼굴에 떠오르는 조소를 왕이 눈치채는 것이 두려워서였다. 철종이 읽었다고 대답한 『통감』은 중국의 대표적인 역사서인 『자치통감資治通鑑』의 약칭으로, 모두 294권으로 이루어져 있다. 철종은 그 가운데서 고작 2권밖에 읽지 않았다는 것이다.

또한 『소학小學』은 유교의 행실과 예의범절에 대한 교과서이다. 특히 『소학』은 전부 6권으로 분량이 많은 책도 아니다. 철종은 이 책을 한 권 혹은 두 권을 읽었다고 했는데, 원래 어린아이들을 대상으로 아주 쉽게 엮은 책이다. 조선 시대에는 보통 『소학』이라는 책 이름을 대는 것 자체가 다른 책을 읽은 적이 없다는 사실을 말하는 것과 같은 뜻이었다. 이를 곁에서 지켜보던 순원왕후가 물었다.

"문장을 배우려면 어떤 책부터 읽어야 되겠는가."

한 신하가 대답했다.

"우선 사략史略부터 시작하겠습니다. 이어서 경서經書를 배우는 것이 좋겠습니다."

『사략』은 역사를 간결하게 정리한 서적이다. 그리고 『경서』는 유교의 기본서로서 『역경易經』『서경書經』『시경詩經』『예기禮記』『춘추春秋』 등을 말한다. 이 서책들은 왕가의 남자라면 어릴 적부터 배워야 하는데, 18세의 청년에게 처음부터 가르쳐야 한다니 중신들의 얼굴색이 바뀌는 것도 무리는 아니었다.

얼마 후에 순원왕후는 철종에게 공식 서찰을 넘겨주었다. 한자를 모르는 철종을 위해 한글로 적은 문서로, 이런 내용이었다.

500년 조정을 이어 갈 왕을 얻을 수 있어 참으로 기쁩니다. 전하는 영조의 혈통이시며 과거에 고난이 많아 시골에서 오랜 세월을 보내셨습니다. 그만큼 백성의 고통을 이해할 수 있으실 것입니다. 백성을 사랑하는 도리는 검약 말고는 없습니다. 만에 하나 그것이 불가능하다면 그 피해는 백성에게 미칠 것입니다. 백성이 살 수 없다면 나라는 망해 버립니다. 또한 지금까지의 공부에 대해선 어땠는지 알 도리는 없습니다만, 사람은 배우지 않으면 과거의 일을 이해할 수 없고 그렇게 된다면 나라를 다스릴 수 없습니다.

부패한 정치의 끝

철종은 왕이 되기 전에 농사꾼으로서 가난하고 힘들게 살아야 했다. 그러나 상황이 180도로 바뀐 그 순간부터 지난날은 모두 잊은 듯했다. 왕이 된 후부터는 오로지 수렴청정을 맡은 순원왕후가 하라는 대로 움직이면 되었다. 그럼 꿈같이 호화로운 생활이 기다리고 있었다.

해야 할 공부는 통 하지 않았다. 아무리 왕이 되었다고는 하지만 역시 18살까지 전혀 공부 따위를 하지 않았던 사람이 이제 와서 새삼스레 공부에 집중할 수는 없었다. 그 점은 순원왕후의 기대를 저버리는 일이었다. 하지만 영악한 순원왕후는 차라리 무식한 철종이 이상한 지혜를 가진 왕이 되는 것보다 더 유리하다고 판단하고 있었을지도 몰랐다.

철종이 왕위에 오른 지 2년 후인 1851년, 순원왕후가 추천하는 처녀를 왕비로 맞게 되었다. 물론 안동 김씨 일족의 처자였다. 이 결혼으로 안동 김씨의 세도정치는 더욱 공고해졌다.

철종은 농민들이 얼마나 가난하고 힘없이 살고 있는지 잘 알고 있었다. 자신이 직접 겪었기 때문이었다. 하지만 그들을 위해서도 철종은 임금으로서 아무 일을 하지 못했다. 정치는 계속 썩어 갔고 농민들의 세금은 점점 무거워졌다. 홍수와 전염병이 발생해도 조정은 아무런 손을 써 주지 않았다. 백성은 버림받은 존재였다. 생활 자체가 궁핍해질 대로 궁핍해진 백성들이 더 이상 참지 못하고 각지에서 반란을 일으키기 시작했다.

이 무렵의 세계정세는 몹시 무섭게 돌아가고 있었다. 국내 정치가 어지러워도 이해될 만한 여유가 전혀 없는 때였다. 그만큼 세계열강들은 약소국 조선을 향하여 급박하게 옥죄어 오고 있었다.

또한 서양 각국은 천주교를 탄압하는 조선왕조를 한 번 손 봐 주리라고 벼르고 있었다. 바야흐로 약육강식이 곧 질서가 되고 법이 되는 제국주의가 아시아로 몰려오고 있었다. 조선왕조 역시 한시바삐 여기에 맞는 외교 수단을 마련할 필요가 급해진 것이다.

그런데도 안동 김씨는 오로지 김씨 가문의 번영만을 목표로 삼고 있었다. 국가를 발전시키고 민생을 안정시키려는 노력 따위는 안중에도 없었다. 순원왕후가 철종에게 준 공식 서찰에는 〈백성이 살지 않으면 나라는 망합니다〉라는 정론을 예로 들었지만 그것은 공허한 단어의 나열

일 뿐이었다.

순원왕후는 1857년(철종 8)에 69세의 나이로 세상을 떠났다. 자신이 고른 왕인 철종이 당신의 의도대로 허수아비 역할을 잘 하고 있었으므로 만족스런 만년을 보냈을 것이다.

그렇다면 철종은 조종당하는 모양새로 왕위에 머물러 있는 것에 만족했을까. 아니었다. 백성들의 곤궁한 생활을 보다 못한 그는 몇 번이고 농민 구제책을 실행에 옮기려고 했다. 철종이 지난날을 잊지 않고 '백성의 입장'에 있었다는 것을 보여 주는 대목이다.

그렇지만 철종에게는 아무런 힘이 없었다. 요직을 독점한 안동 김씨의 포위망에서 벗어날 수 없었으니 직접 정책을 관철하기란 불가능한 일이었다. 이런 한계를 느낄 때마다 철종의 의욕은 사그라졌고 결국 국정 같은 건 포기한 채 술과 유흥에 빠져들었다. 참으로 볼썽사나운 일이었다. 왕이 사치와 여색에 탐닉하는 꼴이라니 철종의 몸은 급속도로 망가져 갔고 결국 32세 되던 1863년(철종 14)에 세상을 떠나고 말았다.

아무런 업적도 남겨 놓지 못한 왕이었다. 그러나 다른 시각으로 보면 철종의 인생에는 애수哀愁가 느껴지기도 한다. 서양의 동화 '신데렐라 이야기'가 여성판이라면 철종의 인생은 남성판 신데렐라 이야기라고 할 수도 있겠다.

완전히 몰락한 왕족, 아무런 희망도 꿈도 없는 시골 청년이 어느 날 갑자기 왕이 되는 인생 역전에 성공한다. 하지만 무식하다는 약점이 탄로나 주위 사람들의 멸시를 받는다. 게다가 왕후의 허수아비였기 때문에 생각한 대로 정치를 펼칠 수도 없다. 그래도 그것에 저항하여 선정을 펼쳐 보려다가 이내 완강한 관료의 저항에 부딪친다. 자포자기하는 순간이 찾아온다. 그래서 탈출구로 삼은 것이 술과 여자…. 왕의 몸과 마음은 점점 피폐해지고 만다.

철종이 병든 몸으로 병상에 누웠을 때 그리워하며 떠올린 기억은 아마도 시골 강화도에서 가난하게 살던 어린 시절이었을지도 모른다.

조선의 정치사회 키워드 15가지

과거 시험과 커닝

조선 시대 양반집 자제가 출세하기 위해서는 등용 시험인 과거에 꼭 합격해야 했다. 과거 시험은 우수한 인재를 등용하기 위한 제도로 문관은 문과文科, 무관은 무과武科, 그리고 통역이나 의술, 법률과 음양학 등 전문직을 위한 잡과雜科가 있었다.

시험은 3년에 한 번 치러졌고 초시初試·복시覆試·전시殿試 세 단계로 이루어졌다. 여기에 합격하는 사람은 문과 33명, 무과 28명, 잡과 46명 뿐이었다. 요즈음의 사법행정 고시에 필적하는 힘든 시험이었다.

시험은 주로 사서오경 등 유교를 포함한 서책에서 출제되었다. 문과의 경우는 우선 전국에서 행하는 소과小科부터 응시해야 했다. 그래서 합격한 240명이 드라마〈성균관 스캔들〉로 우리가 알게 된 성균관에 모

성균관 유생들이 공부하던 명륜당

여 약 1년간 교육을 받은 후에 본시험이라고 할 수 있는 대과大科를 치르고 마지막 전시에 도전해야 했다.

전시는 왕 앞에서 치르는 최종 면접 시험이었다. 여기까지 오면 합격자는 거의 정해진 상태였다. 왕은 전시 합격자에게 백패白牌를 건네주었다. 합격자는 갑을병 3단계로 성적을 나누었다. 상위 합격자는 중앙관청에 배속되는 종6품부터 관리 생활을 시작하지만 하위 합격자는 지방으로 발령되는 정9품부터 시작하는 등 출발부터 크게 차이가 났다.

관리의 품계는 원칙적으로 한 해에 한 계단씩밖에 오르지 않으므로 이 차이는 매우 컸다. 장원급제壯元及第라고 부르는 수석 합격자는 출세를 보장받으므로 가문의 명예가 되었다.

조선왕조 때 귀족계급이라고 할 수 있는 양반兩班은 문과를 통과한 문반과 무과를 통과한 무반을 가리키는 말이었다.

과거제도는 조선왕조 후기로 접어들면서부터는 수시로 치러지는 증광시增廣試와 임시 과거 시험인 별시別試 등으로 무질서해지기 시작했다.

이렇게 과거 시험이 늘어났다고 하지만, 합격자들은 대부분 문벌 좋은 가문의 자제들이 독점하다시피 했다. 그래서 몰락한 양반들이 과거 시험을 치를 자격을 팔고 사는 등 부정 입학과 커닝이 횡행했다. 따라서 인재 등용의 좋은 제도로 도입했던 과거 시험의 권위도 차츰 땅으로 추락하게 되었다.

천대받은 한글의 운명

한글의 정식 명칭은 훈민정음訓民正音으로 이 뛰어난 글자를 만든 임금은 세종대왕이었다. 한글이 탄생하기 이전 우리나라에는 독자적인 문자가 없었다. 중국 글자인 한자를 사용하고 있었지만 언어 체계 자체가 너무 달랐기 때문에 사용하는 데 적합하지 않았다. 세종대왕은 이런 점을 개선하기 위해 누구나 간단하게 배울 수 있는 독자적인 글자를 만들자고 생각하고 여러 학자들과 함께 연구한 결과, 1446년(세종 28)에 28개 자모로 구성된 훈민정음을 창제하여 공포했다.

그러나 세종이 앞장서서 만든 새로운 문자는 생각지도 못한 세력의

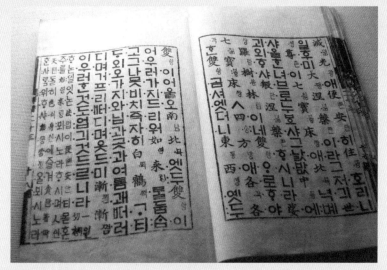
훈민정음

저항에 부딪혀 백성들에게 널리 보급되지 못하였다. 반대자들은 모두 조정의 고위 관리들이었다. 한문을 읽고 쓸 수 있던 관료들은 한문만이 정통 문자라는 의사를 굽히지 않고 한글을 '언문諺文'이라고 부르며 아녀자들이나 사용하는 문자라면서 멸시했다. 따라서 조선왕조 내내 공식적인 문서나 과거 시험 문제는 계속 한문만으로 표기했다.

이런 한글 멸시 풍조가 바뀐 건 1894년(고종 31) 갑오개혁 때였다. 이해에 내려진 칙령으로 공식 문서에 한글을 사용하도록 정해졌다. 실로 탄생 400년의 시간이 흐른 뒤에야 한글이 드디어 정통성 있는 국가 문자로 인정받은 것이었다.

조정의 양대 파벌 훈구파와 사림파

제4대 세종 다음 왕은 장남 문종이 이었다. 그러나 문종은 재위 겨우 2년 만에 세상을 떴기 때문에 세자(제6대 단종)가 그 뒤를 이었다. 아직 열두 살 소년 단종이 정무를 본다는 것은 무리였다. 그래서 조정에는 단종을 보필하는 신하들이 등장하는데, 세종의 신하들인 집현전의 관료들이 주축이었다.

이 조치에 대해 불만을 품은 사람이 있었다. 세종의 둘째 아들 수양대군이었다. 결국 수양대군은 1453년(단종 1) 10월에 쿠데타를 일으켜 의정부의 중신들을 모조리 살해하고 자신과 반목하던 친동생 안평대군도 궁 밖으로 추방했다가 죽음으로 몰아갔다. 이로써 수양대군은 스스로 영의정 부사, 이조吏曹·병조兵曹 판서를 겸임하며 권력을 완전히 손에 넣었다.

1455년(단종 3)에는 단종에게서 왕위도 빼앗았다. 이듬해 단종 복위 계획이 발각되자 세조는 피의 숙청을 감행하여 70명 이상의 관련자를 죽였다. 이 정변이 바로 계유정난癸酉靖難이다.

그러나 사태는 이것으로 진정되지 않았다. 세조가 내리는 벼슬을 거부하고 초야로 숨는 선비들이 속출했다. 후에 그들을 가리켜 '사림파士林派'라고 불렀고 제9대 성종 때 조정으로 복귀했다. 한편 세조에 협력한 세력은 훈구파勳舊派라고 불렀다.

세월이 흘러 제14대 선조는 사림파가 정치의 주도권을 잡았는데, 이 사림파가 내부적으로 분열하게 되었다. 1575년(선조 8)에 인사권을 쥔 사림파 선비를 둘러싸고 대립하던 사림파는 결국 동인東人과 서인西人으로 분열했다. 1591년(선조 24)에 동인이 정권을 잡자 밀려난 서인의 처우를 둘러싸고 또 충돌이 생겨 동인은 남인南人과 북인北人으로 거듭 분열했다. 여기에 그치지 않고 17세기 초반에는 북인이 대북大北과 소북小北으로 갈라졌다.

그 후 서인이 되살아나 정권을 잡게 되지만 다시금 당쟁을 피하지 못하고 노론老論과 소론小論으로 분열했다. 이것을 가리켜 역사학자들은 사색당파四色黨派라고 불렀다.

'조선의 로빈 후드' 임꺽정

폭군으로 악명 높은 제10대 연산군은 인심을 잃은 끝에 마침내 쿠데타 세력에게 쫓겨나고 제11대 중종이 왕위를 이었다. 이 쿠데타 성공은 백성들로 하여금 "백성과 신하의 의사를 저버린 왕은 언제라도 타도할 수 있다"는 혁명적인 분위기를 만들었다.

의적義賊이라고 불리는 임꺽정은 이 무렵에 활동하기 시작했다. 그는 경기도 양주에서 천민 중에서도 최하층에 속하는 백정의 아들로 태어났고, 청년이 된 후에는 도적 떼에 들어가 리더가 되었다.

임꺽정은 민중 봉기 형태를 띤 도적 떼를 이끌고 황해도와 경기도 일

의적 임꺽정을 다룬 대표적인 작품으로는 홍명희의 『임꺽정』
이 있다.

대에 출몰하여 악덕 관리와 관청을 습격하고 관고官庫에 쌓여 있던 재물
과 곡식을 빈민들에게 나누어 주었다. 이 재물들은 원래 백성들에게서
강제로 걷어들인 것이어서 원주인인 백성들에게 돌아간 셈이었다.

이 무리가 점점 세력이 커지고 옛 고려의 수도였던 개성으로 활동 범
위를 확대하게 되자 조정은 위기감을 느끼고 여러 차례 토벌대를 보냈
다. 하지만 그때마다 임꺽정군의 강력한 항전과 백성들의 방해에 부딪
혀 퇴각할 수밖에 없었다. 그러자 전국 여러 곳에서는 임꺽정이라고 이
름을 대는 가짜 도적들이 나타나 관군을 혼란스럽게 만들었다.

1560년(명종 15)에 임꺽정의 심복이자 최측근인 서림의 배반으로 임
꺽정의 가족들이 체포되자 단박에 도적들의 사기가 꺾였다. 2년 후에는
임꺽정도 황해도 구월산에서 체포되어 처형당했다.

임꺽정은 중종과 명종 시대에 걸쳐 오랫동안 백성들 사이에서 입에서 입으로 의적이라고 전해졌다. 그래서 적은 분량이기는 하지만『조선왕조실록』에도 기록이 남아 있다.

신출귀몰 장길산

한편 17세기 말, 제19대 숙종 시절에 활약한 장길산은 반조정 봉기를 일으킨 의적이라고 할 수 있다. 그는 광대의 아들로 태어나 천시와 조롱 속에서 성장한 인물이다.

장길산은 1687년(숙종 13) 백성의 지지를 받으며 조정에 대한 불평분자·승려·서자 등 사회에서 소외된 사람들과 연대를 결성하여 임꺽정의 근거지였던 황해도 구월산에서 봉기했다.

장길산은 황해도와 평안도, 경기도 지방의 관청들을 차례로 습격하고 여기서 약탈한 곡식과 재물을 빈민들에게 나누어 주었다.

그 후 장길산은 각지를 옮겨 다니며 관군과 전투를 벌였는데, 마지막에는 한반도 북쪽 국경 부근 함경도 지방으로 거점을 옮겼다.

장길산군은 단발적이고 우발적인 봉기가 아니었다. 지배층에 불만을 가진 세력을 폭넓게 결집시켜 새로운 왕, 새로운 국가 건설을 목표로 삼았다. 이는 이성계가 조선을 건국한 것처럼 역성易姓혁명을 의도한 것이었다.

조정은 대규모 토벌군을 여러 번 파견했으나 아무 데서도 장길산을 체포하여 처형했다는 기록은 발견되지 않았다. 다만 장길산군의 흔적이 실록에 몇 줄 남아 있을 뿐이다.

조선왕조에서 활약한 민중 봉기의 리더는 임꺽정·장길산 두 사람 외에 한 사람 더 홍길동까지 합해 세 명이 있었다.

이들에게는 공통점이 있다. 홍길동은 서자, 임꺽정은 백정, 장길산은 광대였다. 이들은 조선 시대 신분제도 사회에서는 최하층에 속하는 천민 출신이었다. 또 이들 집단에 뛰어든 사람들도 같은 처지의 백성들이었다.

엄격한 신분제도

조선 시대의 신분제도는 매우 엄격했다. 조선왕조에서는 그 누구도 신분을 뛰어넘는 행위는 허가받지 못했다.

조선 시대의 신분제도를 살펴보면 크게 상민常民과 천민賤民으로 나뉜다. 상민은 다시 정치·경제적으로 많은 특권을 가진 양반兩班, 전문직에 종사하는 중인中人으로 나뉘고, 그 밑으로는 많은 숫자를 차지하고 있는 양민良民이라고 불리는 일반 백성이 있었다. 이들을 모두 상민이라고 부르며 백성으로 인정했고, 최하층에 속하는 천민은 백성 취급조차 하지 않았다.

양반

조선왕조를 지탱한 지배층으로 동반東班(문관), 서반西班(무관)을 합해서 양반이라고 부른다. 원래 관리 등용 국가시험인 과거에 합격한 관리를 양반이라고 했는데, 나중에는 조상이 과거에 합격하여 이미 관직에 앉았던 사람들의 후손도 모두 양반이라고 불렀다. 그들은 가문을 중시하여 족보族譜를 작성하고 같은 집안 사람들과 양반의 이익을 지키고자 애썼다.

양반은 수준 높은 유교 지식과 확고한 경제 기반을 가지고 왕조의 두터운 보호를 받았으며 체제를 옹호하는 세력으로 정착했다. 각지에 향교鄕校를 설치하고 다음 세대를 짊어질 자제 교육에 힘쓴 것도 양반들이었다.

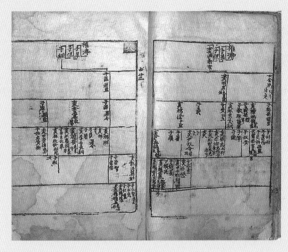

양반들은 가문의 내력을 적은 족보를 중시했다.

원칙적으로 과거는 상민 전체가 치를 수 있지만 시험에 출제되는 난해한 한자를 마스터하기 위해서는 어릴 때부터 교육을 받아야 했으므로, 재정적 여유가 필요했다. 그래서 결국 시험에 응시하는 사람은 혜택받은 환경에서 자란 양반층으로 한정되었다.

중인

양반 바로 아래 있던 계층이다. 이들은 관청에서 의원·통역·천문학·법률·지리·수학·음악·화가 등 전문직을 담당했다.

서자庶子라도 잡과 시험에 합격하면 하급 관리의 길이 열렸다. 『동의보감』을 완성한 허준許浚, 북학파北學派의 대학자 박제가朴齊家 등도 서자 출신으로 활약한 사람들이다.

양민

백성들의 대다수를 차지하는 양민은 농업·수공업·상업 등 생산 활동에 주력했다. 이 가운데서 농민이 대부분이었다.

농민은 보통 토지를 소유했지만 사정에 따라 계층이 분화되어 노비奴婢를 소유한 지주에서 소작인으로 전락하여 노비나 다름없는 처지가 된 사람들도 있었다.

국가 경제는 양민이 부담하는 조세租稅·인두세人頭稅·병역兵役으로 구성되어 있었기 때문에 이들은 국가 존립의 근간을 이루는 중요한 존재였다.

천민

최하층인 천민층은 노비가 대다수였다. 조선의 노비 제도는 아주 옛날 고조선 시대부터 이어져 왔다.

노비가 되는 경로로는 전쟁 포로·인신매매·죄인·파산자 등이 있었는데, 조선 시대는 노비 제도가 가장 발달한 시대였다.

노비는 관청에 소속된 관노官奴와 개인이 소유하는 사노私奴 두 종류로 나뉘었다. 이들은 주인의 명령에 따라 육체노동과 잡역 등으로 혹사당할 뿐만 아니라 매매·양도·상속 등 물건 취급을 받아 인권과는 거리가 멀었다. 물론 공부할 기회도 없어 무식한 문맹자들이 많았다.

그런데 이 노비들조차 천시하는 더 아래 계급이 있었다. 엄밀한 신분 규정은 없었지만 다음과 같은 사람들이었다.

- 백정 : 도살, 고리대금업에 종사
- 광대 : 예인藝人으로 곡예를 펼침
- 무당 : 점술을 행함
- 상여꾼 : 장례 행사에 종사
- 승려 : 불교 배척 정책으로 발생함
- 기생 : 관청에 소속되어 가무음곡과 매춘 등을 행함. 관청에는 기생과 같은 신분의 침구사와 의녀도 있었다.

실학, 조선의 르네상스를 이끌다

조선왕조 때 가장 활발하게 신학문이 꽃피웠던 시기는 정조 시대였다. 조선 사회에서는 유교의 한 갈래인 주자학이 주류였다. 그런데 18세기로 들어서면서 갑자기 실학實學·북학北學·양학洋學 같은 새로운 학문을 연구하는 학자들이 늘기 시작했다. 이는 정조가 그때까지 당쟁의 원인을 제공한 것이나 다름없던 공허한 이론뿐인 유학을 멀리하고, 실제 생활에 유용한 신학문인 실학에 이해와 지원을 아끼지 않았기 때문이었을 것이다.

실학파의 제1인자로 알려진 다산茶山 정약용丁若鏞이 1783년(정조 7)에 수석으로 과거에 합격하자 정조는 그를 참모로 발탁했다. 수원 화성 축성을 담당한 정약용은 청나라를 통해 서양의 축성법을 도입하여 직접 거중기擧重機를 제작했다. 일종의 크레인이었다. 그는 이 거중기를 사용하여 이제까지의 조선의 성곽과는 다른 참신한 성곽을 쌓았다.

그러나 정약용도 최대의 후원자였던 정조가 죽자 적대 세력의 참소를 받아 전라도 강진으로 유배를 가고 말았다. 다산은 강진에서 무려 18년 동안 유배 생활을 했다.

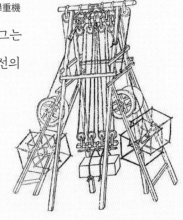

정약용은 거중기를 고안하여 수원 화성을 쌓았다.

하지만 그는 좌절하거나 허송세월하지 않고 연구와 집필에 전념했다. 그 결과 『목민심서牧民心書』를 포함한 많은 저서를 남겼다. 그의 목표는 오로지 성군이 다스리는 이상 사회의 실현이었다.

정약용 외에 실학의 중흥을 이끈 선구자는 성호星湖 이익李瀷으로 1681년(숙종 7)에 경기도 여주에서 태어난 학자였다.

당쟁으로 형을 잃은 이익은 정계에서 스스로 물러나 학문 연구에만 몰두했다. 아버지가 남긴 방대한 장서를 골고루 읽어 박학다식했으며, 실학의 창시자 유형원柳馨遠의 학풍을 계승하여 사회의 현실을 역사적·실증적으로 보아야 한다고 주창했다.

이익의 대표적인 저서인 『성호사설星湖僿說』은 정치·외교·천문·지리·의학·수학 등을 망라한 그야말로 백과사전이라고 할 수 있는 저서이다.

이익은 양학洋學과 천주교가 조정의 탄압을 받을 때도 위험을 무릅쓰고 연구를 계속하여 세상에 소개했다.

한편 북학北學(청나라 학문 연구)의 창시자 연암燕巖 박지원朴趾源은 양반 출신이었지만 관직에 오르지 않고 오로지 학문 연구에 전념하며 청빈한 생활을 했다. 그러다가 1780년(정조 4)에 사촌 형이 청나라로 파견되는 사은사謝恩使로 발탁되자 개인 수행원 자격으로 북경으로 향했다.

이때의 여행 기록이 바로 명저로 평가되는 『열하일기熱河日記』이다.

박지원 역시 정약용처럼 정조가 발탁하여 관직에 올랐다. 49세 늦깎이 벼슬이었다. 그는 이 시기 왕명을 받아 지은 『한민명전의限民名田議』에서 농업기술과 토지제도 개혁안을 제안했다. 지배계급 관료, 위선적인 양반으로 가득한 조선 사회의 병폐를 날카롭게 비판한 소설 『허생전許生傳』과 『양반전兩班傳』의 한글판은 요즈음 식으로 말하면 조선 시대의 베스트셀러로 많은 사람들이 열독했다.

박지원은 청나라를 '오랑캐'라며 저어하지 말고 옳고 좋은 것은 받아들여 학문이 백성들의 생활을 향상시키는 데 기여해야 한다고 주장했다. 그의 저서들은 주자학만을 맹목적으로 따르는 주자학파 관료들에게 경시당해 오랫동안 금서 취급을 당했다.

『북학의北學議』를 집필한 박제가도 주자학자들이 오랑캐라고 멸시하는 청나라에게서도 배워야 한다고 설득하던 학자였다. 그는 서자 출신으로 정조가 발탁하여 규장각 입학을 허가했다.

정조는 활자 인쇄도 추진하여서 재위 기간에 여러 가지 서적도 활발하게 간행했다. 오늘날 귀중한 역사 자료로 손꼽히는 『증보문헌비고增補文獻備考』『국조보감國朝寶鑑』『대전회통大典會通』『무예도보통지武藝圖譜通志』등은 모두 이 시기에 간행된 서책이었다.

천주교와 남인 세력

19세기 중반으로 접어들면서 전국 각지에서는 민중 봉기 성격의 민란民亂이 자주 일어났다. 나라 밖에서는 서양 여러 나라가 조선에 대해 개항을 하라는 압박을 하고, 국내 정치는 안동 김씨의 세도정치가 나날

첫 한국인 천주교 세례교인 이승훈. 세례명 베드로.

이 심해져 국내외 조선의 정세가 어수선한 때였다. 이때 새로운 학문인 실학實學이 등장했는데, 양학洋學에 대해 동경을 품은 지식인들이 많았다는 증거였다.

실학과 함께 청나라에서 천주교도 들어왔다. 조선에 천주교가 처음 들어온 시기는 16세기였고 17세기에는 이미 신자가 있었다는 주장도 있다. 하지만 공식적으로는 1783년에 이승훈李承薰이 한성에서 천주교를 포교한 것을 시작으로 본다.

이승훈은 양반 집안에서 태어나 여느 양반집 자제들처럼 1780년(정조4)에 과거를 치러 합격했다. 하지만 관리가 되는 데 흥미를 느끼지 못하고 천주교 교리 연구에 마음을 빼앗겼다. 때마침 아버지가 북경에 동지사冬至使로 가게 될 때 수행원으로 따라간 그는 북경에서 천주교 신부들과 교류하고 그곳의 천주교 성당에서 세례를 받았다. 세례명은 베드로였다.

이승훈은 귀국 후에 포교에 힘썼다. 천주교 신앙은 당쟁에서 배제된 남인계 양반, 중인들을 비롯해서 일반 백성들에게 급속도로 퍼져 나갔다. 그러나 만민 평등을 외치는 천주교 교리는 봉건주의와 유교 사상이 지배하던 조정 관리들에게는 맞지 않았으므로 천주교를 탄압할 때마다 이승훈은 거짓으로 배교背敎를 선언했다.

그러다가 결국 1801년(순조 1)에, 이승훈은 체포되어 이내 처형당했다. 이것을 가리켜 신유박해辛酉迫害라고 하는데, 조선의 천주교 포교 활동의 중심은 유럽인 선교사가 아니라 조선인이라는 점이 특별했다. 계속 탄압과 숙청을 당하면서도 천주교도들은 신앙을 지켰다.

'사람이 곧 하늘'이라는 동학

경주 지역 양반 가문의 서자 최제우崔濟愚는 1860년(철종 11)에 유교·불교·도교를 혼합한 '동학東學'이라는 독자적인 종교를 창시했다. 동학은 서학西學(유럽의 학문)에 대비되는 단어로, 최제우가 서양 열강의 조선 침입을 맹렬하게 비판하며 때마침 민족의식을 갈구하던 궁핍한 백성들에게 동학을 전파하자 신자가 급속도로 늘었다.

'사람이 곧 하늘'이라는 동학의 목표는 인간 평등과 민족의 주체성을 추구하던 반봉건 운동과도 일치했다.

이 시기 민간에서는 조선의 종말과 역성혁명을 예언하는 『정감록鄭鑑錄』을 몰래 읽는 사람들이 폭발적으로 늘고 있었는데 동학은 그 사상과도 연결되었다. 조정은 동학의 포교 활동을 인정하지 않아 최제우를 포함한 많은 신자가 체포되어 처형당했다.

최제우가 죽은 후 2대 교주가 된 최시형은 동학의 재건을 도모하여 조선 남부 지역 포교와 조직 결성에 힘을 쏟았다. 동학의 교단 조직은 포包라고 부르는 접주接主(리더)가 신도 그룹을 이끌고 그 이후에는 도접주都接主, 대접주大接主 등으로 세분화되었다.

신도들은 교주의 무고한 죄를 밝히고 동학의 합법성을 추구하는 운동을 활발하게 진행하였다. 이 운동이 전국적인 통합 운동으로 벌어진 역사적인 사건으로 1894년(고종 31)에 녹두장군 전봉준이 지휘하여 일으킨 '갑오농민전쟁'이었다.

상업의 근대화가 가져온 것

조선 후기로 접어들어 발전하기 시작한 농업과 수공업手工業은 상업 활동을 자극하여 상업의 광역화를 가져왔다. 교통이 편리한 요지에 상설 시장이 생겨 크게 번창했고 상품을 등에 짊어진 보부상들이 전국 방방곡곡으로 돌아다녔다. 화폐 상평통보常平通寶의 발행도 물류와 유통에 더욱 박차를 가했다.

지역 상인들은 차츰 연대를 강화하여 대상大商으로 성장했다. 한성을 거점으로 미곡을 다루는 경상京商, 인삼이 특산물인 개성의 송상松商, 오곡·가죽을 집중적으로 취급하던 평양의 유상柳商, 청나라와 교역하는 의주의 만상灣商, 일본 무역에 강점을 발휘한 동래의 내상萊商 등 상인 집단이 차례차례 결성되었다.

수도 한양의 육의전六矣廛(상인 조합)은 큰 상점을 차렸으며 지방의 상공업자는 상업 외에도 금융업·운송업·여관업을 겸업하며 자산을 저축했다.

그들이 대외무역에서 취급한 상품은 다음과 같았다. 청나라에 수출하던 물품으로는 은·인삼·모피 등이 있었고 수입한 물품은 비단·명주실·약제·아연亞鉛·문방구 등이었다. 또한 일본에 수출하던 물품은 견직물·명주실·인삼·목화·도자기 등이었고 일본으로부터는 금·은·동·유황·후추 등을 수입했다. 조선은 일본에서 은을 대량으로 수입하여 청나라에 공급했고, 청나라에서 사들인 명주실·비단 제품 등은 일본으로 수출했던 것이다.

농민과 상인들은 차츰차츰 부를 축적해 나갔다. 따라서 대지주로 성장하는 사람도 나타났다. 이로써 양민 계층이 노비를 소유하거나 노비 신분의 계층이 노비를 고용하는 것 같은 사회적인 신분의 변화도 나타났다.

조정도 궁핍한 국가재정을 타개하기 위해 양민 중에서 고액 납세자에게는 관직과 양반 신분을 부여했다. 이 결과 상대적으로 양반 인구의 비율이 계속 높아짐으로써 조선왕조가 성립된 이후 절대 변하지 않으리라 여겼던 신분제도가 내부에서부터 조용히 붕괴되는 조짐을 보이기 시작했다.

세도정치의 시대

19세기 초반부터 안동 김씨의 세도정치가 시작되었다. 세도정치는 왕이 신임하는 인물과 일족이 정권을 독점하는 것으로, 왕비와 인척 관계에 있는 외척外戚이 권력을 쥐는 경우가 많았다.

1800년에 정조가 죽고 제23대 국왕이 된 순조가 아직 열한 살로 어렸기 때문에 영조의 계비 정순왕후가 대왕대비 자격으로 수렴청정을 했다. 이 때 정순왕후와 손을 굳게 잡고 세도정치를 한 것은 안동 김씨의 김조근金祖根·김좌근金左根 형제였다.

순조가 뜻대로 정치를 펼쳐 보지도 못하고 일찍 죽자, 김씨 일파는 겨우 여덟 살이던 제24대 헌종을 왕위에 올렸다. 이때부터 순조의 왕비 순원왕후가 수렴청정을 함으로써 조정의 권력은 완전히 안동 김씨가 독차지하게 되었다.

헌종도 어린 나이에 왕자를 남기지 못하고 사망하였고 그 뒤 제25대 철종이 국왕 자리에 올랐다. 그는 사도세자의 피를 이어받은 왕손이기는 했지만 강화도에서 농사를 짓던 무식한 시골 청년에 지나지 않았으므로 왕이 해야 할 정무에 대해 아는 것이 전혀 없었다. 이렇게 순원왕후의 수렴청정은 계속 이어졌다.

안동 김씨의 세도정치는 60여 년 동안 계속되었다. 이 사이에 풍양 조씨, 여흥 민씨 출신 왕비가 잠깐씩 등장했지만 안동 김씨는 계속 정권을 독점하고 권세를 휘둘렀다.

세도정치 시절에는 뇌물이 횡행했다. 관직을 팔고 사는 등 사회의 혼란과 부패가 극에 달했다. 특히 사리사욕을 채우는 지방 관리들의 수탈 행위가 심하여 백성들은 죽지 못해 겨우 사는 형편이었다. 그래서 각지에서 반란이 빈발했고, 백성들은 천주교와 동학 같은 새로운 종교에 실낱같은 희망을 걸고 몰려들게 되었다.

탈도 많고 말도 많았던 '수렴청정'

유교 사상에 기반을 둔 철저한 남성 위주 국가였던 조선 시대에도 꿋꿋하게 정치의 중심부에서 활동하던 여성이 몇 명 있었다. 이들은 어린 나이에 즉위한 왕을 도와 왕이 정무를 직접 볼 수 있는 나이가 될 때까지 수렴청정垂簾聽政이라는 형태로, 말하자면 섭정으로 왕 대신 정치에 간여했던 왕비들이었다.

수렴청정의 '수렴'은 글자 그대로 '발簾'을 내린다는 의미이다. 신하가 재가를 받기 위해 어린 왕을 만날 때, 대비(왕의 모친) 또는 대왕대비(왕의 조모)가 왕 뒤에 앉아 발을 내리고 신하의 말을 들은 후에 왕 대신에 재가를 했다. 발을 내린 것은 아무리 수렴청정을 하는 대왕대비라고는 하지만 여성이 신하와 직접 대면할 수는 없었기 때문이다.

완전한 남성 위주 사회였음에도 대리 정치를 남성에게 위임하지 않고 여성에게 준 데는 까닭이 있었다. 만약 지식과 경험, 인망이 있는 남성이 왕을 대신하여 대리 정치를 행한다면 당사자에게 왕권을 빼앗길 위험성이 생길 수 있다. 이런 점에서 왕이 되지 못하는 여성이라면 안심이 된다는 논리였다. 게다가 대리 정치의 당사자가 왕의 모친과 노모라면 신하들을 제어할 수 있는 지위와 인망도 있었으므로 적절하다고 판단한 것이었다.

실제로 수렴청정을 한 왕비로는 제11대 중종 비 문정왕후, 제7대 세조 비 정희왕후, 제20대 영조 비 정순왕후, 제23대 순조 비 순원왕후, 제24대 헌종의 친모 신정왕후(조 대비) 등 다섯 명이었다. 이 가운데서 역사적으로 중요한 역할을 한 인물은 정희왕후 윤씨였다.

제7대 세조 비인 정희왕후 윤씨는 조선왕조에서 처음으로 제9대 성종의 수렴청정을 맡았다. 정희왕후의 장남 의경세자가 20세에 세상을 떠났기 때문에 둘째 아들 예종을 세자로 책봉하였다. 그러나 19세에 왕좌에 오른 예종이 재위한 지 1년 2개월 만에 갑자기 죽음으로써 그 뒤 나이 열세 살의 성종이 제9대 왕으로 즉위하게 되었다. 그리하여 정희왕후 윤씨는 성종이 성인이 될 때까지 수렴청정을 했다.

그녀의 모습은 MBC 드라마〈이산〉과 같은 시기에 방영되어 격렬한 시청률 싸움을 벌였던 SBS 드라마〈왕과 나〉에서 볼 수 있었다. SBS 드라마에서는 수렴청정을 맡은 정희왕후 앞에 실제로 발을 드리웠지만 실제로 이 시기에는 왕이 신하와 대화하는 내용을 뒤에 앉은 정희왕후가 들은 후에 그에 관해 적절한 조언을 해 주는 방법이 일반적이었다. '발을 드리우는 정치' 형식이 정립된 것은 제21대 영조 비 정순왕후가 수렴청정을 맡은 때부터였다.

역사의 보물 창고 '조선왕조실록'

『조선왕조실록』은 조선왕조 역대 왕의 세세한 언동과 공식 회의의 내용을 기록한 역사책이다. 실록의 내용은 조선왕조의 공식 역사서로 공인되고 있다. 실록이 작성되는 과정을 살펴보자.

왕이 세상을 떠나면 편찬 위원회가 구성되어 죽은 왕의 치세治世를 연월일 순으로 기록한다. 이때『승정원일기承政院日記』의 자료가 매우 중요했다. 이것은 왕의 바로 옆에 있던 사관이 매일 왕의 말과 행동을 자세히 기록했기 때문이다. 이것을 읽어 보면 왕들이 평소에 했던 철없고 어리석은 행동까지 다 알 수 있었다. 말하자면 왕을 벌거벗긴 일기였다고 하겠다. 이『승정원일기』와 공식 문서를 연월일 순으로 정리하고 세상을 떠난 왕의 치세 기간 동안 무슨 일이 일어났는가를 분명히 기록했다.

국보 제303호 『승정원일기』.
『조선왕조실록』 편찬에 가
장 중요한 자료로 쓰였다.

이렇게 완성한 책이 『조선왕조실록』으로 초대 태조부터 제25대 철종
까지의 기록이 빠짐없이 담겨 있다. 사실은 제26대 고종과 제27대 순
종의 실록도 편찬되었지만, 일제 식민지 시절 조선총독부가 편찬했으
므로 이 두 왕에 대한 실록은 인정하지 않을 뿐이다. 따라서 공식적으로
실록은 제25대 철종까지이다.

이렇게 소중한 기록을 집대성한 『왕조실록』이 현재까지 남아 있다는
사실은 기적에 가까운 일이다. 세계에 유례가 없다. 몇 번이나 불에 타
버릴 위기가 발생하자 실록을 4부씩 작성하여 한양·충주·전주·성주 네
곳에 보관한 덕분이었다. 가장 큰 위기는 1592년의 임진왜란 때였다.
이때 한양·충주·성주에 있던 실록은 모두 불에 타 버리고 오직 전주에
보관되어 있던 필사본만 가까스로 남았다. 이렇게라도 해서 실록이 남
았으니 어찌 기적이 아니라고 할 수 있을까. 만약 전주에 있던 실록마저

전주 사고와 그 내부

소실되어 버렸다면 조선왕조의 생생한 역사는 알 수 없었을 것이다.

전화戰禍를 피한 실록을 토대로 다시 새롭게 작성하여 현재는 모두 합해 5부가 보존되어 있다. 1950년에 발발한 6.25전쟁 당시 한 번 더 소실될 뻔한 위기도 있었다.

『조선왕조실록』의 원문은 한문으로 1,894권이나 된다. 어려운 한문이어서 읽고 이해하기 힘들다. 그래서 1967년부터 국가사업으로 한글 번역에 착수하여 26년 동안 한글 번역판을 만들었다.

조선왕조 역사 드라마 작가로 유명한 신봉승 님의 말씀에 따르면 이 한글 번역판을 매일 100쪽씩 읽는다고 해도 마지막까지 다 읽으려면 4년 반 이상 걸린다고 한다. 얼마나 방대한 양인지 짐작할 수 있겠다.

이렇게 방대한 양이지만 기록된 내용이 공정한가에 대해서는 논란도 있다. 각 왕의 실록은 후세를 위해 편찬 위원회가 공정하게 작성한다고 했지만 얼마나 객관적으로 공정하게 기록했는가에 대해서 의문을 제기하는 사람들도 있기 때문이다. 편찬 위원회를 구성할 때도 그 당시 세력이 강한 파벌의 의향이 관철되었을 수도 있을 터였다. 그런 이유로 선대왕에 대한 평가가 일부 편향될 수도 있다고 보는 것이다.

기생과 의녀와 백정…

조선왕조를 소재로 한 역사 드라마에 양민 다음으로 많이 등장하는 사람들이 천민들이다. 이 천민 중에서도 드라마에 중요한 역으로 자주 등장하는 기생과 의녀와 백정에 대해 살펴보자.

기생은 같은 천민이기는 하지만 노비와는 달랐다. 궁중 언어를 사용하거나 읽고 쓸 줄 알았으며, 음악과 서예 등의 예술과 교양을 겸비하고 있었다. 유명한 기생 중에는 왕족이나 양반과도 대등하게 논쟁을 벌인, 요즈음 표현으로 말하자면 인텔리 여성들도 있었다.

기생은 비록 신분은 천하고 웃음을 팔아야 했지만 많은 수입을 올릴 수 있었고, 신분이 높은 남자를 상대하는 기회가 많아 신분 상승을 할 기회도 많았다. 그래서 이를 노리고 양반 자손이면서도 천민이 되는 것을 감수하면서까지 기생이 되는 여성들도 있었다. 드라마 〈장녹수〉의 여주인공 장녹수는 바로 기생에서 왕의 여자로 신분 상승한 대표적인 여성이라고 하겠다.

기생은 3등급으로 나뉘었다. 일패一牌는 궁중에서 춤과 노래를 공연하는 일류 기생이었다. 이들은 예藝를 보이되 몸을 팔지 않는 것을 철칙으로 삼았다. 이패二牌는 관청이나 양반가에 출입하는 기생으로 노래를 하고 춤을 추었지만 몰래 몸을 팔기도 했다. 가장 등급이 낮은 삼패三牌는 전적으로 몸을 팔아서 생활하는 객주집 작부 같은 여성들이었다.

〈대장금〉의 주인공 장금이는 그러지 않았겠지만, 의녀醫女는 여성의 병을 진찰하는 것이 본업이면서도 궁중에서 술자리가 벌어지면 작부처럼 시중을 들고 술 상대가 되어야 했던 시대도 있었다. 그래서 이런 여성을 가리켜 약방기생이라고도 불렀다. 이들은 평소에는 궁중에서 약방의 의녀나 옷 수선 등의 일을 하다가도 외국 사신 접대 등의 일을 하게 되면 춤과 노래를 불렀다. 단 몸을 파는 일만은 엄격하게 금지했다.

백정은 가축을 잡거나 가죽을 만들고 상여喪輿나 관 따위의 장식을 만드는 유세공柳細工에 종사하는 천민으로, 노비보다 더 천하게 여겨졌다. 드라마 〈임꺽정〉의 주인공 임꺽정이 백정의 대표적인 예이다. 임꺽정은 드라마 속 가공의 인물이 아니라 조선왕조 명종 시대 때 실제로 살았던 인물이다.

'주리'로 대표되는 형벌 제도

조선왕조의 모든 법은 『경국대전經國大典』에 정해져 있었다. 이 중에서 형법인 「형전刑典」은 명나라의 법률을 많이 벤치마킹했다. 이 「형전」에 정해져 있는 조선 시대의 형벌을 살펴보자. 형벌은 태笞·장杖·도徒·유流·사死 등 다섯 종류로 나누었다.

태형은 형벌 중에서는 가장 가벼운 벌로 가는 회초리 같은 것으로 둔부를 때리는 것이다. 죄의 경중에 따라 때리는 횟수가 달라졌으며 엉덩이를 때려야 하기 때문에 여성에게는 적용하지 않았다. 또한 형 집행도 공개적으로 하지 않았다.

장형은 태형보다 무거운 벌이다. 장이라고 불리는 길고 가는 곤봉 같은 것으로 둔부와 등을 때린다.

형정도첩.
조선 후기 화가 김윤복이 그린 태형 장면

도형은 지금 말하자면 징역형이다. 죄인을 옥에 가두고 강제 노동을 시키는 것이다. 유형은 문자 그대로 유형지로 보내는 것으로, 중죄인에게만 적용했다.

가장 무거운 죄인은 사형이다. 참수형과 효시 외에도 신체를 여덟 조각으로 찢어 죽이는 '능지처참'이라는 잔혹한 처형법도 있었다.

그런데 「형전」에는 역사 드라마에 자주 등장하는 '사약賜藥'이라고 불리는 형벌은 없다. 사약은 죄를 범한 고위 관리 등에게 국왕이 약을 하사하여 자살을 종용하는 것을 말한다. 신분제도가 엄격했던 당시 조선에서는 신분이 높은 사람이 참수형 등의 형에 처해지는 것은 큰 수치라고 여겨서 어지간한 반역자가 아닌 한 사형에 처해지는 일은 없었다. 그 것을 대신해 국왕이 사약을 내렸다. 즉 사약은 신분이 높은 자에게만 허 락된 국왕의 은총이었던 셈이다.

사약은 비소와 생금, 투구꽃 등을 주성분으로 만들었다. 한편 사약을 받는 자의 신분에 따라 성분의 배합도 바뀌었다고 한다. 사약은 어디까 지나 국왕의 은총이므로, 이를 받은 자는 사약을 달게 받고 국왕에게 감 사하는 마음과 함께 끝까지 마시도록 정해져 있었다. 그렇다고 자신의 죽음이 억울하다고 생각한 사람들이 순순히 사약을 마시고 죽었을까.

특히 장희빈은 최후의 순간까지도 자기의 운명을 받아들이지 않고 순순히 사약을 받지 않았다. 사약을 받은 장희빈은 마지막으로 아들을 한 번 만나게 해 달라고 숙종에게 울며 매달렸다. 이를 가엾게 생각한 숙종은 면회를 허락하였고 그녀는 아들을 품에 안자마자 아들의 하초下 焦를 있는 힘껏 잡아당겼다. 하초는 방광이나 생식기를 담당하는 급소인 데, 이것을 세게 당긴 탓에 장희빈의 아들 경종은 성적 불구가 되어 버 렸다는 것이 정설이다. 장희빈의 이 행위는, 조상을 받드는 일 중에 아 들이 없는 것이 최대의 죄악이라고 여기던 유교사회에서 자기에게 사 약 형을 내린 숙종에게 손자 따위는 안기지 않겠다는 복수심에서 저지 른 행동이었을 것이다. 아들의 대까지 끊어 버리겠다고 작정한 여자의 끔찍한 복수심이었다.

제8장

왕조의
황혼

1863

26대 고종高宗

1907

27대 순종純宗

1910

기세등등한 대원군

아직 강화 도령 철종이 왕위에 있을 때의 일이었다. 왕의 재목이 아닌 인물을 억지춘향 격으로 왕위에 앉히고 권력을 농단하는 현실을 개탄하는 왕족이 한 명 또 있었다.

"이대로는 안 돼!"

그는 바로 흥선군 이하응李昰應, 훗날 대원군으로 알려지는 인물이었다. 뿌리를 거슬러 올라가면 대원군은 제16대 인조의 셋째 아들 인평대군麟坪大君의 후손으로, 왕족 가문이었으나 직계 혈통은 아니었다. 1820년(순조 20) 생으로 철종이 왕위에 오르던 해에 서른 살이었다.

안동 김씨의 세도정치가 지속되던 때여서 설사 왕족이라고 해도 섣불리 움직였다가는 목숨을 빼앗길 수도 있는 위험한 때였다. 헌종이 승하한 후 다음 왕을 구할 무렵에는 이하응도 후보 중의 한 명이었다. 하지만 순원왕후가 무지렁이 농민과 별 차이 없는 청년을 선택하여 왕위에 앉히는 과정을 본 이하응은 어지간히 몸조심하지 않으면 안동 김씨에게 목숨을 내놓을 생각을 해야겠다는 각오를 단단히 먹게 되었다.

이하응은 자신의 뒤를 돌봐 주는 헌종의 생모 신정왕후에게 문안을 드리기 위해 방문한 자리에서 다음 왕을 정할 때는 서로 손을 잡고 협력하기로 약속했다. 그러고 난 뒤 그는 일부러 파락호 같은 행동을 하며 장안을 쏘다녔다. 허구한 날 항구의 건달들과 어울려 기방에 출입하기도 했고 때로는 안동 김씨네를 돌아다니며 구걸 행각을 하기도 했다. 막돼먹고 변변찮은 사람처럼 굴면서 계속해서 기회를 엿보고자 하는 이하응의 의도된 행동이었다.

그리고 마침내 1863년(철종 14)에 철종이 승하하자마자 약속한 대로 신정왕후와 협력하여 안동 김씨들이 채 손을 쓰지 못하는 사이에 신속하게 일을 진행했다. 이렇게 해서 조선왕조 제26대 고종이 탄생하였다.

고종은 즉위 당시 겨우 열두 살에 지나지 않았으므로 신정왕후가 수렴청정을 맡았다. 하지만 그것은 형식적이었을 뿐 실제 조정의 실권은 이하응이 쥐게 되었다. 원래 직계가 아닌 왕의 아버지는 대원군大院君이라고 불렀다. 그래서 고종이 왕이 된 후부터 이하응은 대원군이라는 이름으로 불리며 조선왕조 말기의 정치 무대에서 확실한 지위를 구축했다.

대원군은 권력을 손에 넣자마자 국정 개혁의 도끼를 휘둘렀다. 60여 년 이상 이어 온 안동 김씨의 세도정치를 폐지하고 안동 김씨와 그 추종 세력들을 숙청하여 쫓아낸 후 실력 있는 인재들을 많이 등용했다.

더불어 부패한 지방 관리를 단속하고 백성들의 지탄을 받던 양반들의 권리를 대대적으로 제한했다. 이를 위해 파벌과 세력 싸움의 본거지나

흥선대원군 이하응. 고종의 생부이다.

다름없는 전국의 서원을 47개로 제한하고 서원에 딸린 토지에 대한 면세 특권을 모두 박탈하여 정부의 관할로 회수했다. 뿐만 아니라 세도정치의 치마폭에서 단물을 빨던 자들을 제거하여 백성을 배려하는 정치를 펼쳐 나갔다.

대원군은 기골이 장대한 인물이었다. 기개를 가지고 개혁 정치에 임했고 왕실을 중심으로 권력을 집중시켜 조정의 정치 풍토를 쇄신했다. 다만 방법론에서 새로운 시대의 흐름을 받아들이기보다는 옛 조선의 것이 좋다고 보는 복고주의를 적용했다. 이를 분명히 하고자 임진왜란 때 소실되어 황폐해진 채로 방치되어 있던 경복궁을 방대한 예산과 노동력을 들여 재건했다. 백성들의 과중한 세금 부담을 피할 수는 없었지만 나라의 얼굴이자 대표 격인 궁궐을 깔끔히 정비하는 일을 왕권 회복의 최우선 정책으로 삼아 밀어붙인 것이었다.

대원군은 어떤 형태든 외세를 싫어했다. 당연히 그는 천주교를 계속해 탄압했다. 1866년(고종 3)의 병인박해丙寅迫害 때는 프랑스 신부 베르뇌를 비롯하여 아홉 명을 처형했다. 그리고 이해부터 1872년(고종 9)까지 6년 동안 약 8천 명의 천주교도를 처형했다.

동학에도 역시 엄격한 잣대를 적용했다. 대원군은 집권을 시작하자마자 곧바로 투옥되어 있던 동학의 지도자 최제우를 사형시켜 버렸다.

대외적으로는 쇄국정책을 고수하고 외세를 철저하게 배척했다. 그러던 1866년 미국 상선 제너럴셔먼호가 통상을 요구하며 대동강으로 들어와 평양에 침입하는 사건이 일어났다. 미군과 조선군 사이에 전투가 일어났고 조선군은 셔먼호가 수심이 얕은 곳에 좌초해 꼼짝달싹하지 못할 때 이를 공격하여 단숨에 섬멸했다.

같은 해 프랑스는 군함 일곱 척에 1,300명의 군사를 태우고 와 강화도를 공격했다. 그러고는 베르뇌 신부를 처형한 책임자를 인도할 것을 요구해 왔다. 물론 대원군은 이 요구를 묵살했다. 분노한 프랑스군은 수도 한양을 침공하기 시작했지만 두 번의 전투에서 조선군에게 패배하고 후퇴해야 했다.

대원군은 1871년(고종 8) 전국 곳곳에 척화비를 세웠다.

제너럴셔먼호 사건으로 골머리를 앓던 미국은 1891년(고종 28) 군함 다섯 척을 이끌고 재차 조선을 침공하여 강화도를 점령하고 통상과 배상을 요구했다. 이 요구에 대해서도 대원군은 강하게 거부하는 자세를 바꾸지 않았다. 결국 미국은 아무런 소득도 얻지 못한 채 돌아갔다.

이러한 결과에 만족한 대원군은 전국 방방곡곡에다 척화비斥和碑를 세웠다. 비석에는 다음과 같은 글귀를 새겨 넣었다.

> 서양 오랑캐가 침범하는데 싸우지 않으면 화해할 수밖에 없고, 화해를 주장하면 나라를 파는 것이 된다.

즉 화평을 맺는 것은 매국 행위이므로 철저하게 싸우라고 선포한 것이었다. 서양과의 최초 전투에서 작은 승리를 거둔 일로 배포가 커진 대원군은 계속 외적을 물리치겠다는 기세등등한 태도로 일관했다.

피투성이 권력 싸움

고종은 1866년 열다섯 살이 되는 해에 왕비를 맞았다. 왕비의 외척이 득세하는 세도정치의 폐해를 누구보다 잘 알고 있는 터였기에 대원군은 조정의 문벌과는 별 인연이 없는 몰락한 민씨 집안 중에서 민치록閔致祿의 딸을 왕비로 간택했다. 여흥 민씨 집안 정도라면 안동 김씨처럼 권력을 좌지우지하는 상황은 일어나지 않을 것이라는 확신이 있었다.

그러나 대원군의 생각은 빗나가고 말았다. 얄궂게도 대원군이 고른 이 처자는 얼마 지나지 않아 정치의 무대 전면에 서서 시아버지 대원군과 피로 얼룩지는 권력 싸움을 벌이는 원수 사이가 되었다. 고종의 왕비가 된 이 여성이 바로 민비였다. 지금 우리가 알고 있는 명성황후는 이렇게 궁정 생활을 시작하였다.

민비는 명석한 머리를 가진 왕비였다. 고종보다 불과 한 살 연상이었으나 나이 차 이상으로 카리스마가 있었다. 그녀는 얼마 후부터 고종을 제치고 조정의 주도권을 쥐게 되었다. 그리고 시아버지인 대원군과 서로 한 치도 양보하지 않는 권력투쟁을 벌이기 시작한다. 민비는 1871년

(고종 8)에 아이를 낳게 되었는데 아이는 닷새 만에 죽고 만다. 그녀는 아이가 죽은 이유가 대원군이 보낸 인삼 때문이라는 확신을 갖고 시아버지에 대해 더욱더 증오심을 품게 되었다.

1873년(고종 10)이 되자 고종은 대원군의 섭정에서 벗어나 자신이 직접 통치하겠다는 친정 선언을 했다. 이 선언은 민비가 치밀하게 준비한 정치적 쿠데타나 다름없었다. 이 선언으로 대원군은 당연히 실각했고 대원군이 중용한 관료들도 모조리 추방되거나 처형당하였다. 그 대신 민씨 집안 주변의 인물들이 차례차례 요직을 차지했다. 대원군이 그토록 싫어했던 세도정치가 부활할 기세였다.

고종은 지금까지 대원군이 추진했던 모든 정책을 부정했다. 서원 폐지와 양반의 권리 규제 같은 개혁은 휴지 조각이 되었다. 쇄국정책도 철회되었다. 국정 방향을 개국 개방 노선으로 변경한 것이다.

따라서 1876년(고종 13)에는 일본과 조선 사이에 강화도조약이 체결되었고, 곧 미국·프랑스·러시아와도 조약을 체결해 통상 관계를 맺었다.

실각한 대원군은 양주에 은거했지만 부활의 기회를 엿보며 계획을 세우고 있었다. 그 사이 위험한 사건들이 연이어 터졌다.

1873년 연말에는 민비가 거처하는 궁에서 폭탄이 폭발했고, 이듬해에는 민비의 오라비 민승호閔升鎬의 집에 폭탄이 든 소포가 배달되어 민승호와 가족들이 폭사했다. 대원군이 선물로 가장하여 보낸 것이었다.

민비는 1874년(고종 11)에 왕자 척坧을 출산했다. 고종에게는 민비와 혼인하기 전부터 이미 애첩이나 다름없는 이 상궁이 있었고 그녀에게서

서양식 제복 차림의 고종

완화군이라는 아들을 두었다. 대원군은 이 아이를 세자로 삼고 싶어 했다. 민비는 어떻게 해서든 자신이 낳은 아들을 다음 왕으로 세우고자 했다. 마침내 1875년, 그녀는 청나라에 사절을 보내 뇌물을 주고 척을 세자로 인정하게 하는 데 성공했다.

1880년(고종 17)에는 눈엣가시처럼 여기던 완화군이 변사했다. 이어 생모 이 상궁도 급사했다. 두 사람의 죽음 뒤에는 민비가 몰래 손을 썼다는 말이 떠돌았다.

민비와 대원군의 싸움은 한 사람이 죽어야 남은 한 사람이 살 수 있는 대결이었다. 1882년(고종 19)에 대원군은 민비 일파를 끌어내리기 위한 쿠데타를 일으켰다. 이것이 역사에 기록된 임오군란壬吾軍亂이었다.

쿠데타의 실행 부대는 구식 군대라고 홀대를 받고 있던 병사들이었다. 개화주의자였던 민비 측이 군대의 근대화에 힘을 쏟은 결과 1881년 일본에서 군사 고문을 초빙하여 구식 군대와는 별도로 별기군別技軍이라는 서양식 신식 군대를 창설했다. 그러면서 구식 군대 병사들에게는 제대로 급여조차 지급하지 않는 차별 대우가 이어졌다. 불만을 품은 구식 군대 병사들을 대원군이 꼬드겨 군란을 일으킨 것이었다. 이 쿠데타로 민비 일파의 영의정 이최응李最應(대원군의 형)과 민겸호閔謙鎬가 살해당했다. 일본의 군사고문도 죽었다. 민비도 죽을 뻔했지만 궁녀로 변장하여 겨우 궁을 탈출함으로써 목숨을 건졌다.

구식 군대 병사가 점거한 궁 안에 들어온 대원군은 별기군을 폐지하고 모든 군사 제도를 옛것으로 되돌렸다. 겨우 목숨을 부지하여 도망쳤던 민비는 청나라에 의지하여 대원군을 제거하고자 했다.

9년 만에 국정을 장악한 대원군이었지만 청나라 군대의 공격을 막아 낼 수는 없었다. 두 달 만에 다시 정권을 빼앗기고 내쫓겼으며 대원군 편에 섰던 주모자들은 체포되어 모두 처형당했다. 주모자 격인 대원군도 청나라로 연행되어 3년 동안 천진에 유폐되었다.

조선을 먹어 치우기 위해

민비는 대원군이 일으킨 쿠데타를 청나라의 힘을 빌려 진압하였다. 당연한 결과로, 조선에 대한 청나라의 발언권은 한 단계 강해졌다. 민비 정권은 일본과는 개화 정책을 지속하고 청나라에 의지하는 사대주의 외교로 전환했다. 그나마 지지부진하게라도 진행되어 오던 개화의 움직임은 둔화되었다. 민비는 무당을 자주 불러 액막이 의식에 많은 돈을 썼다. 궁 안에는 민비가 불러온 무당이 주문을 외우는 소리로 가득 찼다.

민비를 믿고 조선의 근대화를 추진하려던 개화파 인사들은 크게 실망했다. 결국 개화파들은 1884년(고종 21)에 우정총국郵征總局 개설 축하연이 열리는 때를 노려 갑신정변甲申政變을 일으켰다. 개화파 김옥균金玉均이 주도한 혁명이었다.

김옥균은 일본의 메이지유신을 본받아 조선도 근대화를 이룩해야 한다고 확신했다. 그러려면 민씨 일족을 제거하고 국왕을 중심으로 입헌

386

갑신정변의 리더 김옥균

군주제 국가를 세워야 한다는 목표로 혁명을 일으킨 것이었다. 일본은 개화파들의 혁명에 찬성해서 김옥균을 도왔다.

　일단 혁명은 성공했다. 김옥균은 신정부 수립을 선언했다. 신정권이 제창한 정치 강령 안에는 파벌 부정, 인민 평등과 함께 조선이 청나라의 구속에서 벗어나 조공 관계를 정리하고 진정한 독립국가로 거듭난다는 취지가 담겨 있었다.

　하지만 당시 조선에 주재하고 있던 청나라의 위안스카이(원세개)는 바로 청나라 군대를 움직여 힘으로 개화파들을 진압했다. 신정권은 문자 그대로 3일 천하로 끝나고 말았다. 주모자 김옥균은 일본으로 망명했다. 민비는 다시 청나라의 도움을 받아 살아난 셈이었다. 일본으로 망명한 김옥균은 그 후 민비가 보낸 자객에게 1894년(고종 31)에 암살당했다.

이런 정치 혼란의 소용돌이 속에 과중한 세금 부과에 따른 궁핍한 생활로 인해 농민들의 불만은 높아질 대로 높아졌다. 각지에서 농민반란이 일어났다. 이 반란은 얼마 후 동학농민운동으로 집약되어 1894년에는 전라도를 중심으로 대규모 동학혁명으로 발전했다. 녹두장군 전봉준이 이끄는 농민군은 몇만 명의 규모로 늘어났고 전주를 점령하는 거침없는 세력이 되었다.

조정은 이 농민군을 관군의 힘으로 진압할 수 없었다. 민비는 또다시 청나라에게 진압해 줄 것을 요청했다. 청나라는 바로 수락했고 군대를 파견했다. 이를 지켜보던 일본 역시 일본 거류민들을 보호한다는 명목으로 군대를 출동시켰다. 청나라와 일본군이 조선 땅에서 맞붙게 된 것이다. 이것이 빌미가 되어 청일전쟁이 발발했다. 이 전쟁에서 일본이 승리한 결과, 조선은 인조가 삼전도에서 청나라 황제에게 무릎을 꿇은 후부터 지속되어 온 청나라와의 군신 관계를 끝내게 되었다. 그러나 청나라 대신에 이번에는 일본의 간섭이 점점 심화되었다. 조정은 어느새 친일 쪽으로 기울고 있었다.

그러다가 1895년(고종 32)에 3국 간섭이 일어남으로써 외세의 세력 판도가 뒤집혔다. 3국 간섭이란 청일전쟁으로 중국의 요동반도를 일본에

잡혀가는 전봉준. 동학농민기념관에 소장되어 있는 사진이다.

게 양도하기로 한 결정에 러시아·독일·프랑스가 공동으로 이의를 제기한 사건으로, 일본은 어쩔 수 없이 요동반도를 청나라에 반환해야 했다.

힘센 국가라고 믿었던 일본이 서양 열강들에게 힘없이 당하는 것을 보자 민비의 마음은 다시 러시아 쪽으로 기울었다. 이로써 조선을 무대로 일본과 러시아가 한판 승부를 벌이는 국면으로 접어들게 되었다.

민비는 조선의 이익과 자신의 권력 기반을 유지하기 위해 시대의 흐름에 따라 그때그때 다른 나라의 힘에 의지하는 자세를 중단하지 않았다. 지금 생각하면 민비가 선택한 길은 복잡한 국제 정세 속에서 약소국

이 살아남는 요령이었을지도 모른다. 그러나 단편적인 판단으로 대의를 결정하는 너무나도 위험한 줄타기 곡예였다.

조선의 국모, 살해당하다

1895년(고종 32) 10월 8일, 어둠이 아직 걷히지 않은 미명未明이었다. 몇 명이나 되는지 수를 알 수 없는 일본군과 조선 병사로 변장한 일본 낭인들이 합세하여 경복궁 안으로 들이닥쳤다. 그들의 목표는 민비였다. 그들은 더러운 칼을 사용해 순식간에 민비를 무참하게 살해했다. 이것이 바로 조선의 국모를 살해한 을미사변乙未事變이었다.

암살을 지휘한 인물은 조선에 부임한 지 한 달 정도 되는 일본 공사 미우라 고로三浦梧樓였다. 이들은 무례하게 자신들이 청일전쟁에서 승리했음에도 일본이 주도하는 조선 정책이 민비 때문에 막혀 버렸다는 이유 하나로, 러시아 쪽으로 강하게 기울어 가는 민비를 제거하는 폭거에 나선 것이었다. 을미사변의 결과, 실각한 후 기회를 노리고 있던 대원군이 다시 조정으로 돌아와 섭정을 하게 되었다. 잡초 같은 끈질긴 생명력이었다.

전국 각지에서 국모國母를 죽인 일본군의 만행을 지탄하는 의병들이 들불처럼 일어났다. 전혀 예상하지 못한 흐름이었다. 오히려 일본군이 당황해하며 쫓기는 형세가 되고 있었다.

명성황후 민비를 시해한 일본 낭인들

　1896년 2월에는 러시아의 손을 빌린 친러파 쿠데타가 일어났다. 러시아 병사가 경호하는 러시아 공사관에 고종과 세자를 피신시킨 고종은 러시아 공사관에 머무르며 국왕 친정을 선언했다. 물론 정권은 친러파 관료들이 장악했다. 을미사변 후에 일본을 등에 업고 잠시 정권을 쥐었던 주요 각료들은 대부분 살해당했다. 조선은 러시아의 영향 아래에 놓이게 되었다. 서울 주재 일본의 군사고문도 러시아인으로 바뀌었다. 그러나 왕과 정부가 러시아 공사관 안에 있으니 독립국으로서의 체면이 서지 않았다. 국민들 사이에서 왕의 환궁을 원하는 목소리가 높아졌다.

명성황후 민씨는 제26대 고종의 왕비이다. 왕후라고 불러야 하지만 세상을 뜬 후인 1897년(고종 34)에 조선왕조가 대한제국大韓帝國으로 국호를 바꿨기 때문에 황후皇后로 추존되었다.

제23대 순조부터 제25대 철종 시대에 걸쳐 조정은 왕비의 외척이 권력을 제멋대로 휘둘러 국내 정치는 크게 혼란스러웠다. 이를 어떻게든 해결하자고 생각한 것이 고종의 아버지 이하응(대원군)과 제24대 헌종의 생모인 신정왕후 조 대비였다.

철종이 승하했을 때 다른 왕자들은 모두 요절하여 딸만 달랑 한 명 남아 있는 상황이었으므로 직계 후손이 아니라 방계에서 후계자를 선택하게 되었다.

이때 신정왕후 조 대비는 궁의 최연장자이자 후계자 결정권을 가지고 있었다. 이하응과 협력한 조 대비는 이하응의 둘째 아들을 조씨의 아버지, 즉 철종 아버지의 양자로 들인 후에 고종으로 즉위시켰다.

즉위한 고종은 열두 살에 불과했기 때문에 그 후 2년간은 신정왕후가 수렴청정을 맡았다. 하지만 실질적으로는 대원군이 조정의 실권을 거머쥐고는 선대왕 때부터 득세하고 있던 외척 세력을 몰아냈다.

이러한 경위로 고종의 왕비 간택에는 '외척 세력이 득세할 가능성이 낮은' 왕비를 간택하는 게 가장 중요한 기준이었다. 그래서 대원군의 부인인 민씨 집안에서 명성황후 민씨가 왕비로 간택되었다. 민씨는 일곱 살 되던 해에 부모를 여읜 천애 고아의 몸이었기 때문에, 대원군은 외척이 세력을 키우는 일은 없을 것이라고 판단했다.

이리하여 민씨는 15세가 되던 해 고종과 결혼하여 입궐했다. 그러나 사태는 대원군이 전혀 생각하지 못한 방향으로 흘러갔다.

민씨가 어릴 적부터 총명했던 데 비해, 정작 중요한 역할을 할 고종은 정치에 무관심했다. 무관심할 뿐만 아니라 야심만만한 민씨에게 이것저것 의존하기 일쑤여서 민씨가 차츰 정치에 깊이 관여하기 시작했다.

이 정도라면 아직 크게 문제되지는 않았다. 그런데 대원군이 고종의 후궁에게서 태어난 아들을 후계자로 세우려고 한 것이다. 이 일로 민씨와 대원군 두 사람은 건

널 수 없는 강을 건너게 되었다.

얼마 후 민씨는 대원군을 내쫓고 조정의 정권을 쥐는 데 성공했다. 최대의 정적을 내쫓은 민씨는 정치에 무관심한 고종을 움직여 개화 정책을 추진해 나갔다.

이 무렵 이미 미국과 일본은 조선에 대해 개항을 요구하고 있었다. 이러한 외세에 대항하기 위해서는 개혁이 급선무라는 것이 민씨의 주장이었다.

정계에서 쫓겨난 대원군은 쇄국정책의 주창자였다. 민씨와 확연히 다른 노선이었다. 결국 대원군은 개화정책으로 소외된 구식 군대 세력과 힘을 합쳐 임오군란을 일으킴으로써 민씨를 궁지에 몰아넣었다. 민씨는 청나라에 협력을 요청하고 사건을 마무리했지만 이 일로 청나라에 빚을 진 꼴이 되어 정책 방향을 친청親淸 노선으로 바꿔야 했다.

그런 와중에 민씨의 친청 노선에 불만을 가진 개화파가 갑신정변을 일으켰다. 민씨는 갑신정변으로 잠시 정권을 빼앗겼으나 다시 청나라의 힘으로 권력을 탈환할 수 있었다. 청나라의 영향력은 당연히 점점 더 커져 갔다.

이런 사건으로 명성황후 민씨는 외교에 눈을 떴다. 그리하여 영국과 러시아 등 유럽 열강 세력을 교묘하게 이용하려고 했다. 일본이 대원군을 전면에 내세워 민씨를 제어하려고 할 때는 친러親露 노선으로 변경하여 대항했다. 그러나 이렇게 순발력을 발휘한 민씨의 외교 수완은 결과적으로 그녀에게 비극의 불씨가 되어 돌아왔다.

이 무렵 일본은 청일전쟁에서 승리를 거두고 손에 넣었던 요동반도를 열강들의 간섭으로 빼앗긴 직후였다. 이것이 역사의 기록으로는 '삼국간섭'이라는 용어로 남아 있다.

따라서 국력이 쇠퇴하던 청나라에서 러시아로 외교 노선을 갈아타려던 민씨의 친러 노선은 일본의 영향을 제거하는 데 아주 효과적이었다. 그런데 효과가 너무 강력했기 때문에 일본을 위기감 속에 빠뜨려 '이대로 가다가는 조선에서 쫓겨나고 만다'는 불안감을 주게 되었다.

그 결과 일본 공사는 조선의 친일파와 결탁하여 민씨를 비롯한 친러파를 제거하려는 음모를 꾸며 을미사변을 일으켰다. 이 소용돌이 속에 명성황후 민씨도 목숨을 잃고 말았다.

이후 조선은 급속하게 일본에게 잠식되어 갔다.

고종은 경복궁 북쪽에 건청궁을 건립케 하고 명성황후와 기거하였다. 건축양식은 양반 가옥 살림집을 응용하여 구성하였다. 1895년 을미사변 때 명성황후가 일본인 자객에게 시해된 현장이기도 하다.

대한제국의 탄생

1897년 고종은 러시아 공사관을 나와 경운궁(현재의 덕수궁)으로 거처를 정했다. 그리고 그해 10월에는 대한제국大韓帝國 성립을 선언했다. 이제 고종은 조선왕조의 국왕이 아니라 대한제국의 황제가 된 것이다.

이듬해 2월에는 분쟁의 중심에 있던 대원군이 죽었다. 이로써 궁정 내의 권력투쟁은 사라지게 되었다. 하지만 그동안 민비가 거의 모든 국정을 주도해 왔기 때문에 왕은 국정을 제대로 처리하지 못하고 우왕좌왕하는 일이 많았다.

고종은 광산 채굴권과 철도 부설권 등을 차례차례 외국에 매각했다. 조선의 이권은 러시아와 일본, 영미 열강들에게 하나씩 잠식당하기 시작하였다. 조선을 둘러싼 이권은 러시아와 일본이 나누어 갖는 형국이었다. 1904년(고종 41)에 두 나라는 다시 전쟁을 벌이게 되었다. 러일전쟁이었다. 이 전쟁에서는 일본이 승리했다. 그 결과, 을사보호조약을 맺은 대한제국은 외교권을 일본에 빼앗기는 등 일본의 식민지화가 빠르게 진행되었다. 악 소리도 내지 못할 만큼 빠른 속도였다.

고종은 네덜란드 헤이그에서 1907년(고종 44) 개최된 제2회 만국평화회의에 밀사를 파견했다. 이들을 통해 일본이 빼앗아 간 외교권이 무효라는 사실을 전 세계에 호소하려고 한 것이다. 그러나 안타깝게도 이 계획은 실패하고 말았다.

이 일에 대해 조선 통감으로 부임한 이토 히로부미伊藤博文는 강력하

게 고종에게 추궁했다. 결국 견디지 못한 고종은 황태자에게 황제의 자리를 양위해야 했다. 게다가 제3차 한일신협약이 체결되면 대한제국은 외교권뿐만 아니라 내정권까지도 몽땅 일본에게 넘겨줘야 할 판이었다.

왕조의 막을 내리다

1907년에 고종은 퇴위했다. 그리고 조선왕조 제27대 순종이 즉위했다. 순종은 대한제국 제2대 황제였다. 순종은 고종과 민비 사이에서 태어난 왕자로 그는 왕조의 혼란과 몰락을 눈으로 보며 자랐다. 고종이 퇴위한 것도 스스로의 뜻이 아니라 일본의 강압 때문이었다. 순종의 즉위 또한 일본의 영향 아래 있다는 것을 확실하게 보여 주는 일이었다.

순종의 즉위 직후 제3차 한일협약이 체결되었다. 외교권과 내정권을 모두 일본의 손으로 넘기는 조약이었다. 조약 체결과 동시에 대한제국의 군대도 강제로 해산해야 했다.

이와 같은 상황에서 아무리 황제라고는 하지만 순종이 자신의 뜻대로 정치적 수완을 발휘할 길은 없었다. 황제는 허수아비였다. 병원에 입원한 환자를 비유해서 말하자면 대한제국 황제는 식물인간인 셈이었다.

순종의 즉위와 함께 고종과 귀비 엄씨와의 사이에 태어난 영친왕 이은李垠이 황태자로 책봉되었다. 이은은 순종의 이복동생이다. 그 뒤로도 순종은 아이를 낳지 못했다. 왕의 역할 중에 가장 중요한 역할이 후계를 생산하는 것이라면 순종은 아무리 봐도 최후의 왕이 될 운명임이 분명했다. 결국 순종의 역할이 정해졌다. 고종을 퇴위시키고 왕조의 막을 내리는 역할이었다.

1910년 8월, 대한제국의 내각총리대신 이완용李完用과 조선 통감 데라우치 마사타케寺內正毅 사이에 한일합병조약이 조인되었다. 이로써 조선은 일본에 합병되고 대한제국은 역사에서 영원히 사라졌다. 대한제국 황제였던 순종은 일본의 왕족인 이왕李王으로 강등되어 창덕궁에서 생활하다가 1926년에 죽었다.

조선왕조는 1392년 이성계가 나라를 세운 지 518년 되는 해인 1910년에 왕조의 역사를 덮고 마지막 종지부를 찍었다. 조선왕조는 세계 역사에서도 유례가 드문 장수長壽 왕조였다.

곤룡포를 입은 고종과 순종

독살당한 왕은 여섯 명?

조선왕조에는 대한제국 시대를 포함하여 27명의 왕이 있었다. 이 가운데 독살설이 떠도는 왕은 제12대 인종, 제14대 선조, 제17대 효종, 제20대 경종, 제22대 정조, 제26대 고종 등 여섯 명이나 된다.

우선 인종의 경우부터 살펴보자.

제11대 중종의 세자 이호(인종)는 전처의 자식이었으므로 후처인 왕비 문정왕후에게는 눈엣가시 같은 존재였다. 문정왕후는 친아들 경원대군(후에 제13대 명종)을 왕위에 올리고 싶었기 때문이다.

어려서부터 병약했던 이호는 인종으로 즉위한 지 8개월 만에 세상을 떠났다. 그래서 그를 항상 거슬려 했던 문정왕후가 암살했다는 의혹이 생긴 듯하다.

제14대 선조의 경우에는 자신의 왕위를 적자인 영창대군에게 양위하고 싶은 희망이 있었기 때문에, 이미 세자로 책봉한 광해군(제15대)에게 세자 자리를 양보해 주도록 압박했다. 당연히 광해군은 거절했고 분노했다. 그래서 광해군이 선조를 독살한 게 아닐까 하는 의혹을 사고 있다.

제17대 효종은 귀에 생긴 종양을 치료하다가 죽었다. 생전에 효종은 북벌론北伐論을 주창하여 청나라를 무력으로 토벌하겠다는 북벌계획을 추진하고 있었다. 이 북벌에 위기감을 느낀 신하들이 왕을 독살한 게 아닐까 하는 의혹이 존재한다.

제20대 경종은 드라마〈동이〉에서 동이의 강력한 라이벌로 등장하는 장희빈이 낳은 왕자이다. 동이가 낳은 영조(제21대)가 왕위에 앉고 싶어 동이 측에서 암살했다는 설이 있다.

원래 윤昀(경종)은 총명했지만 병약한 체질 때문에 위장에 문제가 있었다. 급체로 허망하게 죽었다는 진상이 밝혀지기는 했지만 아버지인 제19대 숙종이 세자 시절의 윤을 폐위하려고 생각한 적이 있다는 사실도 있어서 독살 의혹을 조장했을 것이다. 영조는 경종을 독살했다는 의심을 받아 상당이 오랫동안 고민했다고 알려졌다.

제22대 정조는 드라마〈이산〉의 주인공이다. 드라마에서도 그랬듯이 세자 시절에 실제로 자객의 습격을 받았다. 그러한 일도 있었고, 양반 계급의 특권을 축소하는 개혁안을 추진하던 중에 48세의 나이로 돌연사했기 때문에 독살이 아니냐는 강력한 의혹이 제기되었다. 독살의 배후는 정순왕후라는 설이 유력했다.

제26대 고종은 1907년 7월, 헤이그 밀사 파견 사건의 책임을 지는 형태로 대한제국 황제 자리에서 강제로 퇴위당한 후 태황제太皇帝가 되었다. 그러다가 1910년(순종 3) 8월의 한일합병조약으로 덕수궁 이태왕李太王의 칭호를 받았고 1919년 1월 21일 68세의 나이로 서거했다. 일본이 독살했다는 소문이 나돌아 3.1 독립운동을 촉발시키는 사유가 되었다.

이렇게 보면 선조·경종·정조의 경우는 죽은 후의 정치적인 변동이 암살설의 의혹으로 번진 것 같고, 인종·효종·고종의 케이스는 생존하고 있을 당시 '살해당해도 이상할 것 없다'는 상황 증거에서 독살설이 제기되었다고 볼 수 있겠다.

물론 이 임금들이 독살되었다는 확실한 증거는 없다.

드라마에 자주 나오는 조선왕조 국가기관 11개소

주요 통치 기구 – 3사와 6조

조선왕조의 통치 기구는 크게 동반東班과 서반西班으로 나뉘었다. 이 가운데서 정치·행정은 문관이 소속된 동반이, 국방은 무관이 소속된 서반이 담당했다.

동반의 정치·행정에는 중앙에서 근무하는 경직京職과 지방에서 근무하는 외직外職이 있었다. 경직은 요즈음의 내각에 해당한다고 볼 수 있는 의정부議政府와 각 분야별 관청에 해당하는 육조六曹로 나뉘었다.

이 밖에도 왕의 통치행위와 정치·행정을 감시하는 삼사三司, 왕의 비서 팀인 승정원承政院, 수도의 행정을 전담하는 한성부漢城府, 반역 음모에 가담한 대역 죄인을 다루는 의금부義禁府 등의 국가기관이 있었다. 한편 궁 안의 의료와 식사, 음악을 담당하는 전담 부서도 있었다.

암행어사는 왕명 집행 감찰관

드라마〈암행어사 박문수〉의 모델인 박문수는 조선 시대 암행어사 가운데서도 가장 공명정대한 어사였다고 알려진 인물이다.

암행어사는 지방 관리의 부정을 적발하거나 민정을 시찰하기 위해 파견되는 국왕 직속 감찰 관리로서 주로 정3품 이하의 관리 중에서 뽑았다. 왕에게 봉서封書(임명서)와 사목事目(임무를 자세하게 적은 명령서)을 받은 암행어사는 왕명이 떨어지면 집에 들렀다 가는 것조차 허용되지 않았다. 임명되자마자 곧바로 변장하고는 임지로 떠나야 했다.

왕이 내린 봉서의 표면에는 '도남대문외개탁到南大門外開坼(남대문 도착 후에 개봉할 것)'이라거나 '도동대문외개탁到東大門外開坼(동대문 도착 후에 개봉할 것)'이라고 적혀 있었다. 그래서 정해진 장소에 도달해서야 겨우 봉서와 사목을 개봉하고 안에 적힌 임지와 임무 내용을 알 수 있었다.

암행어사의 행동은 일체 비밀에 부쳐졌다. 가족은 물론 친구들에게도 행선지와 임무 내용을 알리지 못했다. 임무를 마칠 때까지는 설사 부모가 위독하다고 해도 돌아갈 수 없었다. 암행어사 중에는 천민으로 분장하여 활동하다가 두들겨 맞거나 정체가 탄로 나 지방 관리에게 살해당하는 경우도 있었다.

암행어사는 임명과 동시에 '마패馬牌'를 받는다. 이것은 구리로 만든 10cm 정도의 둥근 부인符印으로 이를 통해 암행어사임을 증명하였다. 이 마패를 보이면 마패에 표시된 숫자만큼 역마나 지방 나졸 등을 자유롭게 사용할 수 있을 뿐만 아니라 탐관오리를 체포할 때도 영장 대신 사용했다. 또한 '유척鍮R'이라는 놋쇠로 만든 자가 주어졌는데, 이것은 지방관의 세금 징수에 부정이 있는지 없는지를 조사하기 위한 도구였다.

암행어사가 활동하는 모습은 18세기에 나온 소설『춘향전』에서 암행어사로 등장하는 주인공 이몽룡이 잘 표현해 주고 있다. 이몽룡은 걸인으로 변장하여 변학도가 악행을 저지르는 증거를 잡기 위해 동헌으로 들이닥친다. "암행어사 출두야!"라는 고함과 함께 암행어사 관복을 입은 이몽룡이 등장하고 마패를 내보이며 변학도의 비위를 규탄한다. "암행어사 출두야!"라는 외침 하나로, 그동안 포악질을 해 대던 지방 관리들이 납작 엎드려 살려 달라고 애원한다.

박문수는 제21대 영조 시대에 여러 차례 암행어사가 되어 기근에 허덕이던 각지의 농민 구제 활동을 벌였던 실존 인물이다. 실제로 암행어사가 이몽룡처럼 극적이고 화려한 행동은 하지 않았겠지만 학정에 시달리는 많은 백성들을 구했다는 점에서 서민들의 영웅이었다고 말할 수 있는 것이다.

사헌부는 500년 조선왕조의 버팀목

암행어사는 상시직이 아니라 임시로 임명되었지만 제도상으로는 사헌부 소속이었다. 사헌부는 국정을 심사하고 감시하는 삼사三司 가운데 하나로, 주로 관리들의 위법행위를 감찰하는 역할을 하던 관청이다. 그래서 행정부인 의정부와 같은 반열에 올라 있고 책임자는 판서급(장관급)으로 대사헌大司憲, 사헌부에 근무하는 관리는 언관言官이라고 불렀다.

드라마〈대장금〉에도 궁중 재물 횡령 사실을 왕에게 고발하는 역할로 사헌부 관리가 등장하고 있다. 조선왕조 시대뿐만 아니라 어떤 시대 어떤 조직에서든 자신의 지위를 이용해 사리사욕을 추구하는 무리는 나오게 마련이다. 특히 고위 관리가 부패한다면 눈 깜짝할 사이에 이 조직은 내부부터 붕괴해 버릴 것이다. 이런 사태를 막기 위해서 사헌부 같은 국가기관이 철저한 내부감사를 실시해 썩은 사과를 제거하는 역할을 하였다. 이런 기구가 있었다는 사실만으로도, 조선왕조가 어떻게 500년간이나 국가를 유지할 수 있었는지 알 수 있을 것 같다.

성균관, 엘리트 인재 양성기관

조선왕조는 학력 사회였다. 관리 등용 시험인 과거제도가 바로 그 예라고 할 수 있다. 요즈음 젊은이들이 명문 대학 진학을 인생이 좌우되는 절대 조건처럼 여기듯이 조선왕조 때도 비슷했다.

이런 사회현상에다 작가의 상상력을 가미한 드라마가 퓨전 역사 드라마로 탄생해서 인기를 끈 것이 KBS의〈성균관 스캔들〉이었다. 이 드라마 초반에는 여주인공이 어려운 가계를 돕기 위해 남장을 하고 과거 시험을 대리 응시해서 보수를 받는 장면이 나온다. 요즈음 식으로 말하자면 '대리 시험 알바'인 셈이다.

이 드라마의 주 무대가 되는 성균관成均館은 말하자면 조선왕조의 미래를 짊어질 고위 관리를 양성하는 최고 수준의 교육기관이었다. 그러니까 당시에 성균관에 합격하는 것은 엘리트가 되기 위한 등용문이자 출세와 성공의 지름길이었다.

성균관의 역사는 1398년(태조 7)부터 시작된다. 조선왕조 이전의 왕조였던 고려 시대에 '성균관'이라는 이름으로 국립 교육기관을 설립했는데, 왕조가 바뀌면서도 그대로 이 학교를 계승한 것이었다. 이 성균관은 임진왜란 때 학교 건물이 다 타 버리는 재난을 겪고 일제강점기 때는 경학원經學院이라는 이름으로 시대의 파도에 휩쓸리면서도 명맥을 이으며 줄기차게 생명을 지켜 냈다. 이것이 성균관을 뿌리로 한 오늘날의 성균관대학교이다. 현재는 옛날과는 달리 사립대학으로 변신했지만 어쨌든 우리나라에서는 가장 오래된 대학이라고 하겠다.

최고의 인재를 선발하고자 한 국가 기관이었으니 당연히 성균관에는 아무나 들어갈 수도 없었다. 공식적인 입학시험이 있었지만 이 시험에는 수험생의 훌륭한 가정환경, 경제적인 여유가 뒷받침되어야 응시할 수 있었다.

성균관 입학시험은 과거의 일종이었다. 이는 대과大科의 예비시험이라고 할 수 있는 소과小科 시험이었다. 대과는 합격하기가 매우 힘들어 어려서부터 영재교육을 받을 필요가 있었다. 그리고 성균관 입학시험이 소과라고는 하지만 이것도 과거나 마찬가지였다.

이 어려운 난관을 뚫고 성균관에 입학하면 나라에서 토지와 노비를 하사한다. 아직 학생 신분임에도 나라에서 봉급을 지급하는 셈이었다. 과연 국가의 장래를 짊어질 엘리트 후보들에게 어울리는 든든한 대우라고 할 수 있다. 뿐만 아니라 성균관을 마치면 대과 응시 자격을 획득할 뿐만 아니라 1차 시험을 면제받는 특별 대우도 주어졌다.

이처럼 극진한 대접을 해 주는 이유는 성균관 학생들에게 국가가 큰 기대를 하기 때문이었다. 이들은 모두 머지않은 장래 대과에 합격해 고위 관리가 되고, 왕을 보필하는 인재가 될 사람들이었다.

한편 성균관 말고도 조선왕조 때 국가에서 운영한 교육기관이 하나 더 있었다. 바로 사교四校와 향교鄕校였다. 사교는 중앙정부가 관할하는 한성에, 향교는 지방 행정부가 관할하는 각 지방에 설치했다. 성균관을 대학이라고 한다면 이 학교들은 중·고등학교라고 해석할 수 있겠다. 이 학교에 들어가기 위해서도 요즈음의 사설 학원이라고 할 수 있는 서당에서 열심히 공부해야 했다.

조선 말기에는 성균관을 제외한 이들 공립학교보다도 사설 학원 쪽이 더 융성했다. 성균관 같은 교육기관의 모습에서 조선왕조는 물론 현대로 이어지는 학력 사회의 그늘을 엿볼 수 있다.

궁중 의료 기관 내의원

최고 권력자인 왕의 건강은 곧바로 국가의 안정에도 영향을 끼친다. 조선처럼 왕이 통치하는 정치체제를 고수하는 나라라면 더욱 그렇다. 예를 들어 왕이 사망하지 않더라도 병에 걸려 장기간 정무를 볼 수 없게 된다면 나라 꼴은 말이 아니지 않겠는가. 이런 사태에 대비해 조선왕조에서는 왕의 건강을 지키는 관청을 설치했다. 왕의 건강을 보필하고 왕이 병에 걸렸을 때 치료하는 내의원內醫院이었다.

이 내의원은 드라마 〈허준〉 덕분에 모르는 사람이 없어졌다. 허준은 인기 드라마의 주인공일 뿐만 아니라 실존했던 우수한 의사였다. 국왕의 주치의라는 높은 지위에 있으면서도 동양의학서 중 최고봉이라고 손꼽히는 『동의보감』을 편찬한 인물인 것이다. 이런 인물조차도 치료하던 왕이 사망한 데 책임을 지고 일시적으로 유배를 가야 했다. 이 사례만 봐도 국왕의 생명과 건강을 보필하는 일이 얼마나 중요하고, 동시에 내의원과 그곳에서 일하는 사람들에게 얼마나 큰 책임이 지워져 있는지 알 수 있다.

내의원은 왕 한 명만 담당하지 않았다. 왕 외에도 왕족과 궁녀 등 궁중에 거주하는 모든 사람들의 병을 치료하는 일도 내의원의 몫이었다.

왕실 병원 성격인 내의원에는 이 밖에도 할일이 많았다. 국가기관이었으므로 의관들도 직급이 상하 관계로 되어 있고, 다른 부서와도 협력 체제를 가져야 했다.

창덕궁 궐내각사 구획에 약방 현판이 있는 건물이 내의원이었다.

내의원이 하는 일에는 병의 진단과 약 처방은 물론 그 외에 침술과 안마 등도 포함되어 있었다. 내의원은 자신들만으로 끝나는 의료 행위에 만족하지 않고, 병 치료를 위해서는 조직의 담을 넘어 타 부서에도 협력을 요청했다. 예를 들면 임금의 수라를 준비하는 부서인 '수라간'이 있다. 때로 내의원은 식재료와 조리의 프로 집단인 수라간에게 부탁해 식이요법을 실시하기도 했다.

그 밖에 왕의 비서실인 승정원의 협력을 얻는 일도 있었다. 승정원에서는 『승정원일기』라는 이름으로 왕의 일상을 빠짐없이 기록하는데, 여기에는 매일매일 왕의 건강 상태와 지금까지 걸렸던 병의 증상이 면밀하게 기록되어 있었다. 이 자료를 읽고 왕을 치료하는 데 도움을 받았던 것이다.

조선왕조 때는 내의원 외에도 백성들의 건강을 보살피는 의료 기관이 더 있었다. 의학에 뜻을 가진 사람을 교육하고 시험을 실시하는 궁중 전의감典醫監, 궁중 밖에 있으면서 백성들이 무료로 의료 혜택을 받을 수 있는 혜민서惠民署, 도성 안의 백성을 치료하는 활인서活人署 등이었다.

이로써 조선왕조는 백성들을 위한 의료 기관을 운영하는 데 상당한 노력을 기울였다는 사실을 알 수 있다.

환관이 맡은 내시부

궁에서 생활하는 왕족과 궁녀들을 세밀하게 보필하는 관청도 있었다. 내시부內侍府이다. 이곳에서는 왕과 그 가족 주변의 온갖 잡일을 도맡아 처리하였다.

내시부의 이름이 자주 등장하는 사극을 예로 들면 〈대장금〉이 있다. 또 내시부 자체에 포커스를 맞춰 이곳에서 일하는 인물들이 주인공으로 등장하는 〈왕과 나〉라는 드라마도 있다. 음지에서 일하는 사람이 주인공으로 나오는 드라마가 드물기도 했지만 〈왕과 나〉는 내시(환관)라는 특수한 인물들에 초점을 맞춘 점이 획기적인 기획이라는 평가를 받았다.

내시부에서 일하는 사람들은 모두 거세당한 남성들이었다. 내시란 간단하게 설명하자면 생식기능을 외과적 수단으로 제거한 후에 궁으로 들어와 일하는 남성 관리를 의미한다. 그렇다면 내시는 왜 모두 거세를 해야 했을까. 그 이유는 간단하고 단순하다. 왕을 에워싼 궁녀들과 불미한 일을 벌이지 못하도록 해야 했기 때문이다. 또한 왕비나 후궁들과 접촉하는 사람이 모두 거세당한 남성이라야 왕으로서는 자식, 특히 자신의 후계자가 다른 남성의 씨일지도 모른다는 가능성을 완전히 배제할 수 있기 때문이었다.

환관이라는 특이한 관리들이 모인 내시부에서 가장 높은 직책은 상선尙膳으로 종2품에 해당하는 고위직이다. 상선은 내시 부장으로서 주로 왕비와 후궁의 식사에 관한 업무를 관장했다. 수라간에서 궁중에 봉사하는 여성을 주인공으로 삼은 드라마〈대장금〉에 내시부가 자주 등장하는 것은 이런 이유 때문이다.

내시부에서 가장 지위가 낮은 직책은 종9품에 해당하는 상원尙苑으로 정원 손질을 담당했다. 이보다 더 밑으로는 품계가 없는 환관과 소환小宦이라는 수습 환관도 꽤 많이 있었다.

멀쩡한 남성을 거세한다는 것은 오늘날의 시점으로 보면 분명 비인도적인 행위이다. 그러나 내시는 반드시 강제로 뽑지 않았다. 본인이 스스로 지원하여 환관이 되는 경우가 더 많았다. 과거 시험에 합격하여 관리가 되는 게 불가능한 사람, 예를 들어 과거에 합격할 능력이 없는 사람이나 애당초 과거에 응시할 자격조차 없는 미천한 신분 출신으로 관리로 등용될 길이 막힌 사람에게 환관은 일종의 출세의 지름길이었다.

특히 조선왕조는 양반 출신과 천민의 사회적 지위 차이가 너무 컸으므로 환관이 된다는 것은 한 방에 인생을 역전할 수 있는 루트였을지도 모른다.

수라간은 프로 궁중 요리사 집단

조선왕조를 소재로 한 드라마 하면 가장 처음 떠오르는 것은 역시 〈대장금〉이다. 불행한 사연을 지닌 장금이 죽은 어머니의 유지를 받들어 궁으로 들어가, 여러 사건에 휘말리면서도 마침내 영예를 손에 넣는다는 성공 스토리이다. 우정과 연애, 그리고 연이어 벌어지는 정치적 모략으로 인기를 끌었던 드라마였다.

드라마의 초반부, 궁중에서 주인공 장금이가 일하고 있는 부서는 궁중요리를 만드는 수라간水剌間이었다. 수라간은 궁중의 식사를 준비하는 곳으로서 '수라'는 왕의 식사, 임금님의 밥상을 수라상, 임금님의 식사를 준비하는 주방을 수라간이라고 부르는 것이다.

이 수라간에서 일하는 궁중 전속 요리사들은 대부분이 젊은 여성이었다. 이들은 어릴 적부터 궁에 들어와 견습생으로 시작해 요리 수업을 받았다. 단지 일정한 수업일수를 채운다고 해서 요리사가 되는 게 아니라 각 단계에서 일정한 수준에 도달해야 했다. 만약 수준에 미달한다면 수라간에 남아 있을 수 없었다.

대장금 시대 훨씬 후인 조선왕조 말기, 서양식으로 개조한 창덕궁 수라간

수라간의 가장 높은 지위에 올라가려면 적어도 20년 이상이 걸렸다. 그러니까 수라간에서 계속 일한다는 것은 드라마 속 장금이처럼 파벌 싸움에 휘말리지 않더라도 너무나 어려운 일이었을 것이다.

수라간에서는 약식동원藥食同源에 기반을 둔 요리를 만들었다. '약이 즉 음식, 음식은 곧 약'이라는 기본 정신으로 음식을 만든다는 뜻이었다. 다시 말하면 사람이 먹는 식사는 약과 같다고 생각하는 개념이었다. 개인의 체질에 맞춰 식사를 하는 것이 건강 유지와 병의 예방과 치료에 도움이 되는 것이다. 수라간에서 가장 중요한 인물인 왕의 건강 상태는 국가의 중대사와 직결된다. 그래서 수라간의 요리 콘셉트는 건강 증진이 가장 중요한 요소였다. 건강 증진을 목적으로 한 조선왕조 궁중 요리에는 다음과 같은 특징이 있었다. 즉 단맛·신맛·매운맛·쓴맛·짠맛이라는 다섯 가지의 맛과 흑黑·백白·황黃·적赤·청靑·녹綠의 다섯 가지 색깔을 조합하여 오미오색五味五色을 기본으로 했다는 점이었다. 오미오색이란 중국에서 파생된 음양오행설에 기초한 사상에 기반을 두고 있다.

왕이 먹는 음식에는 한반도 전역에서 진상된 제철 재료가 쓰였다. 이는 각지의 농산물 작황을 알 수 있는 보고서와 같은 의미도 있었다.

화가들이 관리로 근무하는 도화서

드라마 〈바람의 화원〉은 18세기 조선에 살았던 화가와 그들의 작품을 소재로 스토리를 이어 나간 대단한 역사 드라마였다. 여기에는 김홍도와 신윤복이라는 조선 시대를 대표하는 두 명의 천재 화가가 등장하는데, 두 사람 모두 실제로 왕실을 위한 회화를 그리는 일을 하는 '도화서圖畫署'라는 관청에 소속되어 있었다.

동서양을 막론하고 화가는 왕후나 귀족, 돈 많은 부자를 후원자로 두거나 전속 화가가 되는 일은 있었지만, 그들은 대개 프리랜서였다. 그런데 화가가 관청에 소속해 일한다는 희귀한 사실은 둘째 치고라도 도대체 도화서라는 관청 자체가 별로 들어 본 적이 없는 국가기관이었다. 세계에서도 유례를 찾아보기 힘든 그림을 그리는 이 관청은 전 왕조인 고려 시대부터 '도화원圖畫院'이라는 이름으로 존재했었다. 이 도화원을 조선왕조가 이어받아 15세기에 명칭을 도화서로 바꾼 것이었다.

조선 시대 법전『경국대전』에 따르면, 도화서는 약 30명 남짓한 인원밖에 없는 매우 작은 관청이어서 조선왕조의 관청 중에서도 가장 작은 편에 속했다. 도화서는 최고 책임자인 제조提調 한 명, 별제別提 두 명, 선화善畫 한 명, 선회善繪 한 명, 회사繪史 두 명, 화원畫員 스무 명, 그 밖에 두세 명의 인원으로 구성되었다. 이 가운데서 제조는 예조판서(요즘의 문화부 장관)가 겸임하는 것이 통례였다. 실제로 현장에서 그림을 그리는 화원으로 최고 지위는 별제 종6품까지가 한계였다. 조선 초기에 활약한 안견安堅은 정4품까지 올랐는데, 이는 예외 중에 예외였다. 화원에게는 지위와 명예를 부여해 주지 않았던 것이다. 이는 학자를 우대하고 직인職人을 깔보는 유교 사회의 풍조 때문이었다.

조선 후기의 천재 화가
신윤복의 미인도

도화서에서 왕실을 위해 그림을 그린다는 것은 왕의 기록을 남긴다는 측면이 강했다. 예를 들면 왕의 초상화, 궁에서 행해지는 여러 가지 행사와 의식 광경 등을 그렸다. 카메라와 복사기 같은 기계가 없었으니 역사를 후세에 전하기 위해서는 당연히 그림에 의지할 수밖에 없었다. 구체적으로 설명하자면, 도화서는 궁중 의식을 후세에 그림으로 전함으로써 후세의 관계자들이 의식을 잘 거행할 수 있도록 하는 일을 한 관청이었다.

한편 도화서에서는 궁정을 장식하는 산수화와 화조화 등 실내장식으로 이용하는 그림들도 그렸다. 또한 도자기의 회화 문양과 관리들의 제복 디자인 같은 일까지 폭넓은 업무를 담당했다.

도화서 화원이 되기 위해서는 취재取才라는 시험을 통과해야 했다. 실기를 포함한 이 시험에는 네 개의 출제 시험 중에서 두 개를 골라 그리도록 했다. 가장 좋은 점수를 얻으려면 대나무, 그 뒤를 이어 산수, 인물, 짐승과 새, 풀과 꽃 순으로 출제되었다. 왜 가장 좋은 점수를 딸 수 있는 주제가 대나무였는가 하면 유교에서는 대나무가 이상적인 인간의 모델인 군자君子를 상징했기 때문이었다.

화원의 신분과 대우는 매우 낮았다. 작업 역시 명령받은 것을 그대로 베끼는 식의 하찮은 것들이 많았다.

화원이 되기 위한 심사는 세월이 흐를수록 형식적인 절차로 변해 갔다. 조선 중기에는 화원들도 파벌이 생겨 화원이 되는 것도 차츰 세습되었다. 조선 후기로 접어들면 고위 관료의 추천으로 별 시험도 보지 않고 화원이 되기도 했다.

장악원은 프로 궁중 음악가 집단

MBC 드라마 〈동이〉의 초반에 '장악원掌樂院'이라는 관청이 소개되고 있다. 드라마 속에서 그려지는 장악원은 가족을 잃은 주인공 동이가 허드렛일부터 시작하여 궁중과 깊은 연관을 맺어 가는 배경으로 그려졌다. 장악원은 궁중에서 행사와 연회를 열 때 음악 연주를 관장하고 연주가를 키우는 역할과 무용가를 관리하는 역할을 맡던 관청이었다.

행사 때마다 외부에서 음악인들을 초청하면 될 것을 왜 굳이 궁중에 음악단을 운영하는 관청이 있었을까. 조선왕조 때는 음악이 요즈음처럼 리듬과 선율, 가창을 즐기는 단순한 오락 이외에 해야 할 역할이 컸기 때문이었다.

궁중에서 음악은 정치적으로도 큰 역할을 했다. 현대와 달리 당시의 정치 행사는 제사 의식이 중심이었다. 여기에는 반드시 음악이 딸려 있었다. 유교 경서인 『예기禮記』와 『시경詩經』에도 음악에 대해 언급한 대목이 있는데 〈모든 의식에는 음악이 필수 불가결하며 군자로서 덕목을 키우는 교양적인 의미가 있다〉고 적혀 있다.

따라서 음악 연주는 궁중 행사에서 빠뜨릴 수 없었다. 시대마다 조금씩 다르기는 했지만 장악원에는 평균 700명 이상의 연주가가 있었다고 알려져 있다. 도화서와는 비교도 되지 않을 정도의 대규모 인원이었다. 궁중행사에 음악이 얼마나 중요한 역할을 했는지 잘 알 수 있을 것이다.

장악원은 제9대 성종 임금 때 조직을 개편하고 연주하는 악곡도 재편성했다. 이때는 악공樂工·악생樂生이라고 불리는 사람들이 실제로 연주에 참가했다. 여기에 때때로 무용 전문가라고 할 수 있는 기생의 춤을 곁들였다. 악단의 규모가 상상 이상으로 거대했으므로 연주는 대단히 화려하고 웅장했을 것이다.

제10대 연산군 때는 장악원을 아예 기생원이라는 이름으로 바꾼 적도 있었다. 아무래도 연산군은 음악보다는 기생과 즐기고 싶었던 모양이다. 연산군은 폭군이라는 악명을 떨친 군주였지만 음악을 향유하는 데는 매우 현대적인 감각을 가지고 있었다. 어쩌면 폭군에게 이런 면이 있을까 할 정도였다.

장악원은 대규모 인원을 둘 만큼 역대 왕들이 중요하게 여겼으나 조선 말기에 들어서면서부터 규모가 점점 축소되더니 마지막 순종 때는 반으로 줄어들었다.

일제 식민지 통치가 끝나고 대한민국이 탄생한 뒤, 민족주의가 강화되는 추세에 따라 전통음악에 대한 재평가도 활발하게 이루어졌다. 1950년 국립국악원이 설립되면서 조선왕조 때 장악원이 맡았던 전통음악을 계승하고 있다.

감찰부·도화서·내의원·의금부·포도청·혜민서가 있던 위치

조선왕조를 시대 배경으로 하는 드라마에는 수라간水剌間과 내의원內醫院, 도화서圖畫署와 감찰부監察部 등 여러 관청이 등장한다. 이 관청들이 어디에 있었는지 알아보자. 궁궐 밖에 있던 관청들 위치부터 알아보도록 한다.

정부 관청이 모여 있던 육조六曹 거리는 지금의 서울시 세종로이다. 이곳에는 수도의 행정과 사법을 담당하던 한성부漢城府도 있었다. 말하자면 한성부는 지금의 서울시청과 같다.

왕명을 받아 중죄인들을 취조하던 의금부義禁府는 현재 지하철 1호선 종각역 입구 스탠다드차타드은행 본관 자리였다. 의금부는 왕의 직속 사법기관이었다. 참고로 덧붙이자면 의금부터인 스탠다드차타드은행 본관 부근의 지명은 공평동이다. 아마 법 집행을 공평히 하라는 뜻에서

의금부터. 서울시 종로1가

1890년대의 운종가(현재의 종로) 풍경이다. 사진 위 삼각형 봉우리는 인왕산.

지명을 붙인 듯하다.

드라마 〈이산〉에서 정조가 시찰하러 가는 조선 시대 최대의 시장인 운종가雲從街는 지금의 종로 일대이다. 여기에는 운종가를 포함하여 조정에서 상인들에게 개방한 관영 상점인 시전市廛이 있었다. 현재는 고층 오피스텔 지역으로 재개발된 청진동 피맛골 부근이다. 시전 상인들은 지방 특산물을 나라에 바치는 대신 가게를 열어 특정 상품을 전매할 수 있었다. 〈이산〉에서 정조가 직접 알아보려고 했던 것은 시전 상인과 조정 중신들 사이에 형성된 검은 유착 관계였다.

범죄를 단속하는 포도청은 두 곳에 있었다. 수도를 반으로 나누어 우포도청은 주로 서부와 북부를 관할했고, 동부·남부·중부는 좌포도청이

오늘날의 피맛골. 서울시 종로1가부터 종로6가까지의 길

관할했다. 우포도청터는 서울시 지하철 5호선 광화문역 5번 출구에서 나가 교보문고 정문 건너편 광화문우체국 부근에 있었다. 우포도청 자리임을 알리는 비석은 동아일보사 일민미술관 건물 앞에 세워져 있고, 좌포도청터 표지석은 지하철 1호선 종로 3가역 15번 출구 앞에 있다.

〈이산〉에서 이산의 소꿉동무 송연이 일하던 도화서는 서울시 지하철 3호선 안국역 6번 출구로 나와 인사동 교차로를 돌아 약 300m를 걸으면 우정총국이 나오는데, 이 건물

우포도청터. 서울시 종로구 세종로동 139

앞에 터를 알려 주는 표지석이 있다.

드라마 〈허준〉에 종종 등장하는 혜민서惠民署는 지하철 2호선 을지로 입구역 4번 출구 을지로 2가 네거리 제비표페인트 앞에 있고, 드라마 〈동이〉에서 자주 거론되는 장악원이 있던 장소는 지하철 2호선 을지로 입구역 5번 출구 밖 외환은행 본점 앞에 표지석이 있다.

또 드라마 〈동이〉에는 숙원이 된 동이가 "천민 시절 활인서活人署에서 먹던 죽이 먹고 싶다"고 숙종에게 말하는 장면이 있다.

동이가 말한 활인서는 빈민 구제와 진찰을 담당했던 국립 서민 병원 같은 기관으로, 이 병원은 드라마 〈대장금〉에도 등장한다. 활인서는 한양의 동서쪽 두 곳에 있었고 가난한 민중을 위해 만든 시설이었으므로

장악원터. 서울시 중구 을지로1가

모두 사대문 밖에 있었다.

지하철 4호선 한성대입구역에서 내려 삼선중학교 쪽으로 이동하여 예닮교회가 보이는 돌담길로 들어서면 청기와 지붕에 나무로 된 낡은 문에 '돈암장敦巖莊'이라는 현판이 걸려 있는 집이 나오는데, 이곳이 처음에 동활인서가 있던 자리이다. 이 집은 해방 후 한때 이승만 박사가 살기도 했다.

서활인서터는 현재 서울 서대문의 서울적십자병원에서 큰길 건너편에 표지석이 세워져 있다. 서울시가 1987년에 세운 표지석에는 '전염병자를 격리치료하던 의료 기관이 있었던 곳'이라는 문구를 새겨 놓았다.

그러면 동이가 활약했다는 감찰부는 어디에 있었을까? 실제로 감찰부라는 관청은 역사에는 존재하지 않는다. 여관女官들을 관리하는 감찰상궁이 있었다는 사실은 실록에도 나와 있지만 감찰부는 드라마 작가가 시청자의 흥미를 고조시키기 위해 만들어 낸 가공의 관청인 듯하다.

창경궁은 궁중 여인들 사랑싸움의 무대

드라마 〈대장금〉의 무대가 된 수라간과 내의원은 모두 궁 안에 있었다. 수라간은 현재 창덕궁 대조전 안에 있었다. 그리고 내의원으로 추정되는 건물은 원래 왕위를 계승하는 세자가 학자들과 공부를 하던 성정각誠正閣이다. 조선왕조 때의 내의원은 원래 인정전 서쪽에 있었으나,

창덕궁 보경당터. 숙빈 최씨(동이)가 기거하던 곳

1910년 일제강점기에 성정각을 내의원으로 고쳐 사용하기 시작했다.

동이가 임금과 산책하는 장면에 나오는 부용지芙蓉池는 창덕궁 후원에 있는 연못이다. 연못이 내려다보이는 곳에 지은 주합루宙合樓 1층은 드라마〈이산〉에서 정조가 설치한 규장각奎章閣이다.

그렇다면 후궁들이 어디에 살았는지 궁금해진다. 동이(숙빈 최씨)가 살던 보경당寶慶堂은 창덕궁에, 장희빈이 살던 취선당就善堂은 창경궁에 있다. 이 사이에 제19대 숙종이 기거하던 희정당熙政堂이 위치하고 있다. 지금은 모두 불에 타 없어졌지만 취선당은 명정전明政殿 남쪽에 있었다고 보이는데, 임금이 기거하던 희정당과는 상당히 멀었다. 이런 거리감이 장희빈을 견딜 수 없게 만들어 나쁜 음모를 꾸미게 했을 것이다. 한 번 왕비 자리에 올랐다가 왕의 마음을 잃고 다시 희빈으로 격하되어 취선당으로 돌아온 장희빈이었으니 마음의 평정을 잃은 건 뻔한 결과였는지도 모른다. 왕비 인현왕후를 모시던 나인이 기록했다는 『인현왕후전』에는 취선당 남쪽에 위치한 신당神堂에서 장희빈이 왕비를 저주하는 의식을 행하던 모습이 생생하게 그려져 있다. 저주의 효과였을까. 인현왕후의 몸은 서서히 악화되어 세상을 하직한다. 하지만 장희빈이 저주를 한 일이 왕에게 알려짐으로써 장희빈도 사약을 받아 생을 마감하고 말았다. 이런 진흙탕 싸움을 벌인 무대가 바로 창경궁이었다.

에필로그

굿바이
조선

덕혜옹주의 운명

조선왕조는 멸망했다. 그러나 왕조의 잔향殘香은 처연하게 져 버린 꽃을 닮았는지 오랫동안 대지에 자연스럽게 서려 있었다.

1907년에 순종이 황제 자리에 오를 때, 대한제국의 황태자가 된 이은 은 일본 정부의 강요로 도쿄 유학을 떠났다. 그리고 학업을 마친 후에는 일본 육군에 들어가 귀국하지 못한 채 계속 타지에서 살아야 했다. 1920년에는 일본 왕족의 딸인 마사코(이방자)와 혼인했다. 정략적인 결혼이었다. 마사코는 한때 일본 국왕의 왕비 후보였지만 한일합병조약을 정당화하려는 정략에 따라 이은과 결혼하게 된 것이었다.

이은 황태자 외에 또 한 사람, 조선왕조 왕족 출신으로 일본인과 결혼한 인물이 있었다. 덕혜옹주德惠翁主였다. '옹주'라는 호칭은 후궁이 낳은 왕의 딸을 의미한다.

덕혜옹주는 고종과 귀인 양씨와의 사이에서 1912년에 태어났다. 고종에게는 단 하나뿐인 딸이었다. 그것도 60세를 넘은 나이에 얻은 늦둥이

1920년 이은 황태자는 일본 왕족의 딸인 마사코와 결혼했다.

였다. 옹주는 아버지의 사랑을 한 몸에 받으며 귀하게 자랐다.

옹주는 1925년에 도쿄 학습원으로 유학을 갔다. 학업을 마친 옹주는 1930년에 쓰시마섬對馬島 도주의 후예인 소 다케유키宗武志에게 시집을 갔다. 역시 한일합병으로 성립된 정략결혼이었다.

일본으로 유학 가기 전에 옹주는 경성에 있는 일본인 학생들이 다니는 히노데 소학교에 다녔다. 이때 옹주가 쓴 동시가 몇 편 남아 있다. 이 중에서 〈비雨〉라는 작품을 소개한다.

모락모락

검은 연기가

하늘 궁전에 올라가면

하늘의 하느님 연기가 매워

눈물을 주룩주룩 흘리고 있어.

이 시에 등장하는 하늘 궁전에 있는 하느님은 1919년에 세상을 떠난 아버지 고종을 표현한 것으로 추측된다. 생전에 그녀를 무척이나 사랑했던 아버지였다. 그 아버지가 지금은 하늘 궁전에서 주룩주룩 눈물을 흘리고 있다는 내용이다. 다른 시각으로 생각해 보면, 눈물을 흘리는 하느님은 고종이라는 한 명의 왕이라기보다는 오랜 세월 동안 맥을 이어 온 조선왕조의 영靈일지도 모른다.

이 동시는 한글이 아닌 일본어로 쓰였지만 조선왕조 마지막 공주의

덕혜옹주

마음을 옥죄는 절절한 마음이 담겨 있는 듯해서 더욱 애잔하다. 왕조의 멸망과 망국의 비애는 어린 황제의 딸이 지은 동시 속에 고스란히 스며 있는 것이다.

쓰시마섬 도주의 후손과 결혼한 덕혜옹주는 결혼 후 정신분열증 증세를 보였는데, 외동딸을 출산하고 나서는 더욱 상태가 악화되어 일상생활조차 하지 못할 정도가 되어 버렸다. 물설고 낯선 이국땅으로 시집온 공주의 처지를 가여워한 남편은 최선을 다해 아내를 돌보았지만 사랑으로도 감쌀 수 없는 중압감이 그녀를 덮치고 있었다.

옹주의 병은 더욱 깊어져서 일본이 패전한 후에도 장기 입원을 해야 할 정도였다. 결국 옹주는 이혼의 아픔을 겪는다. 옹주의 인생은 왕조의 운명과 꼭 닮은 비극적인 삶이었다.

1962년 박정희 대통령은 이국에서 병자로 살고 있던 덕혜옹주를 조국의 품으로 돌아오도록 배려했다. 하지만 모국으로 돌아와서도 병을 치유하지는 못했다.

왕자의 귀국을 막는 정부

이은 공公은 덕혜옹주의 이복형제였다. 공은 긴 세월 동안 일본 육군에 복무하여 중장까지 승진했다. 그러나 패전으로 왕족王族 제도가 폐지되는 바람에 이왕李王의 지위는 없어졌다. 이은 공은 몹시 조국으로 돌아오고 싶어 했다. 그러나 큰 걸림돌이 있었다. 대한민국의 초대 대통령 이승만은 만약 이은 공이 돌아온다면 민주공화국으로 출범한 대한민국에 왕정복고 움직임이 일어날지도 모른다고 염려했다. 그래서 긴 시간 공의 귀국을 허가하지 않았다.

1960년 뇌경색으로 쓰러진 이은 공은, 역시 덕혜옹주처럼 박정희 대통령의 귀국 허가를 받아 1963년에야 조국으로 돌아올 수 있었다. 56년 만의 귀국이었다. 이때 아내 이방자李方子 여사도 동행했다. 조국으로 돌아왔지만 공항에서 병원으로 직행해야 하는 위중한 상태였다. 결국 이은 공은 병상에서 일어나 보지도 못한 채 1970년 74세의 나이로 세상을 떠나고 말았다. 대한제국 마지막 황태자의 쓸쓸한 최후였다.

미망인이 된 이방자는 낯선 한국에서 살기로 작정했다. 한국어를 배워 한국인으로 살아가기로 결정한 것이다. 또한 이방자 여사는 말년을 자선사업에 헌신했다. 지적 장애인을 위한 시설과 학교를 지었고 그 책임자로 분주한 나날을 보냈다. 반일 감정이 강한 한국에서도 그녀는 대다수 한국인들의 존경을 받았다.

한국으로 돌아온 이후에 덕혜옹주와 이방자는 한동안 창덕궁 안에 있는 낙선재에서 함께 살았다. 한일합병이 아니었다면 만나는 일조차 없고 자매가 되는 일도 없었을 두 여성이, 만년에는 서로 의지하며 옛 궁궐의 한편에서 조용히 산 것이었다.

1989년 4월 21일, 78세의 나이로 덕혜옹주가 먼저 세상을 떠났다. 조선왕조 직계 왕족으로서 최후의 인물이 사라진 것이다. 그리고 9일 후인

창덕궁 낙선재에서 덕혜옹주와 이방자 여사는 죽을 때까지 함께 살았다.

4월 30일에 이방자 여사도 옹주의 뒤를 따랐다. 향년 89세였다. 대한제국 황태자비의 아름다운 죽음이었다.

인생이라는 넓고 넓은 푸른 바다에서 표류하다가 이 바다 한가운데서 같은 운명으로 만난 두 나라의 공주는 앞서거니 뒤서거니 약속한 듯이 세상을 떠났다. 마치 역사를 움직이는 거대한 수레바퀴가 이들을 바다의 조류가 소용돌이치는 곳으로 이끌어 이 조류를 타고 멀리 떠난 듯했다. 마침내 조선왕조가 잔향을 남기고 역사 속으로 사라지는 순간이었다.

조선왕조 역사 연표
1392년 건국부터 1910년 멸망까지

14세기 ────────

1392년   태조 1   고려왕조 무장 출신 이성계가 조선왕조를 세우고 제1대 태조로 즉위하다.

1393년   태조 2   국호를 '조선朝鮮'으로 정하다. 기원전 한반도에 존재했던 나라 '조선'을 계승한다는 의미에서 국호로 정하다.

1394년   태조 3   새로운 왕조의 수도 한양으로 천도하다.

1395년   태조 4   정궁正宮인 경복궁을 짓기 시작하다.

1396년   태조 5   태조 이성계의 두 번째 정실 신덕왕후 사망하다. 그녀의 아들 방석이 왕위 계승자였지만 신덕왕후가 죽자 후계자를 둘러싸고 왕자 사이에 다툼이 생기다.

1398년   태조 7   왕자들의 골육상쟁이 격화되다. 5남 방원은 8남 방석의 후견인이자 건국 최고 공신인 정도전과 방석을 제거하고 사실상의 실권을 쥐다. 이 '제1차 왕자의 난' 결과 태조는 퇴위하고 이듬해 2남 방과가 제2대 정종으로 즉위하다. 그러나 실제 권력자는 방원이다.

1400년	정종 2	태조의 4남 방간이 왕위를 노리고 군사를 일으켰다가 방원에게 진압당해 유배형에 처해지다. 이것이 '제2차 왕자의 난'이다. 이 결과 방원은 제3대 태종으로 즉위하다.
1408년	태종 8	은거하던 태조가 74세의 나이로 숨을 거두다.
1418년	태종 18	태종이 왕위를 3남에게 양위하여 제4대 세종이 즉위하다. 그러나 태종은 상왕으로 군권을 장악하고 최고 권력자로 군림하다.
1422년	세종 4	태종 죽다. 명실상부한 세종 시대의 개막.
1443년	세종 25	세종의 주도로 민족 고유문자인 훈민정음을 완성하다. 현재는 '한글'이라고 부른다.
1446년	세종 28	훈민정음을 정식 공포하다. 그러나 사회 지도 계급이 한자 우선 정책을 계속 취했으므로 훈민정음은 세종이 목표한 만큼 보급되지 못했다.
1450년	세종 32	54세의 나이로 세종 죽다. 장남이 37세의 나이로 제5대 문종이 되다. 문종은 학식이 뛰어났지만 병약했다.
1452년	문종 2	문종 죽다. 12살의 나이 어린 세자가 제6대 단종이 되다. 단종 출산 직후 모친이 사망했으므로 섭정의 적임자가 없었다.
1453년	단종 1	세종의 차남이자 문종의 남동생 수양대군이 왕위를 찬탈할 야심을 드러내고 단종의 후견인이던 김종서 황보인을 살해, 쿠데타에 성공하여 정권을 장악하다. 이것이 계유정난癸酉靖難이다.
1455년	단종 3	수양대군이 단종을 퇴위시키고 제7대 세조로 등극하다. 단종은 상

왕이 되었으나 실권은 없었다.

| 1456년 | 세조 2 | 세종이 총애하던 신하였으며 집현전 학사였던 성삼문이 중심이 되어 단종 복위를 위한 쿠데타를 계획하였으나 실패하고, 주모자들 처형당하다. 그들의 충절은 훗날 '사육신死六臣'으로 칭송받다. |

| 1457년 | 세조 3 | 단종 복위를 꾀하는 움직임을 경계한 세조는 조카 단종을 평민으로 강등시키고 죽게 하다. 단종의 나이 17세였다. |

| 1460년 | 세조 6 | 조선왕조 법률을 집대성한 『경국대전經國大典』 편찬에 착수하다. |

| 1468년 | 세조 14 | 세조 52세의 나이로 죽다. 세조의 장남은 이미 20세 때 세상을 떴기 때문에 차남이 제8대 예종으로 즉위하다. |

| 1469년 | 예종 1 | 예종이 20세의 나이로 죽다. 재위 겨우 1년 2개월. 세조의 아들은 두 사람 모두 20세 때 세상을 떴다. 제9대 성종이 즉위하자 세조의 정비인 정희왕후가 섭정을 맡지만 성종 치세에 영향을 미친 것은 인수대비이다. |

| 1479년 | 성종 10 | 성종의 정비 윤씨 폐비되다. 이 결정의 배후에서 인수대비가 큰 영향력을 행사하다. |

| 1482년 | 성종 13 | 폐비 윤씨가 사약을 받다. 이 사건이 훗날 대학살극의 씨앗이 되다. |

| 1485년 | 성종 16 | 편찬을 시작한 지 25년째, 마침내 『경국대전』 간행되다. 모든 분야의 법제도가 정비되어 조선왕조는 법치 국가 체제를 이룩하다. |

| 1494년 | 성종 25 | 성종의 뒤를 이어 연산군이 제10대 왕으로 즉위하다. |

| 1498년 | 연산 4 | 연산군이 도의와 명분을 중시하는 사림과 관료들을 숙청하다. 무오사화戊午士禍를 가리킨다. |

| 1504년 | 연산 10 | 연산군의 모친(폐비 윤씨)이 사약을 받은 일과 관련된 사람들이 모두 학살당하다. 이미 죽은 사람은 부관참시하다. 갑자사화甲子士禍를 가리킨다. |

1506년 연산 12 박원종·성희안·유순정이 중심이 되어 쿠데타를 일으키고 연산군을 왕위에서 끌어내린 뒤 연산군의 이복 남동생 진성대군을 제11대 중종으로 옹립하다. 중종반정中宗反正을 말한다.

1519년 중종 14 유교적인 현인 정치賢人政治를 주도한 조광조, 사약을 받다. 원래 중종은 중종반정에 공헌한 고관들을 싫어하여 왕으로서 독자적인 목소리를 내고자 곧은 선비인 조광조에게 기대를 걸었다. 그러나 중종은 그를 지키지 못하고 조광조를 실각시키다. 조광조와 함께 많은 선비가 사약을 받거나 실각하는데, 이것이 기묘사화己卯士禍이다.

1544년 중종 39 중종이 57세의 나이로 죽다. 아들이 제12대 인종으로 즉위하다.

1545년 인종 1 인종이 재위 9개월 만에 죽자 계모 문정왕후(중종의 세 번째 정비)가 독살했다는 풍문이 돌다. 문정왕후의 아들이 제13대 명종으로 즉위하자 문정왕후가 섭정을 행하며 권세를 마음대로 휘두르다.

1555년 명종 10 왜구가 침입하다.

1559년 명종 14 임꺽정이 황해도를 근거지로 활동을 시작하다.

1565년 명종 20 정치를 좌지우지해 조선왕조를 혼란에 빠뜨리던 문정왕후 죽다.

1567년 명종 22 명종 사망하다. 제14대 선조가 16세의 나이로 즉위하다.

1570년	선조 3	유교의 대학자 이황 죽다.
1575년	선조 8	조정의 권력이 동인東人과 서인西人으로 양분되다. 이후 조정은 극심한 당쟁黨爭 시대로 돌입하다.
1591년	선조 24	일본에 파견한 사절이 귀국하여 일본 정세를 선조에게 보고하다. 정사正使 황윤길은 "장차 반드시 일본이 침략할 것"이라고 보고한 반면 부사副使 김성일은 "그럴 일은 없을 것"이라고 보고하다. 당시 조정은 동인이 우세하였고 따라서 김성일의 의견을 받아들여 국방력 강화를 미루다.
1592년	선조 25	왜군, 부산에 상륙하다. 임진왜란 발발. 5월 2일, 수도 한양이 함락되자 선조는 가장 먼저 북쪽으로 도망하고 왕의 책무를 포기하다. 곤경에 빠진 나라를 구한 것은 이순신 장군이었다.
1598년	선조 31	도요토미 히데요시의 사망으로 임진왜란 끝나다. 마지막 해전에서 이순신 장군 전사하다.

17세기

1607년	선조 40	조선왕조와 도쿠가와 막부德川幕府 사이에 외교 관계 구축되어 첫 번째 조선 통신사가 일본을 방문하다. 이후 조선 통신사는 12차례 일본을 방문한다. 허균이 한글 소설 『홍길동전』을 쓰다.
1608년	선조 41	제15대 광해군 즉위하다.
1610년	광해 2	허준이 불후의 명저 『동의보감東醫寶鑑』 완성하다.

1623년	광해 15	쿠데타로 광해군이 쫓겨나고 쿠데타를 주도한 선조의 손자가 제 16대 인조로 즉위하다. 이것이 인조반정仁祖反正이다.
1627년	인조 5	북방에서 세력을 넓히던 후금後金이 3만 명의 병력을 이끌고 조선을 침공하다. 결국 후금에 굴복한 이 사건을 정묘호란丁卯胡亂이라 한다.
1636년	인조 14	후금이 국명을 청淸으로 바꾸고 10만 명이 넘는 대군을 이끌고 다시 조선을 침략하다. 인조는 이에 맞서 남한산성에서 농성하다. 이것이 병자호란丙子胡亂이다.
1637년	인조 15	결국 조선은 청나라에 굴복하고 인조는 청의 황제 앞에서 무릎을 꿇다. 장남 소현세자를 포함해 인조의 아들들이 인질로 끌려가다.
1641년	인조 19	제주도로 유배당한 광해군이 67세의 나이로 죽다. 광해군을 궁궐에서 추방한 인조반정 측이 그를 철저하게 '폭군'으로 폄훼했으나 현대 역사가들은 정치적 성군이라는 평가를 내리고 있다. 대동법의 시행, 절묘한 외교 정책 등은 높은 평가를 받고 있다.
1645년	인조 23	긴 인질 생활을 마친 소현세자가 귀국하다. 인조는 그가 외국 문물에 심취했다는 이유로 냉대하다. 소현세자는 귀국 후 2개월 만에 죽다. 인조가 독살했다는 소문 돌다.
1649년	인조 27	인조 55세의 나이로 죽다. 차남이 제17대 효종이 되다. 그는 아버지 소현세자의 한을 풀어 드리기 위해 북벌계획을 세우지만 재정 사정으로 이루지 못하다.
1659년	효종 10	효종이 세상을 뜨다. 그의 아들이 18대 현종으로 즉위하다. 그러나 효종 계모의 복상 기간이 문제가 되어 당쟁이 격해지다.

1674년	효종 15	현종이 세상을 뜨고, 아들이 제19대 숙종으로 즉위하다. 상업 활성화 등 정치적 업적을 남기다.
1678년	숙종 4	화폐 상평통보常平通寶가 발행되다.
1689년	숙종 15	숙종이 정비 인현왕후를 폐비 처분하고 장희빈을 맞다. 인현왕후는 사가(친정)로 돌아가 근신하다. 장희빈이 낳은 아들을 세자로 책봉하다. 얼마 지나지 않아 숙종은 후궁 숙빈 최씨(동이)를 총애하다.
1694년	숙종 20	숙종은 "간신에게 휘둘려 잘못된 처분을 하고 말았다"라고 하며 인현왕후 복위를 결정하다.

18세기 ————

1701년	숙종 27	8월, 인현왕후가 왕비로 복위한 지 7년 만에 왕자를 낳지 못한 채 세상을 뜨다. 그 직후 숙빈 최씨의 상소로 장희빈이 신당을 만들어 인현왕후를 저주해 죽이려 했다는 사실이 발각되다. 숙종은 장희빈에게 사약을 내리다.
1720년	숙종 46	숙종이 60세의 나이로 죽다. 장희빈과의 사이에서 태어난 33세의 아들이 제20대 경종이 되다.
1724년	경종 4	재위 4년 2개월 만에 경종이 죽고 숙빈 최씨가 낳은 숙종의 아들이 제21대 영조로 즉위하다. 그는 각 파벌에서 공평하게 인재를 차용하는 정책으로 성과를 올리다.
1745년	영조 21	화가 김홍도가 태어나다.

1758년	영조 34	화가 신윤복이 태어나다.

1762년 영조 38 영조는 행실이 바르지 못하다는 이유로 아들 장헌세자를 징벌하여 뒤주에 갇혀 죽게 하다. 그 죽음의 배후에는 격렬한 당파 싸움이 있었다. 원래 경종을 지지하던 파벌은 소론, 영조를 지지하던 파는 노론이었다. 영조 시대 때는 노론이 승리했으나 장헌세자와 노론은 사이가 좋지 않았고 결과적으로 노론은 장헌세자를 제거하기 위해 나쁜 이야기를 부풀려 그의 행실을 영조에게 보고했다. 장헌세자의 사후, 이를 두고두고 후회한 영조는 아들에게 사도세자思悼世子라는 시호를 내리다.

1775년 영조 51 영조가 장헌세자의 아들을 세손으로 정하다.

1776년 영조 52 영조 83세의 나이로 승하하다. 장헌세자의 아들(이산)이 제22대 정조로 즉위하다. 정조 즉위 후에도 적대 세력이 조종하는 암살단이 궁으로 침입하는 사건이 발생하다. 정조는 정치 개혁에 의욕을 보이며 신분의 벽을 넘어 학문이 뛰어난 인재를 발탁하고, 정치·경제·문화 각 분야에서 많은 업적을 남기다.

1780년 정조 4 정조의 측근으로 커다란 권력을 쥐고 있던 홍국영의 효의왕후 독살 시도 발각되다. 홍국영은 지방으로 추방당하다.

1794년 정조 18 아버지 사도세자를 그리워한 정조는 아버지의 능묘가 위치한 수원에 대규모 성곽 건설을 착수하여 2년 6개월 뒤 둘레 6km의 훌륭한 화성華城을 완공하다. 현재 이 성은 세계 문화유산으로 등록되어 있다.

1800년 정조 24 정조가 49세의 나이로 급사하다. 아들이 11세의 나이로 제23대 순조로 즉위하다. 정순왕후(영조의 두 번째 정비)가 섭정을 맡다. 적대 세력인 남인이 신도가 많다는 이유로 가톨릭교도를 탄압하다.

1805년 순조 5 정순왕후 사망하다. 이후에는 순조의 정실이던 순원왕후 집안의 안동 김씨 일족이 정치를 독점하다. 이 시기를 세도정치勢道政治의 시대라고 부르다.

1811년 순조 11 12월, 홍경래가 정치 부패에 반발하여 군사를 일으키다. 일시적으로 한반도 북부 평안도 일대를 점거하다.

1812년 순조 12 홍경래 전사하다.

1834년 순조 34 아내의 외척에게 정치를 넘겨 버린 순조가 실의에 빠진 채 세상을 뜨다. 그의 손자가 제24대 헌종으로 즉위하다. 나이 겨우 7세, 조모 순원왕후가 섭정을 맡다.

1849년 헌종 15 헌종이 23세의 나이로 급사하다. 강화도에서 농사짓던 청년이 제25대 철종이 되다.

1857년 철종 8 순원왕후가 69세의 나이로 죽다.

1863년 철종 14 철종이 방탕한 생활 끝에 죽다. 뒤를 이은 왕은 고종. 아직 12세였으나 그의 부친 흥선대원군이 유능하여 안동 김씨 일족을 정권 요직에서 몰아내는 데 성공하다. 약 60년 동안 계속된 세도정치가 막을 내리다.

1865년 고종 2 흥선대원군이 경복궁 재건에 착수하다. 막대한 비용이 들었기 때문에 늘어난 세금으로 백성들의 부담이 늘다.

| 1866년 | 고종 3 | 흥선대원군이 쇄국정책을 고집하고 가톨릭교도를 탄압하다. 프랑스 신부 9명이 순교하는 사건이 발생하자 프랑스 정부는 군대를 보내 강화도를 일시 점거하다. 병인양요丙寅洋擾를 말한다. |

1866년 고종 3 흥선대원군이 쇄국정책을 고집하고 가톨릭교도를 탄압하다. 프랑스 신부 9명이 순교하는 사건이 발생하자 프랑스 정부는 군대를 보내 강화도를 일시 점거하다. 병인양요丙寅洋擾를 말한다.

1871년 고종 8 미국의 강화도 침입. 서양 각국의 군사 행동이 이어지다.

1873년 고종 10 고종의 정비 명성황후가 정변을 일으켜 흥선대원군을 실각시키다.

1875년 고종 12 일본 군함 운양호가 강화도 해안에서 도발 행동을 취해 군사 충돌로 발전하다. 일본, 조선에 개항 강요하다.

1876년 고종 13 일본과 조선 사이에 강화도조약 체결하다. 조선과 청나라의 주종 관계를 부정하고, 주요 항구를 개항할 것과 자유무역을 추진할 것을 명시하다. 또한 일본 영사의 치외법권 등을 포함시키다. 이후 조선왕조는 미국·프랑스·러시아와도 차례로 통상조약을 맺는다. 모두 강압적으로 맺은 불평등조약이었다.

1882년 고종 19 조선 구식 군대의 군인들이 급료 체불과 대우 악화에 항의하며 반란을 일으켜 일본 공사관을 습격하다. 이것이 바로 임오군란壬午軍亂이다. 흥선대원군의 복귀로 수습하다. 이 결과 일본과 청나라가 조선에 군사를 파병해 양국의 대립이 심화되다.

1884년 고종 21 개화파 김옥균 일파가 정변을 일으켜 일시적으로 궁을 지배했으나 청나라가 개입해 '3일천하'로 막을 내리다. 갑신정변甲申政變을 말한다.

1885년 고종 22 근대적인 의료 기관 제중원濟衆院을 설립하다.

1894년 고종 31 농민반란 일어나다. 이 갑오농민전쟁을 계기로 청일전쟁이 발발하다. 일본 승리하다.

1895년	고종 32	일본이 명성황후를 시해하다. 을미사변乙未事變.
1896년	고종 33	고종이 러시아 공사관으로 피신하고 친일파 고관들을 처벌하다. 이후 러시아가 정치에 개입하다.
1897년	고종 34	국호를 '대한제국大韓帝國'으로 개칭하고 고종이 초대 황제에 오르다.

20세기 ─────

1904년	고종 41	한반도의 이해관계를 둘러싸고 러시아와 일본이 전쟁을 하다.
1905년	고종 42	러일전쟁에서 일본 승리하다. 이 결과 일본은 대한제국의 외교권을 박탈하고 통감부를 설치하여 내정간섭을 시작하다.
1907년	고종 44	고종이 네덜란드 헤이그에서 개최된 만국평화회의에 일본 내정간섭의 부당성을 호소할 밀사를 파견했으나 실패로 돌아가다. 이 결과 고종이 퇴위하고 순종이 제위에 오르다.
1910년	순종 3	8월 22일, 일본의 강요로 대한제국과 일본 '한일합병조약'을 맺다. 이로써 조선왕조는 역사에서 사라지다.